Thomas Borgmann

Die Villa Reitzenstein

Thomas Borgmann

Die Villa Reitzenstein
Macht und Mythos

Personenporträts auf der Einbandvorderseite (von oben nach unten):
Helene von Reitzenstein, Erwin Teufel, Eugen Bolz,
Winfried Kretschmann, Reinhold Maier.

1. Auflage 2016

© 2016 by Silberburg-Verlag GmbH,
Schönbuchstraße 48, D-72074 Tübingen.
Alle Rechte vorbehalten.
Der Abdruck des Ausschnitts aus dem Roman »Monrepos oder
die Kälte der Macht« von Manfred Zach erfolgt mit freundlicher
Genehmigung des Verlags Klöpfer & Meyer, Tübingen.
Der Abdruck von Zitaten aus Zeitungsartikeln der Stuttgarter Zeitung
und des Schwarzwälder Boten erfolgt mit freundlicher Genehmigung
der Stuttgarter Zeitung und des Schwarzwälder Boten.
Der Abdruck einer Abbildung der Einbandvorderseite des Buchs
»Villa Reitzenstein kulinarisch« von Günther Czapalla und
Torsten Oestergaard erfolgt mit freundlicher Genehmigung
des DRW-Verlags, Leinfelden-Echterdingen.
Umschlaggestaltung: Christoph Wöhler.
Satz: Björn Locke, Nürtingen.
Druck: Gulde-Druck, Tübingen.
Printed in Germany.

ISBN 978-3-8425-1446-1

Besuchen Sie uns im Internet und entdecken Sie
die Vielfalt unseres Verlagsprogramms:
www.silberburg.de

Ihre Meinung ist wichtig ...

... für unsere Verlagsarbeit. Wir freuen
uns auf Kritik und Anregungen unter:

www.silberburg.de/Meinung

Inhalt

Geschichte und Gegenwart	9

Unerfüllte Träume
Eine unglückliche Millionärin baut sich die Villa Reitzenstein

• Arme reiche Helene	20
• Die Gänsheide soll es werden	27
• Wer sind Schlösser und Weirether?	31
• Monrepos, was denn sonst?	33
• Die Villa Reitzenstein wird gebaut	46
• Carl Eitels Gartenkunst	58
• Das Ende der Epoche	62
• Helene von Reitzenstein verkauft	68

Die Demokraten fremdeln noch
Nur langsam nähert sich die Politik der Gänsheide

• Ein hohes Gericht auf der Gänsheide?	77
• Zum Sozialdemokraten Blos passt die Villa nicht	79
• Johannes von Hieber »entdeckt« die Villa Reitzenstein	82
• Der Staatspräsident ohne Porträt	89

Ein »Schloss« für den Staatspräsidenten
Wilhelm Bazille drängt mit Macht in die Villa Reitzenstein

• Der Umzug auf die Halbhöhe schlägt Wellen	96
• Das »Schloss Reitzenstein« und die Presse	100
• Eugen Bolz löst Bazille ab	113

Schicksalhafte Jahre
Auf den standhaften Eugen Bolz folgt der skrupellose Wilhelm Murr

• Schwingungen ganz anderer Art	116
• Ein Haushälter und konservativer Visionär	121
• Wilhelm Murr reißt die Villa an sich	127
• Tödliche Schüsse und illustre Gäste	134
• Das jämmerliche Ende	138

Neuanfang in Trümmern
Die Landespolitik kehrt in die Villa Reitzenstein zurück   141

- Die »Villa Clay«   143
- Die Amerikaner holen Reinhold Maier zurück   148
- Auf dem Weg in den Südweststaat   154
- Taschenuhr und Glockenschlag   159

Bescheidenheit ist eine Zier ...   160
Die Villa Reitzenstein unter Gebhard Müller
und Kurt Georg Kiesinger

- Gebhard Müller liebt es bescheiden   162
- Ein weltgewandter Import aus Bonn   165
- Der »Entprovinzialisierer« wird Bundeskanzler   171
- Eine Ohrfeige für den »Mitläufer«   176

Die Schatten der Vergangenheit   180
Auf der Gänsheide herrscht der Mann mit den
zwei Gesichtern

- Die NS-Vergangenheit holt Filbinger ein   182
- Höhen und Tiefen   184
- In der Villa wird es zu eng   187
- Der Unbeugsame   192

Der Chef der »Baden-Württemberg AG«   193
Mit Lothar Späth zieht ein lockerer Stil
in die Villa Reitzenstein ein

- Das »Cleverle« und sein »Matt«   197
- Die Kälte der Macht   202
- Dem Abstieg folgt der Ausstieg   206

Arbeitsplatz »Gänsheide«   208
Erwin Teufel – der Pflichtenmensch von Spaichingen

- Teufel, Palmer und »der Ort, an dem sich alles bündelt«   211
- Das bedrängte Ende einer Ära   218

Es beginnt mit einer Ohrfeige 220
Günther Oettinger – der schnelle Macher in der verwohnten Villa

- Ein lockerer Regierungsstil belebt die Villa Reitzenstein 222
- Oettinger und die Ahnengalerie 226

Gegen die Wand 229
Die politisch vergiftete Ära Mappus

- Die Eklats reißen nicht ab 233
- Des einen Leid 236

Ein grüner »Schlossherr« auf der Reitzenstein 238
Winfried Kretschmann und die Ironie der Geschichte

- Vom linken Sektierer zum MP 242

Die alte Dame bekommt ein neues Kleid 249
Die 100 Jahre alte Villa Reitzenstein wird renoviert

- Alles beim Alten, aber alles ganz neu 253
- Wer ist dieser Martin Sting? 256
- Preisend mit viel schönen Reden 261
- Das Eugen-Bolz-Haus 269
- Kleiner Rundgang durch die Villa Reitzenstein 273
- Die Villa Reitzenstein in Zahlen 276

Was macht eigentlich das Staatsministerium? 278
Eine kleine hintergründige Staatsbürgerkunde

- Mit Leib und Seele 280
- Der kulinarische Proporz 281
- Ein Hoffotograf und die politische »Jesuitenschule« 284
- Nachsatz 291

Service 292

Danksagung 294

Literaturhinweise 295

Bildnachweise 297

Das Register 298

Der Autor 303

Geschichte und Gegenwart

An noblen Prädikaten, an griffigen Titeln mangelt es nicht: Schönste Staatskanzlei der Republik, Schatztruhe der Demokratie! Talentschmiede für den politischen Nachwuchs! Zentrum der Demokratie in Baden-Württemberg! In Stein und Architektur gegossene Geschichte! Ein Ort jedenfalls, eine stattliche Villa und ihr Park, mit denen sich Staat machen lässt aufs Beste, ein Ruheort in der Hektik des politischen Tagesgeschäfts, alles in allem ein Glücksfall für das Musterländle! Wie immer man es beurteilen mag, die Villa Reitzenstein auf der Stuttgarter Gänsheide, der Inbegriff der legendären Halbhöhenlage, ist seit mehr als hundert Jahren ein geschichtsträchtiger Ort.

Wandelt man, neugierig-versonnen, durch den verwunschenen alten Park mit seinen verspielten Skulpturen, Tempeln und Wasserläufen, wo noch viele Bäume und Sträucher imponierende Originale sind, gepflanzt im Auftrag der einstigen Bauherrin Helene von Reitzenstein, dann scheint die Zeit stehengeblieben. Der Lärm der Großstadt im Talkessel dringt kaum herauf. Man schweift mit seinen Gedanken in die Vergangenheit, lässt sich gefangen nehmen von der Aura dieses Areals. Doch Vorsicht, diese Villa Reitzenstein, die das Bombardement des Zweiten Weltkriegs unbeschadet überstanden hat, ist kein Museum! Sie ist nie eines gewesen und wird auch keines werden, nachdem man sie von 2013 bis 2016 gründlich restauriert, baulich saniert und technisch modernisiert hat. Seit 1925 ist sie der Amtssitz der Staats- und der Ministerpräsidenten, zunächst von Württemberg, seit 1952 von Baden-Württemberg. Und das bleibt auch so. Punktum.

Diese Villa, die man anfangs noch als kleines Schloss wahrnahm, ist ein Symbol für die deutsche Geschichte und vor allem für die spannende, zeitweise sogar dramatische Geschichte des deutschen Südwestens. Helene von Reitzenstein hat sie 1910 planen und bis 1913 bauen lassen, eine Tochter von Eduard Hallberger, dem Begründer der bis heute renommierten Deutschen Verlags-Anstalt. Helenes schöner Traum jedoch von einem privilegierten Leben auf der Gänsheide erfüllt sich nicht, die weltpolitischen Zeitläufte, dazu ihr persönliches Schicksal zerstören alle Wünsche und Hoffnungen. Im Rückblick erkennen wir in der Baronin eine reiche und gebildete, gleichwohl eine tragische Frauengestalt des 19. und beginnenden 20. Jahrhunderts. Der frühe Tod

Am Abend, wenn alle Lichter in der Villa Reitzenstein brennen, verbreitet sich die besondere Aura dieses Hauses. Dem Betrachter außen kommen Gedanken und Erinnerungen an die Geschichte in den Sinn – drinnen jedoch geht es, meistens bis in den späten Abend, um die politische Tagesarbeit.

ihres Gatten Carl Friedrich von Reitzenstein, dem sie ihre Villa widmet, und der Erste Weltkrieg überschatten ihr Leben. 1944 stirbt sie vereinsamt in Bayern; die Geschichte ist über sie hinweggegangen.

Als sich die Badener und die Württemberger am 9. Dezember 1951 in einer Volksabstimmung für ihren neuen Südweststaat entscheiden, für die Gründung des Bundeslandes Baden-Württemberg, die am 25. April 1952 vollzogen wird, nennt das der Schwabe Theodor Heuss, erster Bundespräsident, freudig und mit Bedacht »ein Modell deutscher Möglichkeiten«. Und wenn man es recht bedenkt, stimmt dieses Wort auch heute noch: Unter dem wiedergewählten Ministerpräsidenten Winfried Kretschmann von den Grünen formiert sich im Frühling 2016 die erste grün-schwarze Regierung in einem Bundesland.

Auf dem steinigen Weg der Württemberger bis 1952 und der Baden-Württemberger bis in unsere Tage hat die Villa Reitzenstein eine markante Rolle gespielt: In den unsteten Zeiten der Weimarer Republik verkauft Helene von Reitzenstein ihr Anwesen unter kuriosen Umständen für einen Spottpreis an die Staatsregierung Württembergs. Mitte der zwanziger

Jahre erstarken die Rechtsextremen, die NSDAP, die Nationalsozialistische Deutsche Arbeiterpartei, gewinnt auch im Südwesten machtvoll und rücksichtslos an Boden. Mutig stellt sich der aufrechte Demokrat Eugen Bolz als württembergischer Staatspräsident ihren Wortführern in den Weg – vergebens. Wilhelm Murr, der glühende Nazi und Antisemit, übernimmt 1933 im Handstreich die Macht, verdrängt den untadeligen Eugen Bolz aus Amt und Amtssitz, setzt sich an dessen Stelle, führt auf der Gänsheide bis 1945 eine Schreckensherrschaft. Eugen Bolz wird im Januar 1945 von den Nazis ermordet. Wilhelm Murr wählt für sich den Freitod, entzieht sich der Verantwortung für seine Untaten, dem sicheren Todesurteil bei den Nürnberger Prozessen gegen die Riege der NS-Kriegsverbrecher. Der neue, im Frühjahr 2016 bezogene Bürotrakt neben der Villa Reitzenstein trägt auf Geheiß des Ministerpräsidenten Winfried Kretschmann den Namen »Eugen-Bolz-Haus«, erinnert so an jenen integren Demokraten.

Mitten auf dem riesengroßen Kabinettstisch steht diese quadratische alte Uhr aus der Werkstatt des Hauses Junghans in Schramberg. Die Ministerrunde sieht also in jedem Augenblick, was die Stunde geschlagen hat – ganz »zeitnah« und gewiss auch im übertragenen Sinne.

Hat die Villa Reitzenstein die vielen Menschen geprägt, die in ihr gearbeitet, die auf der Gänsheide für das Land Politik gemacht, ihm in all den Jahren auf die unterschiedlichste Art und Weise gedient haben? Oder prägten eher die Menschen dieses Haus, seine Atmosphäre, seine Aura, den Geist und die Würde, die dort herrschen? Die meisten, denen ich diese Fragen gestellt habe, antworteten spontan: beides, sowohl als auch! Wobei manch einer keinen Hehl daraus macht, dass er im Haus Richard-Wagner-Straße 15 – so die offizielle Postadresse – in erster Linie seinen Arbeitsplatz sieht. Man könne doch nicht ständig an die Historie dieses Ortes denken!

Und wie steht es um den Mythos Villa Reitzenstein? Der Amtssitz des Ministerpräsidenten und des für ihn arbeitenden Staatsministeriums gilt naturgemäß als ein Symbol staatlichen Handelns, politischer Verantwortung und Gestaltungskraft auf Zeit, wie es in der Demokratie die Regel ist.

Dazu gehört im konkreten Fall der vernünftige Proporz zwischen Baden und Württemberg, bis hinein in erstaunliche Kleinigkeiten wie etwa das Essen und den Wein, wenn man in den Sälen und Salons die Gäste aus nah und fern empfängt. Dann umgibt die Villa Reitzenstein eine noble Aura – ohne jeden Protz und Pomp. Natürlich ranken sich um dieses Anwesen in staatlichem Besitz viele bunte Episoden und Anekdoten, auch darüber berichtet dieses Buch.

Kein Zweifel, hinter der historischen Fassade und dem Baustil, der dem kleinen Seeschloss Monrepos bei Ludwigsburg nachempfunden ist, liegt nicht zuletzt eine Machtzentrale, politisch immer wieder hart umkämpft, wie uns die Landtagswahl vom 13. März 2016 einmal mehr gezeigt hat. Mancher Ministerpräsident fühlte sich hier persönlich wohl, sah in dem geschichtsträchtigen Haus mehr als nur seinen Arbeitsplatz, etwa einen Rückzugsort, an dem man Muße finden kann zum Nachdenken. Manch ein MP fühlte sich auf der Gänsheide sicher, rund um die Uhr beschützt und vom mitunter lästigen Drang der Nörgler abgeschirmt. Mancher erwuchs hier zu einem beliebten Landesvater, andere scheiterten an den Umständen, an sich selbst oder an beidem.

Die Villa Reitzenstein ist ein politischer Schicksalsort, vor allem für die CDU Baden-Württembergs. 58 Jahre lang hat sie hier die Hausherren gestellt: von ihrem im September 1953 gewählten ersten Ministerpräsidenten Gebhard Müller bis zum 27. März 2011, bis zur dramatischen Wahlniederlage des machtversessenen, glücklosen Ministerpräsidenten Stefan Mappus nach wenig mehr als einem Jahr im Amt. Einerseits Macht und Mythos an einem Ort, immer wieder der Glanz, das Rampenlicht, die schiere Lust am Regieren – andererseits das Scheitern, der Irrtum, der Starrsinn, die Einsamkeit der Macht, denkt man etwa an Hans Filbinger und Lothar Späth, wenn auch aus völlig verschiedenen Gründen. Vielerlei Karrieren hat es auf der Gänsheide gegeben, kurze und lange, steile und abgründige. Einflüsse von knallharter Parteipolitik und blanker Parteiräson haben sich durchgesetzt, haben ihren Teil zum Auf und Ab beigetragen. Alles in allem, nimmt man die Jahre von 1933 bis 1945 aus, ein interessanter, ein gut gewählter und angemessener Amtssitz für den höchsten Repräsentanten des Landes Baden-Württemberg.

Beim Recherchieren und beim Schreiben dieses Buches habe ich mich immer wieder gefragt, für wen schreibe ich eigentlich? Welche Leserinnen und Leser wünschte ich mir, sofern ich sie mir selbst aussuchen könnte? Ich denke an alle, die interessiert sind an der spannenden, wechselvollen Geschichte Badens und Württembergs im 20. Jahrhundert und

Das Kabinett am 12. Mai 2016: Susanne Eisenmann, Edith Sitzmann, Winfried Kretschmann, Thomas Strobl, Theresia Bauer (vorne von links). Peter Hauk, Franz Untersteller, Nicole Hoffmeister-Kraut, Manfred Lucha (zweite Reihe). Gisela Erler, Guido Wolf, Winfried Hermann (dritte Reihe).

bis heute. Natürlich widme ich die Lektüre den Jüngeren, den Nachgeborenen, den Generationen, die seit den sechziger und siebziger Jahren des vorigen Jahrhunderts geboren sind: Sie finden eine Chronologie der Ereignisse und der maßgebenden Personen, fokussiert auf diesen einen zentralen Ort, hoch über der Stuttgarter Innenstadt gelegen.

Wenn die Älteren, die historisch Erfahrenen, gar die Kenner der Landesgeschichte beim Lesen das eine oder andere Neue erfahren, den einen oder anderen Zusammenhang in anderem Licht erkennen, ihre alten Sichtweisen hinterfragen, womöglich korrigieren, so freute mich das umso mehr. Denen, die jetzt neugierig geworden sind, wünsche ich eine anregende Lektüre. Und ich empfehle sehr, die Gelegenheit zu nutzen zum Besuch der Villa Reitzenstein und ihres Parks, was seit der Ära Winfried Kretschmann wieder regelmäßig möglich ist. Vielleicht begegnen wir uns ja dort? Dann blicken wir gemeinsam hinauf auf die Kuppel, wo die Landesfahne im Wind flattert, was man früher – herzhaft schwäbisch – mit folgendem respektlosen Ausruf kommentierte: »Wenn d'r Lappa droba hengt, isch dr Lomp dahoim!« In diesem Falle empfiehlt sich die Übersetzung ins Hochdeutsche ausnahmsweise einmal nicht.

Thomas Borgmann

Unerfüllte Träume

Eine unglückliche Millionärin baut sich die Villa Reitzenstein

Mehr als 100 Jahre vor den Ereignissen im Frühjahr 2016 beginnt die Geschichte der Villa Reitzenstein oben auf der Gänsheide. Die Tochter aus der schwerreichen Familie Hallberger, Begründer der Deutschen Verlags-Anstalt, wagt hier den großen Wurf – und scheitert an der Geschichte.

Die Hallbergers zählen im 19. Jahrhundert zum schwäbischen Geistesadel, ihr Name verweist auf ihre Herkunft. Die Wurzeln dieser interessanten alten Familie reichen weit zurück nach Schwäbisch Hall, wo anno 1363 ein gewisser Hans Halberg als Salzsieder ansässig ist. Im 16. Jahrhundert finden wir sie als Tuchmacher in Wimpfen, im 17. Jahrhundert erweitern sie, warum auch immer, ihren Namen um ein kleines Stück, nennen sich fortan Hallberger.

Auf der Spurensuche nach der Vorgeschichte der Villa Reitzenstein auf der Stuttgarter Gänsheide interessiert uns der Familienzweig von Achilles Hallberger, dessen Leben von 1678 bis 1741 währt – ein Buchdrucker, der als erster seines Namens nach Stuttgart zieht, sich in der Stadt etabliert, die damals immerhin schon an die 12 000 Einwohner aufweist. Auch sein Sohn David (1722–1767) arbeitet am Ort als Buchdrucker und Schriftsetzer, eröffnet 1749 ein Antiquariat. Die Berufe und die Branchen, in denen die Hallbergers agieren, scheinen von alters her vorgegeben.

Doch ehe wir uns in den Wirren der Zeitläufte und in den Verästelungen dieser alten württembergisch-fränkischen Familie verlieren, sei auf den heiter-genialischen Landeskundler Hansmartin Decker-

Hauff (1917–1992) verwiesen, der in den achtziger Jahren des 20. Jahrhunderts den diversen Hallbergers eine mehr oder minder nahe Verwandtschaft mit Schiller und Goethe, Wieland und Hölderlin, Uhland und Hauff, Kerner und Mörike, Hegel und Schelling nachgewiesen hat. Dazu passt der selbstbewusste schwäbische Reim:

*Wir sind das Volk der Dichter,
ein jeder dichten kann.
Man seh' nur die Gesichter
Von unsereinem an.
Der Schelling und der Hegel,
der Schiller und der Hauff,
das ist bei uns die Regel,
das fällt uns gar nicht auf.*

Das mag die geschichtsaffinen Leser von heute erstaunen: Wie denn, was denn? Entfernte Verwandtschaft mit den Titanen der Literaturgeschichte? Simple Antwort: Erstens leben zu jener Zeit weitaus weniger Menschen in den Grenzen des heutigen Deutschlands, zweitens steigt damit die Wahrscheinlichkeit, dass die gebildeten Eliten untereinander verwandt und verschwägert sind. Nicht zu vergessen, dass die Zahl der Menschen, die lesen und schreiben können, zur damaligen Zeit stetig anwächst. Die Verleger und die Drucker standen mit im Zentrum dieses Fortschritts, sie profitierten enorm von diesem lebhaften Aufschwung, was sich gerade am Beispiel der Hallbergers augenfällig belegen lässt.

Springen wir direkt zum Urenkel des erwähnten Achilles Hallberger: Der heißt zunächst Ludwig Wilhelm Friedrich, ändert später seinen Vornamen frankophil in Louis, wofür er einen triftigen Grund verspürt, wie wir gleich sehen werden. Ludwig ist 1796 in Plochingen geboren, legt bis zu seinem Tod 1879 den neuzeitlichen Grundstein für eine erfolgreiche Dynastie von Druckern und Verlegern, von Gründern und Anregern, von Stiftern und Mäzenen. Alles mündet – eine ausgesprochen spannende Geschichte – in den Bau der Villa Reitzenstein auf einem der schönsten, man muss sogar

Helene von Reitzenstein als junge Frau – diese undatierte Fotografie zeigt sie im modischen Stil der Zeit: im Profil, gekleidet als höhere Tochter aus wohlhabendem Haus. Doch sie blickt ängstlich zur Seite, ihr scheint die Aufnahme unbehaglich. Freude und Heiterkeit sehen anders aus. Vielleicht nur ein Zufall – vielleicht aber auch eine Lebensahnung …

Unerfüllte Träume | 15

Louis Hallberger, Helenes Großvater, gründet 1831 auf der Stuttgarter Königstraße die Hallbergersche Verlagshandlung. Das Porträt stammt von dem belgischen Künstler Michel Stapleaux (1799–1881), der in den 1830er-Jahren württembergischer Hofmaler war.

sagen spektakulärsten Grundstücke der Stuttgarter Halbhöhenlage.

Nur so viel vorweg: Die Hallbergers besitzen über Generationen nicht nur Grips und Fortune, nicht nur Geschick und Weitblick, nicht nur unternehmerischen Mut – sie sind allesamt außerordentlich kultivierte Leute, ehrgeizige Exponenten des gebildeten Bürgertums, das sich der Aufklärung verpflichtet fühlt, der Volksbildung breiter Kreise. Sie kreuzen ihre geschäftlichen Klingen mit Verlegerfamilien wie den Cottas, den Metzlers und den Franckhs. Ihre erstaunlichen Ambitionen führen mit dazu, dass Stuttgart im 19. Jahrhundert neben Leipzig und Frankfurt zu einer der führenden deutschsprachigen Verlagsstädte aufsteigt.

Zurück zu Ludwig/Louis Hallberger, dessen Vater am schiffbaren Neckar in Plochingen einen Salzhandel betreibt. 1819 kommt Louis nach Stuttgart, erhält hier das Bürgerrecht, heiratet die Tochter seines Lehrherrn, des hiesigen Textilfabrikanten Georg Friedrich Barrier. Das junge Paar bekommt in kurzer Folge drei Söhne, doch schon 1823 stirbt deren Mutter, eine Tragödie für die Familie. Louis Hallberger leidet schwer unter dem Tod seiner Frau, schwankt hin und her, entschließt sich bald darauf vom Textilgeschäft ins Verlegerische zu wechseln. Die genauen Gründe für diesen Schwenk sind nicht überliefert, lassen sich jedoch leicht nachvollziehen: Die Technik des Buch- und Zeitschriftendrucks erlebt in jenen Jahren einen rasanten Fortschritt. Mit den neumodischen Maschinen lassen sich höhere Stückzahlen an Büchern oder Heften zu günstigen Preisen herstellen. Überall im Land machen Herausgeber von Literatur und regelmäßig erscheinenden Blättern von sich reden, die Politik sorgt überdies für Publizität, ja, für frühe Schlagzeilen. Das Publikum ist neugierig, will alles wissen. Mancher Historiker, der später einen kritischen Blick zurück auf Louis Hallberger wirft, unterstellt ihm ganz profan die unstillbare Lust und Gier auf das schnelle, das ganz große Geld.

Wie auch immer. Dieser Louis Hallberger traut sich was, druckt Klassiker, später auch politische Werke, verlegt unter anderem den Fürsten von Pückler-Muskau, den die Älteren der heutigen Generationen kennen, weil nach ihm das Fürst-Pückler-Eis benannt ist. Ein historisches Kuriosum. Hallberger zählt zu den bekanntesten Bürgern der württembergischen Residenz, lebt im Haus Königstraße Nummer 3, unweit vom Neuen Schloss und dem königlichen Marstall. Ein Quartier für die Privilegierten, die nahe bei Hofe sein sollen und sein wollen. Der treffliche Baumeister Nikolaus von Thouret (1767–1845) hat dieses Wohnhaus entworfen. 1840 ist Hallberger der zweitgrößte Drucker weit und breit, nur das Cotta'sche Verlagshaus ist noch stärker. Ohne dass es das Publikum sogleich bemerkt, erwächst Louis Hallberger in seinem eigenen Sohn Eduard, geboren 1822, ein begabter Konkurrent, der ihn alsbald überflügelt, ja regelrecht in den Schatten stellt. Eduard Hallberger macht Epoche.

Als sein Vater Louis im Juni 1879 stirbt, steht Eduard sofort bereit, übernimmt das väterliche Erbe in sein bereits florierendes Kontor, fügt es seinem beträchtlichen Besitz hinzu. Eduards Meriten sind weithin sichtbar, der Geschäftsmann höchst erfolgreich: Im Revolutionsjahr 1848 hat er seinen eigenen Verlag gegründet, bringt Jugend- und Volksliteratur heraus, setzt nicht nur auf die Bücher für die belesenen Schichten, sondern im wahrsten Sinn des Wortes auf die große, weite Welt: Seit 1853 verlegt er die »Illustrierte Welt«, deren Auflage zeitweise um die 150 000 Exemplare beträgt. Im Jahr 1858 startet er »Über Land und Meer« – eine bahnbrechende, bis heute legendäre Illustrierte, deren Auflagen noch weit höher klettern. Bis 1923 erscheint sie wöchentlich, anfangs herausgegeben von Friedrich Wilhelm Hackländer (1816–1877), Hallbergers kongenialem Partner bei diesem Projekt. Ferne Länder und fremde Menschen, unbekannte Kontinente und Kulturen interessieren die Leute, auch immer mehr junge Frauen streben nach Wissen und Bildung. Das Blatt bietet seinen Leserinnen und Lesern eine spannende Mischung aus Information und Belehrung, aus Humor und Unterhaltung, Literatur und Mode. Alles in allem werden es am Ende rund 67 000 Seiten »Über Land und Meer« sein, die man heute für einige tausend Euro auf Mikrofilm komplett erwerben kann; im Antiquariatshandel gibt es noch immer Einzelhefte.

In der allerersten Nummer von 1858 formulieren Hallberger und der weitgereiste Hackländer ihr gemeinsames Credo:»Über Land und Meer schwingt sich der Gedanke mit des Blitzes Schnelligkeit und des Blitzes Zündkraft, seit der Draht des Telegraphen die entferntesten Pole der Erde verbindet. Über Land und Meer soll darum das Blatt heißen, das seine Leser durch Bilder-Telegramme mit allen Weltteilen zu verbinden die große Aufgabe sich gestellt hat.«

Reichlich Schwulst und Pathos stecken in diesen Zeilen, gleichwohl bleibt festzuhalten: Was uns heute das Internet, das ist anno 1858 der Telegraph. Und wichtig zu wissen für das, was noch kommen wird: Hackländer entdeckt schon 1845 (!) die idyllische Gänsheide als einen geradezu paradiesischen Bauplatz, kauft dort ein Stück Land und startet 1847 mit dem Bau seiner Villa »Haidehaus«. Doch die Einheimischen erweisen sich als neidische und bösartige Spießer, beschimpfen den Rheinländer in anonymen Schreiben als »emporgekommenen Ausländer« und als »elenden Hofspeichellecker«. Hackländer steht dem Hof tatsächlich nahe, tritt als Schauspieler am Hoftheater auf, wird 1860 neuer Chef der Bau- und Gartendirektion in der württembergischen Residenzstadt.

Später schreibt Hackländer verbittert über seine Stuttgarter Jahre: »Dank für das Viele, was ich in Stuttgart gewirkt und geschaffen, habe ich wenig erhalten, öffentlichen Dank oder Anerkennung gar keine. Dagegen aber reden heute noch und werden noch lange, lange Jahre für mich reden die schönsten Anlagen und Gebäude, für deren Entstehung ich gewirkt, ja, von denen ich wohl sagen kann, dass sie ohne mich vielleicht erst nach langen Jahren zur Verschönerung Stuttgarts beigetragen hätten.« Immerhin, in Hackländers Zeit als Verantwortlicher fallen der Bau des Königsbaus als »Großer Bazar« und der ersten Markthalle am Standort der heutigen, die 1914 fertig wird.

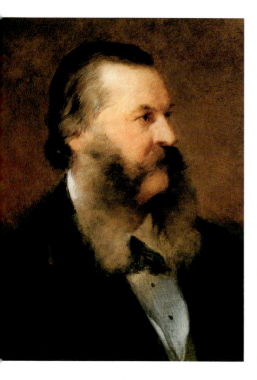

Eduard von Hallberger, Helenes Vater, hier auf einem Porträt des berühmten bayerischen Künstlers Friedrich August von Kaulbach (1850–1920), übernahm 1879 das väterliche Erbe und schuf daraus die bis heute bestehende Deutsche Verlagsanstalt.

18 | Unerfüllte Träume

Eduard Hallberger bleibt nicht stehen. Binnen kurzer Zeit baut er in Stuttgart eine der größten Holzstechereien im damaligen Deutschland auf, gibt Bildbände heraus, die Titel tragen wie »Ägypten in Wort und Bild«.

Vieles spricht dafür, dass dieser rastlose und ideenreiche Hallberger seinem heimlichen Vorbild Johann Friedrich Cotta (1764–1832) nacheifert, der ein Multiunternehmer war, sich aufwendig und intensiv etwa als Reeder betätigte mit eigener Schifffahrtslinie auf dem Bodensee und den ganzen langen Rhein hinunter. Hallberger wiederum steigt ins Baugeschäft ein, betreibt bald Ziegeleien, Steinbrüche, Zement- und Papierfabriken, kauft zahlreiche Häuser in bester Stuttgarter Innenstadtlage. Dieser Eduard Hallberger, der sich, man glaubt es kaum, auch eine Käserei in der Schweiz leistet sowie ein Brauhaus in Bayern, verkörpert den Aufbruch in die herannahende Industrialisierung, die gerade Stuttgart prägen wird wie nur wenige Städte in der zweiten Hälfte des 19. Jahrhunderts.

Fast hätten wir's vergessen: Eine Art von Privatleben führt dieser Eduard Hallberger durchaus auch. 1849 heiratet er Friederike Bautzenberger, eine Arzttochter aus Kirchheim unter der Burg Teck. 1850 kommt ihre erstgeborene Tochter Gabriele zur Welt, 1853 die Tochter Helene, auf die wir einen besonderen Blick werfen müssen. Denn diese Helene heiratet 1876, mit nur 23 Jahren, den preußischen Rittmeister Carl Friedrich Sigmund Felix Freiherr von Reitzenstein-Zoppaten, Jahrgang 1848. Sie ist es, die 1910 den Bau der Villa Reitzenstein in Auftrag gibt.

Zunächst jedoch rückt ein tragisches Faktum in den Mittelpunkt: Am 29. August 1880 stirbt der unermüdliche Eduard Hallberger plötzlich – mit nur 58 Jahren. Der König von Württemberg, Wilhelm II., hat dem rastlosen Unternehmer den Personaladel verliehen, der auf seine Töchter übergeht. Deren Vater, daran besteht kein Zweifel, muss seinen Geschäftssinn, seine Ideen, seine exzessive Arbeit mit dem Leben bezahlen. 1881, kurz nach seinem Tod, gehen seine sämtlichen Geschäfte in der Deutschen Verlags-Anstalt auf – der DVA, deren Geschichte, allein für sich genommen, ein leuchtendes Stück der deutschen Verlagswelt darstellt. Eduard von Hallberger gilt als Begründer der DVA, obschon es, streng genommen, seinerzeit ja »nur« eine Fusion gibt – allerdings mit der Folge, dass die DVA ein solides Fundament erhält, welches sie über Jahrzehnte trägt, auch durch die Stürme des 20. Jahrhunderts bis heute.

Wichtig zu wissen: Die DVA kommt von 1920 bis 1980 in den Mitbesitz des Hauses und der Familie Bosch, hat bis 2000 ihren Sitz an der Stuttgarter Neckarstraße, übrigens auf einem Grundstück, das Eduard

Unerfüllte Träume | 19

Hallberger zu diesem Zweck frühzeitig erworben hatte. 2000 entschließen sich die Verlagsmanager zum Umzug nach München – nebenbei bemerkt, ein herber Rückschlag und Verlust für die einstige Verlagshochburg Stuttgart. Erfolgreiche Hausautoren wie Manfred Rommel und Gerhard Raff kehren der DVA enttäuscht den Rücken. Aber das ist eine andere Geschichte.

Arme reiche Helene

Zwei Schwestern also, wie sie unterschiedlicher nicht sein könnten: Gabriele, die Ältere, wird als lebenslustig, extravagant und immer fröhlich geschildert, Helene indessen als eher zurückhaltend und in sich gekehrt. Über Kindheit und Jugend der beiden ist wenig überliefert: Privatlehrer und Gouvernanten, Bedienstete jeglicher Art darf man unterstellen, das Leben zweier Mädchen im großbürgerlichen Reichtum, zugleich jedoch in den Zwängen und Ketten, die den Kindern dieser Familien auferlegt sind. Die Bilder aus der Frühzeit der Fotografie zeigen die junge Helene als ziemlich schlank mit ernstem Gesicht. Für den Betrachter von heute ein ältliches Wesen – der Kleidung nach, aber auch im bleichen Gesicht. Der Wohlstand im Hause Hallberger stand offenbar im krassen Gegensatz zur Lebenslust, sieht man einmal von Gabriele ab, die 1884 – nach der Scheidung von ihrem ersten Mann, dem Bankier Heinrich von Eichborn (Vorfahre des Eichborn-Verlegers) – einen Carlo Graf Landberg heiratet, welchselbigen sie bald als Lebemann und Hallodri entlarvt. Gabriele, das hier vorweg, stirbt bereits 1915.

Helene von Hallberger heiratete 1876 den Offizier und Kammerherrn Carl Friedrich Sigmund Felix Freiherr von Reitzenstein, wie gesagt, der ist 1848 in Ulm geboren. Sie ist 23 Jahre jung, ihr Angetrauter 28. Vieles deutet darauf hin, dass die junge Frau von zu Hause wegwill, womöglich hat man sie unter dem Druck des Elternhauses standesgemäß unter die Haube gebracht, denn Baron von Reitzenstein, der aus fränkischem Uradel stammt, ist als Offizier, später als Hofbeamter unter König Wilhelm II. von Württemberg das, was man eine gute Partie zu nennen pflegt, jedenfalls nach militärischem Rang und Adel. Auf seinen Besitz und sein Erbe kommt's ja nicht an, schließlich ist Helene von Hallberger reich, sehr reich sogar – sicherlich reicher als ihr Mann.

Der Karlsruher Künstler Ferdinand Keller (1842–1922) porträtiert 1882 die Baronin Friederike Marie Helene von Reitzenstein. Das lebensgroße Gemälde hängt seit der Restaurierung der Villa im ersten Stock, gleich neben dem Amtszimmer des Ministerpräsidenten. Ihr zur Seite das Porträt von Baron Carl Sigmund Felix Freiherr von Reitzenstein, das ein Jahr nach dessen Tod von dem Düsseldorfer Künstler Rudolf Huthsteiner (1855–1935) nach Fotografien gemalt wurde. Es zeigt den Gatten in der Uniform eines württembergischen Hofmeisters.

Wir wollen an dieser Stelle nicht uncharmant erscheinen: Die Ehe zwischen Helene und ihrem Carl verharrt in den Konventionen, selbst wenn die Chronisten darüber berichten, dass dieses junge Paar im Rampenlicht der schwäbisch-höfischen Gesellschaft stehe. Wahr ist, die Reit-

Unerfüllte Träume | 21

Gegenüberliegende Seite: Eines der wenigen alten Fotos, das das Ehepaar von Reitzenstein gemeinsam zeigt. Der Baron hebt den Finger, um einen seiner Hunde in die Schranken zu weisen, seine Frau sitzt daneben, ihr Kleid scheint sie fast zu erdrücken – jedenfalls wirkt Helene von Reitzenstein darin etwas ältlich.

zensteins pflegen enge Kontakte zu König Wilhelm II. und seiner zweiten Frau Charlotte, Jahrgang 1864, Tochter des Prinzen Wilhelm von Schaumburg-Lippe und Bathildis, geborene Fürstin von Anhalt. Gerade diese Verbindung zwischen der Hallberger-Tochter Helene und der Königin Charlotte« wird uns Jahre später noch intensiv beschäftigen.

Beide Frauen stammen aus höchst privilegierten Familien, leben zunächst in spannenden Zeiten, die den jungen Frauen vielerlei Chancen bieten, gleichwohl bleiben Helene und Charlotte nicht allzu viele glückliche Jahre. Reichtum und Herkunft machen ihrer beider Dasein leicht und schwierig zugleich. Die gesellschaftliche und politische Dynamik gegen Ende des 19. Jahrhunderts spielt sich nicht am Hofe der Württemberger auf dem Schlossplatz ab, sondern ein paar Straßen weiter, in den neumodischen Werkstätten von Gottlieb Daimler im Cannstatter Kurpark oder an der Werkbank des ebenso genialen Erfinders Robert Bosch im Stuttgarter Westen, Rotebühlstraße 75b. Daimler meldet 1883 seinen Viertaktmotor zum Patent an, Bosch gründet anno 1886 seine Versuchswerkstatt, in der er und seine Ingenieure die Zündkerze weiterentwickeln. Der Fortschritt rast, die technische Revolution ist nicht aufzuhalten.

Wie gesagt, Helene von Hallberger und Carl von Reitzenstein heiraten am 3. Oktober 1876 auf dem Landsitz derer von Reitzenstein im bayerischen Tutzing am Starnberger See (heute Sitz der renommierten Evangelischen Akademie Tutzing). Nur vier Jahre später, im Sommer 1880, stirbt Eduard Hallberger, ihr Vater, wird im stattlichen Mausoleum der Familie auf dem Stuttgarter Pragfriedhof beigesetzt. Helene und ihre Schwester Gabriele erben das enorme väterliche Vermögen: fünf Millionen Reichsmark für jede von ihnen, dazu 250 000 Mark jährliches Einkommen. Im spannend zu lesenden »Jahrbuch des Vermögens und Einkommens der Millionäre in Württemberg und Hohenzollern« von 1914 finden sich auf der Seite 14 die damals für jedermann öffentlich sichtbaren Belege: Frau Gräfin von Landberg-Hallberger, also Schwester Gabriele, wird dort ausgewiesen als »Besitzerin mehrerer Häuser in Stuttgart, wohnhaft Schloss Tutzing, Starnberger See, Oberbayern«. Ihr Vermögen sind »Fünf Millionen Mark«, ihr jährliches Einkommen »0,25 Millionen Mark«. Gleiches gilt für ihre Schwester, »Freifrau Helene von Reitzenstein, geb. Hallberger, Oberhofmeisters-Witwe, Besitzerin der Häuser Heinestraße 15, 15a, 17 und 19 sowie Königstraße 3 und 5, wohnhaft Stuttgart, Heinestraße 15.«

In dieser Notiz über die Millionäre aus Württemberg sticht die Tragödie der Helene von Reitzenstein bereits ins Auge. Am 28. März 1897 stirbt ihr Mann in Baden-Baden, mit nur 43 Jahren wird sie Witwe; es heißt, ihr Mann habe am Roulette-Tisch das Zeitliche gesegnet. Ein schöner Tod. Die Antwort auf die Frage, ob ihre Ehe glücklich verlaufen ist, muss offenbleiben – klare Belege dieser oder jener Art gibt es nicht. Dass sie kinderlos bleiben, reicht für ein einigermaßen sicheres und seriöses Urteil nicht aus. Immerhin versucht Helene in den folgenden Jahren um die Jahrhundertwende das Beste aus ihrer persönlich prekären Situation zu machen – ein Ansporn, dem wir tatsächlich die Villa Reitzenstein verdanken.

Unerfüllte Träume | 23

Gegenüberliegende Seite: Königin Charlotte von Württemberg, selbstbewusst fotografiert im Jahr 1916, war zunächst mit Helene von Reitzenstein befreundet, mochte jedoch ihren Lebensabend nicht mit der Baronin in der Villa Reitzenstein verleben, sondern blieb nach dem Ersten Weltkrieg und dem Verlust der Adelsprivilegien bis zu ihrem Tod im Kloster Bebenhausen bei Tübingen.

Die Jahre nach dem Tod ihres Mannes, so steht es in den Annalen, verbringt Helene von Reitzenstein zum großen Teil auf den Gütern und Schlössern ihrer weitverzweigten Familie im Fränkischen, an der Werra oder, wenn alle Jahre wieder die Zeit gekommen ist, bei den Wagnerianern in Bayreuth, wo man ein kleines Sommer-Palais besitzt. Das Leben an der Stuttgarter Königstraße, voller Erinnerungen an ihren Mann und die gemeinsamen Jahre, wird ihr zunehmend zur Last. Der grässliche Lärm auf der zentralen Straße, die wachsende Zahl der Kutschen und Fuhrwerke, die neumodische Pferdebahn auf Gleisen und der furchtbare Gestank – die einst so feine und beschauliche Residenz wandelt sich rasant und radikal zur Industriemetropole. Der Adel, Gott sei's geklagt, lebt längst nicht mehr unter sich, das Großbürgertum steigt auf, wird ökonomisch stark und zeigt sich selbstbewusst, macht den alten Mächten ehrgeizig Konkurrenz, nutzt die Gunst der Gründerjahre. Helene von Reitzenstein möchte sich all dem entziehen.

Und dann ist da noch etwas: Unter der Oberfläche schwelt, worüber man sich – gerade im pietistischen Stuttgart – hinter vorgehaltenen Händen und mit errötenden Wangen die Mäuler zerreißt: Helene von Reitzenstein und Königin Charlotte von Württemberg sind beste Freundinnen, besuchen einander, reiten gemeinsam couragiert durch den Schlossgarten und sonst wohin. Besteht da nur eine Freundschaft unter adeligen Damen? Oder ist da am Ende mehr? Sind sich diese zwei Frauen heftiger zugetan, als es die Moral gebietet, gefangen in den Zwängen ihrer Herkunft und ihrer Lebenslagen? Das Tuscheln über die beiden bleibt bis zum enttäuschenden Ende. Schließlich leben Charlotte und Helene ziemlich allein mit ihrem persönlichen Elan am Beginn eines neuen, des 20. Jahrhunderts. Ihr beider Schicksal ist das der gebildeten und ambitionierten Frauen aus dem 19. Jahrhundert. Helene ist verwitwet, Charlotte ist an der Seite König Wilhelms II. unglücklich – er empfindet diese Ehe als Zwang. Für die Emanzipation der Damen dieser Kreise ist es noch viel zu früh.

Wer ist Königin Charlotte? Charlotte von Schaumburg-Lippe ist 1864 in Böhmen geboren, hat 1886 Wilhelm von Württemberg geheiratet, damals »nur« der Thronfolger, nachdem dessen erste Frau Marie 1882 im Wochenbett gestorben war. Volk und Familie hatten ihn zu dieser Ehe gedrängt. An ihrer Hochzeit ist Charlotte erst 21 Jahre alt, Kronprinz

Wilhelm immerhin 38. Erst 1891 kann er als König Wilhelm II. den württembergischen Thron besteigen. Als Königin Charlotte tut sich die Frau aus dem Norden im Schwäbischen schwer mit den höfischen Pflichten, kümmert sich, wie ein Chronist vermerkt, gerne um »die Selbständigmachung der Frauenwelt«, meidet hingegen konsequent militärische Aufmärsche oder ähnliches Gepränge, unterstützt lieber Kunst und Kultur, beispielsweise Frauen, die malen, passend dazu die Oper und das Theater. Der Königin geht es offenkundig um Ernsthaftigkeit und Tiefgang, nicht um leichte Zerstreuung, wenn man vom Reiten einmal absieht.

Aus ihrem sozialen Engagement von damals hat das 1899 von ihr als erstes Mädchengymnasium Württembergs gegründete Charlottengymnasium in Stuttgart die Zeiten überdauert, heißt allerdings seit 1937 Hölderlin-Gymnasium. Der Grund: Die Nationalsozialisten verbieten den Latein- und Griechisch-Unterricht, machen dem humanistischen Gymnasium den Garaus. Übrigens, der Charlottenplatz, den es bis heute gibt, hat seinen Namen von einer anderen Charlotte!

Hansmartin Decker-Hauff, der in den achtziger Jahren des 20. Jahrhunderts mit seiner heiter-informativen SWR-Fernsehreihe einem breiten Publikum »Die Frauen im Hause Württemberg« faktenreich und mit Augenzwinkern nahebringt, schreibt über Königin Charlotte: »Nach der gestorbenen Marie von Waldeck kam jetzt eine jüngere, aber eher kühle, herbe, sehr verstandesmäßige, wür-

Unerfüllte Träume | 25

Königin Charlotte (links) auf der Schlossterrasse in Bebenhausen mit ihrer Schwester Adelheid (rechts) und der Baronin Elsa von Falkenstein. Die Hofdame von Falkenstein erklärte Jahre später, die Freundschaft zwischen der Königin und Helene von Reitzenstein habe die Baronin sehr einseitig gesehen – die Königin sei distanziert geblieben.

dige, stolze, selbstbewusste Frau, die so gar nichts mit der ersten gemein hatte, mit der sie dauernd verglichen wurde.« Vollends schwierig wird es für sie, als alle spüren, dass sie Wilhelm II. und seinen Württembergern den so lange und so heiß ersehnten Thronfolger nicht schenken kann. Noch eine Parallele zu ihrer Freundin Helene, die, nebenbei bemerkt, in allen Porträts und Schilderungen über die Königin mit keinem Wort erwähnt wird, auch nicht vom eloquenten und so kenntnisreichen Historiker Decker-Hauff.

Helene von Reitzenstein, so scheint es, ist in diesen Jahren als noch relativ junge Witwe hin- und hergerissen. Monatelang meidet sie Stuttgart, hält immerhin Kontakt zu Königin Charlotte und anderen in der schwäbischen Residenz. Die aus heutiger Sicht geradezu haarsträubenden Konventionen der Zeit gestatten es nicht, dass sie irgendwelche Arbeit annimmt, und sei es nur in den Verlagen, die ihr Vater gegründet und hinterlassen hat. Mit dem Schreiben beispielsweise, das viele gebildete Frauen am Ende des 19. Jahrhunderts pflegen, tut sie sich offenbar schwer. Schriftlich Hinterlassenes existiert von ihr nicht, jedenfalls ist darüber nichts bekannt; die wissenschaftliche Forschung hat sich dieser Frau bis heute nicht gewidmet.

Eine zweite Ehe mag Helene nicht eingehen, obschon ihr mehrere Männer von Stand den Hof machen; sie indessen kleidet sich nach wie vor in Schwarz, ist ganz Witwe, verschwindet förmlich in dieser für sie anscheinend unausweichlichen Rolle. Ein Stück weit mag es der Selbstschutz sein, um für keinen Preis das durchmachen zu müssen, was ihre Schwester Gabriele erlebt hat: lauter treulose Gesellen, die ihr ewige Liebe schwören, in Wirklichkeit aber nur auf das Erbe der schwerreichen Hallberger-Tochter aus sind.

Die Gänsheide soll es werden

Wenn die alten Berichte stimmen, woran es keinen plausiblen Grund zum Zweifel gibt, so sind es in den Jahren 1905/06 ihre engsten Freunde, die Helene von Reitzenstein mit Geschick aus ihrer Lethargie locken, aus ihrem unsichtbaren Gefängnis befreien. Sie besuchen sie auf dem Familienschloss Reitzenstein im oberfränkischen Issigau, wo es heute noch steht. Namentlich genannt werden neben der Königin Charlotte Sibylle von Bismarck, die Schwiegertochter des »Eisernen Kanzlers« Otto von Bismarck, dazu das Ehepaar Ulla und Max von Uexküll, die Freiherrn von Gemmingen, von Cotta und andere.

1906, das ist verbrieft, tritt sie von Hamburg aus eine Weltreise an auf einem Luxusliner, will sich auf diese Weise ablenken, für Neues öffnen und aus eigener Kraft herausfinden aus dem Schatten, mit dem der Witwenschleier sie seit 1897 umgibt, ja quasi gefangen hält. Nach Hause zurückgekehrt, hat Helene, nun 53 Jahre alt, frischen Lebensmut gefasst und Pläne geschmiedet.

Auf einen Nenner gebracht, kurz und knapp: Sie möchte in Stuttgart bleiben, aber nicht länger in der lauten Innenstadt wohnen. Die Nähe zu ihren Freunden und Bekannten, natürlich zu Königin Charlotte, bleibt ihr wichtig. Es drängt sie, dem Andenken an ihren Mann ein Denkmal zu setzen – an einem ruhigen, stillen Platz im weiten Talkessel. Sie sieht dieses Projekt als ihre vornehmste Aufgabe, möchte aktiv an der Planung, der Gestaltung, der Einrichtung und allem Drumherum mitwirken und teilhaben. Geld spielt für sie dabei keine Rolle – Hauptsache, ihre Träume werden wahr. Kompromisse muss sie ja nicht eingehen, kann aus dem Vollen schöpfen, sich die allerbesten Ratgeber leisten.

Genau an dieser Stelle kommt urplötzlich wieder ein geschätzter Name ins Spiel: Hackländer nämlich. Jetzt ist es allerdings nicht mehr der 1877 gestorbene Schriftsteller und erste Herausgeber der Erfolgszeitschrift »Über Land und Meer«. Sein Sohn Friedrich Wilhelm Hackländer (1848–1923) besitzt inzwischen die väterliche Villa auf der Gänsheide, halbhoch gelegen im Osten des weiten Stuttgarter Talkessels. Vater Hackländers fast lyrische Hymne auf die Gänsheide gilt natürlich immer noch: »Von hier aus habe ich eine freie Übersicht über Berg und Tal, Fluss, Wald und Feld, wo sich alles wie eine Landkarte vor mir ausbreitet.« Wer heute von der Gänsheide auf »sein« Stuttgart blickt, der vermag Hackländers

Gegenüberliegende Seite: König Wilhelm II. von Württemberg auf dem bekanntesten Foto, das es von ihm gibt: beim Spaziergang mit seinen beiden Spitzern. »Grüß Gott, Herr König!«, so durften die Bürger ihn ansprechen. Als er 1918 abdanken musste, ging er mit seiner Frau ins Schloss Bebenhausen, setzte nie wieder einen Fuß auf Stuttgarter Boden.

»zauberisch schöne Lage« noch zu ahnen. Was muss das damals für eine saftig grüne Landschaft gewesen sein! Wer die Chance oder gar das Privileg besitzt, die Stadt heute von der Villa Reitzenstein und ihrem Park aus zu sehen, der kommt den Schwärmereien der Hackländers und der Helene von Reitzenstein ein gehöriges Stück näher. Auch der so herrlich bürgernahe König Wilhelm II., der häufig mit seinen beiden schneeweißen »Spitzern« vom Talkessel herauf die Hänge erklomm, ging hier oben spazieren.

Binnen kurzer Zeit gelingt es Helene von Reitzenstein, verschiedene Grundstücke in dieser einmaligen Lage zu erwerben, das erste bereits im Herbst und Frühjahr 1909/10. Sie erwirbt von dem Realschullehrer a. D., Johannes Mattes, das Anwesen Gänsheidestraße 58, 45 Ar und 86 Quadratmeter groß: eine alte, verwunschene Villa mit Scheuer, Geflügelhof und Lustgarten. Sie bezahlt dafür die stolze Summe von 140 000 Reichsmark, und sie schafft es sogar, dass alles zu ihren Gunsten abgerissen werden darf. Zur Unterzeichnung der Verträge vor dem Notar Eugen Weigele erscheint sie übrigens nicht höchstselbst – nein, ihr Privatsekretär Oskar Ensinger tritt mit Generalvollmacht auf, wie die Dokumente von damals belegen, und wickelt alles äußerst korrekt ab. Nicht weniger als zweieinhalb Hektar bringt die zu allem entschlossene Baronin Zug um Zug in ihren Besitz. Ein neuer Zündfunke für die Aufsiedlung der Gänsheide.

Stuttgarts wohlhabende und selbstbewusste Bürgerschaft hat Helenes Projekt längst entdeckt, ihre Pläne sprechen sich eilig in den Salons herum, zumal sie selbst kein Hehl daraus macht. Den Wettlauf um den schönsten Bauplatz gewinnt sie leicht, der Wettstreit um die prachtvollste Villa, das stilvollste Ambiente und die tollsten Feste ist längst eröffnet.

Die führende Stuttgarter Gesellschaft liefert sich um die Jahrhundertwende einen regelrechten Prestigekampf um Grundstücke und Paläste, um Erker und Türmchen, um Parks und den Traumblick über die vom Talkessel immer rasanter heraufwachsende Stadt. Das Geld spielt in diesen Kreisen keine Rolle. Immerhin dominieren Stil und guter Geschmack, natürlich ist es der Geschmack der Zeit, das Neobarock, die italienische Renaissance, ein wenig der Jugendstil, natürlich der Klassizismus. Manches davon wirkt auf den alten Plänen, Grundrissen und vergilbten Fotos in der Rückschau überladen – Protz und Pomp hingegen findet man selten, denn das widerspräche der schwäbischen Selbstsicht. Zu der al-

28 | Unerfüllte Träume

Die Villa der Familie Mattes auf der Gänsheide: 1910 kaufte Helene von Reitzenstein dieses Anwesen, ließ es abreißen, um Grund und Boden zu schaffen für ihren Plan einer repräsentativen Villa.

lerdings gehört, dass Gediegenes, Bleibendes und Schönes sehr wohl ihren Preis haben dürfen. Es geht durchaus um Repräsentation im Inneren wie im Äußeren der Gebäude. In den Remisen für die Kutschen stehen bald die ersten Automobile neben den eleganten Chaisen. In den privaten Salons und Bibliotheken geht es um Literatur und Kunst, um Musik und rauschende Feste, freilich auch um gute Geschäfte, um Politik und Macht. Die Nebeneffekte des Baubooms am Beginn des zwanzigsten Jahrhunderts liegen auf der Hand: Reizvolle Aufträge für die begabten, die renommierten Architekten und ihre Büros, lukrative Aufträge winken den Baufirmen und Handwerkern aller Art und aller Zünfte. Stuttgart blüht – ahnt jedoch nicht, was für ein Jahrhundert da heraufzieht.

Wer sind Schlösser und Weirether?

Der Historikerin Christine Breig kommt das Verdienst zu, in ihrem 2000 erschienenen Standardwerk »Der Villen- und Landhausbau in Stuttgart – 1830–1930« die faszinierende Entwicklung über einhundert Jahre hinweg als Erste umfassend beschrieben und systematisch dokumentiert zu haben. 230 Gebäude sind von ihr aufgeführt, eine Fundgrube, in der man unter anderem auf Folgendes stößt: Der große Robert Bosch, um 1915 bereits weltbekannt, sein Vermögen wird auf sagenhafte 20 Millionen Mark geschätzt, lässt sich in den Jahren 1910/11 auf der Gänsheide mit Blick nach Bad Cannstatt von den Architekten Carl Heim und Jakob Früh eine Renaissancevilla mit Park und Tennisplatz planen und bauen. Das legendäre, wie ein italienischer Palazzo anmutende Gebäude, heute der Sitz der weltweit renommierten Robert-Bosch-Stiftung, hat gottlob die kriegerischen Wirren des zwanzigsten Jahrhunderts überstanden, ist in den achtziger Jahren stilsicher restauriert worden. Ein großartiger, ein magischer Ort, der noch immer Geschichte ausstrahlt.

Von einem anderen berühmten Stuttgarter Bauherrn hat sich eine heitere politische Anekdote erhalten: August Bebel, der Mitbegründer der SPD, besucht um die Jahrhundertwende den steinreichen Fabrikanten Gustav Siegle, Mitbegründer der BASF, in seiner Villa (Architekt Adolf Gnauth, 1871) an der Stuttgarter Reinsburgstraße 39. Siegle sagt launig:»Bebel, wenn Sie an die Macht kommen, wird das alles hier nicht mehr mein Eigentum sein.« Bebel schüttelt den Kopf, lacht laut auf und antwortet:»Siegle, seien Sie unbesorgt – nur die Produktionsmittel werden sozialisiert. Ihre Villa ist doch kein Produktionsmittel.« Bebel lebt mit seiner Familie zeitweise in Plauen – auch in einer Villa. So viel zum Klassenkampf von unten. Siegle hat drei Töchter, alle drei heiraten in den Adel. So viel zum Klassenkampf von oben. Und Gustav von Siegle, vom König geadelt wie einst Vater Hallberger, lässt ebenfalls 1910/11 an der Mörikestraße 12/12a im Stuttgarter Süden für eine dieser Töchter, Dora von Gemmingen-Hornberg, die Villa Gemmingen erbauen, die eine höchst bewegte Vergangenheit hinter sich hat. Die Architekten sind Albert Eitel und Eugen Steigleder. Der wegen seines Stuttgarter Hauptbahnhofes bis heute bekannte Paul Bonatz (1877–1956) baut 1911 an der Gellertstraße auf der Gänsheide eine wunderbare kleinere Villa, sie ist seit vielen Jahren das private wie geschäftliche Domizil der alteingesessenen Kunsthändlerfamilie Valentien. Der Bonatz'sche Bahnhofsneubau beginnt übrigens 1914, stockt während des Ersten Weltkriegs, erst 1922 rollen die Züge.

Ein kleiner Kreis von erfahrenen und kreativen Architekten setzt vor und nach der Jahrhundertwende planerisch und gestalterisch die Maßstäbe, teilt sich die lukrativen und prestigeträchtigen Aufträge. Man fragt sich heute, wie sie das alles binnen so weniger Jahre überhaupt schaffen konnten? Auf zwei von ihnen, Hugo Schlösser und Johann Weirether, müssen wir genauer schauen, denn Helene von Reitzenstein beauftragt diese beiden, die gemeinsam ein Büro führen, damit, ihr großes persönliches Projekt auf der Gänsheide zu verwirklichen: die Villa Reitzenstein, die ihr Wohnsitz werden, zugleich an ihren verstorbenen Mann erinnern und seinen Namen auf alle Zeit in Ehren halten soll. Und sie hofft auf etwas, das sie selbst noch nicht zu denken, gar zu formulieren wagt.

Heute weithin vergessen, bestenfalls in Fachkreisen bekannt – damals jedoch viel beschäftigt und hoch angesehen: Hugo Schlösser und Johann Weirether, zwei talentierte, später gestandene Architekten, deren berufliche wie private Lebensläufe eng miteinander verbunden sind und die sich in Stuttgart, aber auch deutschlandweit Respekt und Renommee verschaffen.

Zunächst Hugo Schlösser, im Mai 1874 im rheinischen Ratingen bei Düsseldorf geboren. Sein Vater Johannes ist Baumeister, die Mutter, Marie Lancet-Reinhardt, stammt aus Stuttgart, hat familiär einen französischen Hintergrund. Ihr Vater Robert von Reinhardt ist Professor an der Technischen Hochschule Stuttgart. Noch vor seinem Studium lernt Schlösser seinen Beruf praktisch von der Pike auf, arbeitet in Düsseldorf, ehe er nach München geht – in ein führendes, ja berühmtes deutsches Architekturbüro: Max Littmann (1862–1931), der das weltbekannte Hofbräuhaus entworfen hat, aber auch das Prinzregententheater, das Schillertheater in Berlin, das Nationaltheater in Weimar und den Zirkus Sarrasani in Dresden – vor allem aber das Stuttgarter Opernhaus (1912). Erst danach studiert Schlösser an der Technischen Hochschule in Stuttgart, bekommt 1903 die Berufung als Regierungsbaumeister.

1906 gründet er hier sein eigenes Büro, holt sich 1908 Johann Weirether als Kompagnon. Dieser gebürtige Stuttgarter, Jahrgang 1876, ist also nur zwei Jahre älter als Schlösser, hat ebenfalls an der hiesigen Hochschule studiert, spricht, wenn man so will, die gleiche Planungs- und Formensprache wie Schlösser. Für beide werden Planung und Bau der Villa Reitzenstein der historische Höhepunkt ihres gemeinsamen Schaffens – aber keineswegs der einzige.

Auch die Villa Levi, 1921 im Stuttgarter Norden erbaut, unweit der Doggenburg, stammt von diesen beiden; ihr Auftraggeber ist Max Levi, seinerzeit ein Miteigentümer der Salamander-Schuhfabrik in Kornwestheim, weshalb die Villa anfänglich auch »Salamander-Villa« genannt wird. 1911 wird an der Königstraße der »Salamanderbau« festlich eingeweiht, die repräsentative Firmenzentrale, die ebenfalls von Schlösser und Weirether entworfen ist. Auch am Stammsitz von Salamander hinterlassen sie ihre Handschrift, planen einen Fabrikkomplex, einen Backsteinbau mit sechs Stockwerken, an dem es Elemente des Jugendstils und der Art déco zu sehen gibt. 1925/26 bauen beide für den Verleger Robert Kröner, den Erben des von seinem Vater Adolf erworbenen, legendären Cotta-Verlags, eine Villa an der Adolf-Kröner-Straße – na, wo wohl? Richtig, auf der Gänsheide! Doch diese beiden begabten und ehrgeizigen Architekten können weitaus mehr.

Hugo Schlösser plant nach 1910 im ostwürttembergischen Aalen die katholische Salvatorkirche. Von beiden stammen die Bergkirche in Degerloch und die St.-Clemens-Kirche in Botnang. Von Schlösser stammt die katholische Pfarrkirche St. Georg an der Heilbronner Straße im Stuttgarter Norden. Hugo Schlösser ist es auch, der nach dem Zweiten Weltkrieg den Wiederaufbau der späteren Domkirche St. Eberhard an der Königstraße leitet.

In ihren Arbeiten setzen Schlösser und Weirether auf Baumaterial, das aus der engeren und weiteren Region von Stuttgart stammt: Travertin aus Bad Cannstatt, Sandstein aus Maulbronn, natürlich auch die damals neuartigen Werkstoffe aus Beton. Auch Weirether baut sich eine Villa auf der Gänsheide, die den Namen seiner Familie trägt. Er stirbt 1945 in Rottach-Egern. Hugo Schlösser führt das Büro weiter, wird 1955 zum Professor ernannt, stirbt 1967 in Stuttgart.

Monrepos, was denn sonst?

Zurück zur Freifrau von Reitzenstein. Die aufstrebenden Architekten Schlösser und Weirether sind ihr ein Begriff, selbstverständlich auch Max Littmann, in dessen Stuttgarter Oper sie später regelmäßig gehen wird. Ihr Auftrag an die beiden Planer ist so klar und so einfach, wie man es sich nur denken kann – und doch eine Herausforderung: ein Bau auf der

Das Seeschloss Monrepos vor den Toren von Ludwigsburg, 1804 erbaut von Nikolaus von Thouret im Auftrag von Herzog Friedrich I., gilt als Vorbild für die Villa Reitzenstein. Die Ähnlichkeiten in der Proportion und der äußeren Gestaltung beider Gebäude sind unverkennbar. Nicht von ungefähr nannte der Volksmund die Villa Reitzenstein anfänglich »Schloss« oder »Palais«.

Gänsheide, der das Wilhelmspalais unweit des Neuen Schlosses in den Schatten stellt. Sie verlangt von Hugo Schlösser: »Fahren Sie nach Paris und besuchen Sie die wunderbaren Schlösser an der Loire, reisen Sie nach Italien und nach Berlin. Ich bezahle Sie fürstlich. Bleiben Sie, solange es nötig ist, lassen Sie sich inspirieren, bringen Sie mir den besten Plan. Ich baue nur einmal.« Das müssen wir an dieser Stelle Helene von Reitzenstein in den Mund legen, denn von ihr ist leider nichts Schriftliches oder gar Gedrucktes überliefert, zumindest nicht öffentlich geworden. Das ist schade.

Für Schlösser und Weirether wird es der Auftrag ihres beruflichen Lebens schlechthin. 1950, also vier Jahrzehnte nach dem Baubeginn, äußert sich Hugo Schlösser in seiner Rolle als Regierungsbaumeister öffentlich in der Rückschau: »Ja, es war ein wunderbarer Auftrag, den wir, damals als junge Architekten, erhielten. Wunderbar, auch mit einer so kunstverständigen wie großzügigen Frau arbeiten zu dürfen. Die Schönheit eines solchen Besitzes zu erhalten, sollte die Aufgabe eines Bundeslandes sein.«

Dabei hätte, wenn man genauer hinschaut, Hugo Schlösser sich damals das für ihn reizvolle und aufschlussreiche Reisen an die Loire und an die Spree eigentlich sparen können, denn seine Auftraggeberin schätzt zwar einerseits die Ideen ihrer jungen Architekten, mag sich andererseits aber nicht von ihnen mit Schnickschnack oder gar Kuriosem überraschen und drängen lassen. Sie wünscht sich, ja, sie erwartet, das lässt sie deutlich durchblicken, genau so etwas wie das Seeschlösschen Monrepos bei Ludwigsburg – natürlich das »Monrepos«, was denn sonst? »Meine Ruhe! Meine Erholung! Meine Melancholie!« Da ist der Anklang an die französische Lebensart und den Gestaltungswillen der ehemaligen Könige aus dem Nachbarland. Versailles lässt grüßen! Was die konnten, das können wir doch auch! Danach strebt Helene von Reitzenstein. Und es geht ihr darum, sich am höfischen Baustil zu orientieren, ihn nachzuahmen, wenn möglich zu überflügeln, obwohl dieser Baustil in die Vergangenheit weist, nicht in die Zukunft.

Zum Vergleich: die Villa Reitzenstein heute, nach jahrelanger behutsamer Restaurierung und Modernisierung. Im historischen Park, den man 1913/14 angelegt hat, wachsen und gedeihen noch immer Bäume und Sträucher aus diesen Gründerjahren.

Unerfüllte Träume | 35

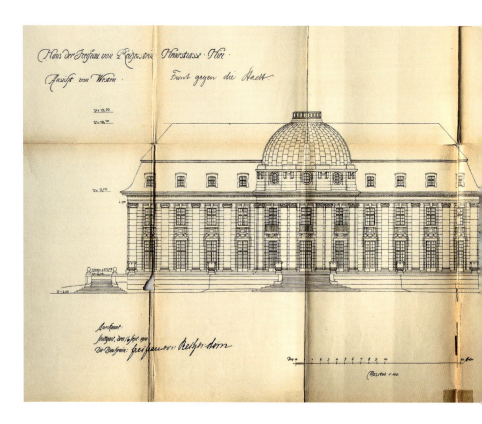

Im Archiv des Stuttgarter Baurechtsamtes finden sich alte Pläne und Ansichten aus den Baugesuchen der Architekten aus dem Jahr 1910. Sie zeigen die klare Silhouette der geplanten Villa mit ihrer markanten Kuppel. Links unten findet sich die Unterschrift »Freifrau von Reitzenstein«.

Deshalb besteht die verblüffende Ähnlichkeit beider Bauten, obgleich die Villa auf der Gänsheide mit ihren Maßen von 44 auf maximal 28 Meter deutlich größer und massiger ausfällt als das Schloss Monrepos, dessen erste Entwürfe zwischen 33 und 46 Metern Länge und etwa 13 Metern Breite schwanken. An milden Sommerabenden strahlt das Monrepos heitere Leichtigkeit aus im Park am See, auf dem man heute an schönen Tagen Tretboot fahren kann, was nicht nur die Verliebten gerne tun. Durchaus ein magischer Ort, ein Kleinod vor den Toren Ludwigsburgs, ein beliebtes Ausflugsziel der Region auf historischem Boden, wo alljährlich die Ludwigsburger Schlossfestspiele für Musik und liebevolles Ambiente im Grünen sorgen. Nur einen Steinwurf entfernt sitzen die Hofkammer des Hauses Württemberg, das Schlosshotel Monrepos, ein Golfplatz und der Reiterverein von Ludwigsburg.

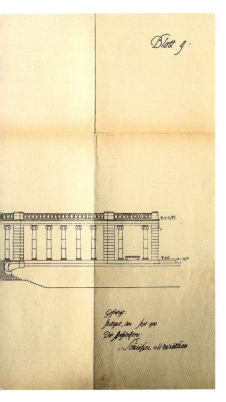

Warum »das Monrepos«, wie es im Volksmund heißt, vor gut hundert Jahren für Helene von Reitzenstein zum Vorbild ihrer eigenen Gedanken und Pläne wird, ist unschwer zu erraten, wenn man die Entstehung und den Charakter des einstigen »Seeschlösschens« kennt. Man könnte auch pathetisch sagen: Schloss Monrepos – Schloss Solitude – Villa Reitzenstein: Wie sich die Bilder gleichen! Was damit gemeint ist, ergibt sich aus der Geschichte Württembergs und ihrer Herrscher. Denn der »Eglosheimer See« bei Ludwigsburg, so steht es in den Annalen, gilt ihnen schon im 16. Jahrhundert als beliebtes Jagdrevier. Um 1715 lässt Herzog Eberhard Ludwig dort das »Seehäuslein« bauen, einen achteckigen Pavillon.

Mitte des 18. Jahrhunderts tritt Herzog Carl Eugen (1728–1793) auf den Plan, Regent seit 1744, ein verschwenderischer Despot und Tunichtgut, der einzig und allein seinen persönlichen Launen folgt, sein Volk auspresst, erst in der zweiten Hälfte seines Lebens wandelt er sich, beeinflusst von seiner Mätresse Franziska von Leutrum (1748–1811), die er später ehelicht. Ab 1746 lässt er mitten in Stuttgart das Neue Schloss errichten. 1755 entdeckt der rastlose Potentat den Eglosheimer See neu, verlangt von seinen Planern und Bauleuten, genau dort ein Lustschloss zu errichten, setzt sie wie immer unter heftigen Zeitdruck. Als der legendäre Frauenversteher Giacomo Casanova 1760 nach Ludwigsburg kommt, schreibt er in sein später veröffentlichtes Tagebuch: »Zu jener Zeit war der Hof des Herzogs von Württemberg der glänzendste von ganz Europa. Die großen Ausgaben des Herzogs bestanden in großzügigen Gehältern, prachtvollen Bauten, Jagdzügen und Verrücktheiten aller Art.«

Eine dieser sündhaft teuren Verrücktheiten ist Carl Eugens fieberhafte Bauwut. Immer schneller, höher, größer und immer prunkvoller

Unerfüllte Träume | 37

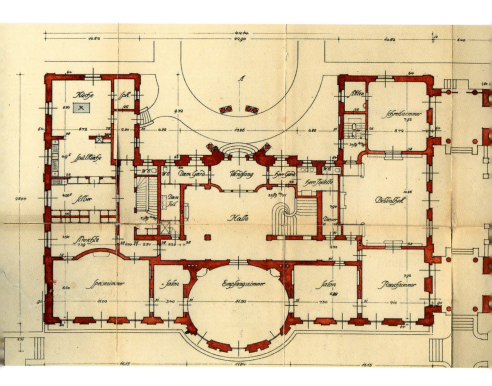

Der Grundriss der Villa im Erdgeschoss: Links der Küchenflügel, in der Mitte die Halle und das Empfangszimmer. Im rechten Flügel liegen das Schreibzimmer, die berühmte Bibliothek, das Rauchzimmer und der Salon. Von der Bibliothek aus blickt man heute wie damals hinaus in den zauberhaften Rosengarten.

muss es sein. Das »Maison de plaisance«, das Lustschloss also, nur einen längeren Reitweg entfernt von Schloss Ludwigsburg, dem »Schwäbischen Versailles«, wird 1760 begonnen nach den Plänen des barocken Baumeisters Philippe de La Guêpière. Es kostet, glaubt man den nicht ganz eindeutigen Unterlagen, rund 300 000 Gulden.

Nach hektischen vier Jahren, der Bau ist kaum halb fertig, hat der unstete, ja dämonische Carl Eugen die Lust an diesem Lustschloss wieder verloren – hastig treibt er andere phantastische Pläne lustvoll, ja lüstern voran: 1761, auf einer Jagd, rasten er und sein Gefolge auf einer Anhöhe am Rand des Rot- und Schwarzwildparks, von wo aus der Herzog bei klarem Wetter weit ins Land hinunterschauen kann – bis nach Ludwigsburg. Spontan kommt ihm die Idee für das strahlend weiße Schloss Solitude, was auf Französisch, der Sprache seiner Wahl, »Einsamkeit« bedeutet, also seelenverwandt ist mit dem »Monrepos«. 1763 beginnt man mit dem Bau der Solitude, wenngleich da wie dort, eigentlich überall, das Geld knapp ist. Die Pläne stammen zum großen Teil vom Herzog selbst. 1765, so berichten es die Chronisten, hat das kleine Württemberg einen schier unvorstellbaren Schuldenberg von mehr als 13 Millionen Gulden aufgehäuft. Die Solitude wird trotzdem fertiggestellt, ein kerzengerader Weg, den nur Carl Eugen befahren darf, führt von dort über exakt vermessene 13.032,14 Meter direkt zum Schloss Ludwigsburg – keine einzige Kurve. In seiner kurzen Glanzzeit arbeiten auf der Solitude bis zu 3000 (!) Menschen, Schillers Vater Johann Caspar ist der Chef der Gartenanlagen. Und aus der militärischen »Pflanzschule« gehen Genies hervor wie der junge Friedrich Schiller, der Bildhauer Dannecker, der Baumeister Nikolaus von Thouret oder der Musikus Zumsteeg. Das Monrepos hingegen gerät in Vergessenheit. Was für eine Verschwendung!

Ob Solitude, ob Monrepos, auch alle anderen Schlösser, die Carl Eugen aus dem Boden stampfen lässt, etwa das von Hohenheim, ähneln sich in einem: Mitte und Blickfang sind überall die markanten Kuppeln mit Sälen oder Foyers dar-

Der Querschnitt aus den alten Bauakten: vom Keller, wo nach wie vor der Wein gelagert wird, über das Untergeschoss bis hinauf zum Dachboden. Die Technik war auf dem neuesten Stand: Für die Warmwasserheizung gab es, vierzig Meter unterhalb an der Richard-Wagner-Straße, eine eigene Zentrale, die immer noch besteht.

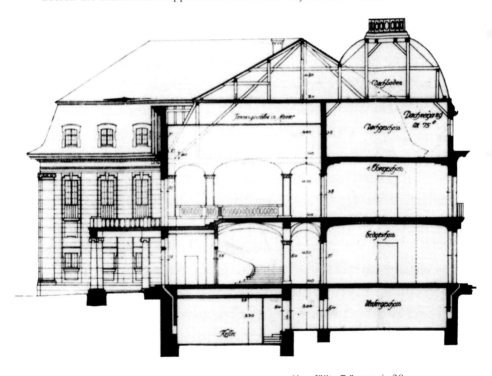

Unerfüllte Träume | 39

unter. Diese Kuppeln, allesamt begehbar und als Aussichtspunkte mit grandiosem Blick über Land und Leute – noch heute fasziniert das die Besucher, die in Scharen kommen.

Im Stuttgarter Verlag von Julius Hoffmann erscheint von 1902 bis 1944 die Architekturzeitschrift »Modernes Bauen« – kein »Schöner Wohnen« im heutigen Sinne, vielmehr ein Forum, auf dem, jeden Monat neu, auffällige und herausragende Gebäude und ihre Erbauer präsentiert werden. In der Ausgabe vom Mai 1914 findet sich, geschrieben von einem C. H. Baer, eine Hymne in Wort und Bild auf die Architekten »Schlösser & Weirether«. Dort lesen wir:

Eine jede Zeit schafft sich ihren Typus, baut sich ihr Wohnhaus. Auch das Haus früherer Jahrhunderte weist nicht allein durch die formale Gestaltung der Einzelglieder auf seine Epoche. Schon die Art, wie es seine Räume formt und zu einer Gesamtheit vereint, wie es an der Straße und im Stadtbild steht, sagt deutlich, wohin es gehört.

Der originale Lageplan auf der Gänsheide von 1910: Damals lautet die Adresse Heinrich-Heine-Straße. Wie aus der Vogelschau sieht man links die Gebäude am Eingang, dazu die den Berg hinaufgeschlungene Auffahrt zum repräsentativen Eingang.

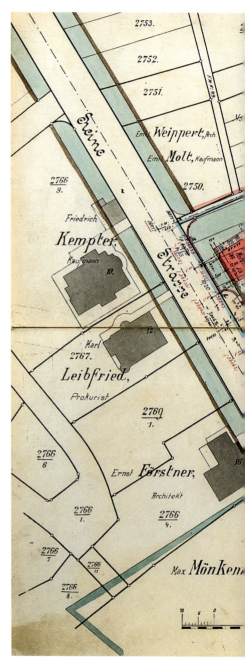

40 | Unerfüllte Träume

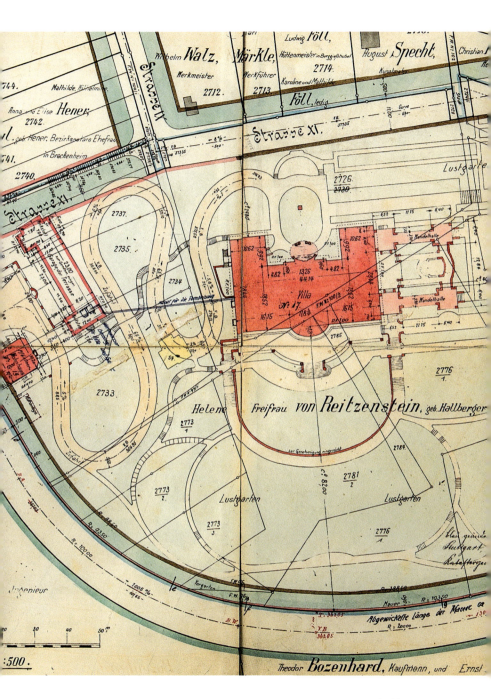

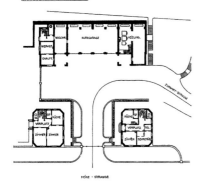

Die Fachzeitschrift »Moderne Bauformen« widmet im Mai 1914 dem spektakulären Projekt der Freifrau von Reitzenstein einen eigenen Beitrag mit mehreren Fotos, von denen hier einige zu sehen sind. Text und Bilder stammen von den Architekten Hugo Schlösser und Johann Weirether. Sie loben ihre Bauherrin, die 2,8 Millionen Goldmark investiert hatte, ausdrücklich, sprechen später sogar vom »Auftrag unseres Lebens«.

Unerfüllte Träume | 43

Unserer Zeit ist eine merkwürdige Mischung verträumten Rückwärts-schauens und zielbewußten Vorwärtsblickens eigen. Wir wünschen uns in unserer Wohnung allen Komfort der Neuzeit, dazu Deutlichkeit und Klar-heit, und fühlen uns doch nur wohl, wenn ein Schimmer romantischer Ver-gangenheit unsere Stuben verklärt, unsere Häuser heimelig macht. Wir sind äußerlich ganz modern, tüchtig, großartig, oft selbstsüchtig und brutal, und doch innerlich voll Zweifel, ohne sicheren Glauben an die Gegenwart, ohne die Fähigkeit sich des Augenblicks harmlos zu freuen, stets voll unbestimm-ter Sehnsucht nach jener behaglichen Ruhe und abgerundeten Schönheit, die uns die Zeiten unserer Väter so begehrenswert und glückbringend er-scheinen lassen. Und so sind wir, je moderner wir werden, desto abhängiger von der Vergangenheit.

Erst einschneidende soziale Umwälzungen wären imstande, auch für die Architektur völlig neue Ausdrucksformen zu schaffen. Und es ist sicher, dass diese neue Wirklichkeit nicht mehr lange auf sich warten lässt; gerade die ungeheuren Umwandlungen der Realität ermöglichen eine neue Schaf-fenszeit der Phantasie.

Dem so zeitgemäßen Wunsche nach möglichst individueller Vereinigung von Traditionen mit neuzeitlichen Anschauungen entsprechen die Archi-tekten Schlösser und Weirether in Stuttgart aufs beste. Die Beispiele ihrer umfangreichen Tätigkeit zeigen, wie sie an den verschiedensten Aufgaben ihre Kräfte versucht haben und wie doch alles, was sie bauen, infolge ihres schlagfertigen Könnens und eines ungemein kultivierten Geschmacks stets die richtige, klare und schöne Fassung erhält.

Dieser Text, ein mehr als hundert Jahre alter Kommentar, liest sich span-nend, kann durchaus verstanden werden als leise Kritik an der rückwärts denkenden Bauherrin Helene von Reitzenstein, zugleich aber auch als Vorahnung auf den Weltkrieg, dessen Umwälzungen tatsächlich weitaus tiefer gehen sollten, als die meisten Zeitgenossen ahnen konnten. Auf mehreren Seiten folgen dem Kommentar die aktuellen fotografischen An-sichten des »Schlosses der Freifrau Helene von Reitzenstein«. Offenkun-dig hatte sie den Fotografen auf ihr Grundstück gelassen, um die histo-risch so eindrucksvollen Aufnahmen für die Nachwelt zu fertigen.

Zurück zum Monrepos, das sich Helene von Reitzenstein zum Vorbild nimmt. Lange nach Carl Eugens Tod 1793 erinnert sich Herzog Friedrich II. von Württemberg an die Idylle bei Ludwigsburg, lässt seinen Hofarchitek-ten Nicolaus Friedrich von Thouret kommen, übrigens ein gebürtiger Lud-wigsburger, beauftragt diesen großen Baumeister, der mit seinem Klassizismus ganz Stuttgart und weite Teile des Herzogtums prägt, mit neuen Plänen. Thouret wagt souverän einen technischen Coup, über den man selbst heute nur staunen kann: Er lässt das Wasser fast vollständig ab, verkleinert den mehr als sieben Hektar großen Eglosheimer See beträchtlich, legt weite Teile trocken, hebt das Schlösschen dadurch quasi aus den Fluten empor und verpasst seinem Sockel, der jetzt zum Vorschein kommt, einen Rundgang mit Arkaden. Ein technischer Geniestreich. Das Mobiliar im Innern, schwäbischer Klassizismus im besten Sinne, darunter viele Stücke, die man, um Kosten zu sparen, aus anderen Schlössern »abzweigt«, runden das Bild. Unter anderem findet sich darin eine »Sappho« des berühmten Bildhauers Johann Heinrich Dannecker. Eine gotische Kapelle, die man im Park von Schloss Hohenheim kurzerhand abträgt, wird in Sichtweite des Monrepos aufgestellt. Im Schloss gibt's eine Bibliothek im schönsten Empirestil, Reliefs an den Wänden vom trefflichen Philipp Jakob Scheffauer, ein Schreibkabinett im Biedermeier, einen eisernen Ofen, gegossen zu Wasseralfingen, wo sonst? Der »Weiße Saal« bildet das Zentrum des Schlosses, daneben liegt das »Cabinet de conversation« sowie ein »Cabinet d'affairs« – was immer man darin tat. Alles in allem zehn schmuckvolle Zimmer, die Flächen für die Wirtschaft gar nicht mitgezählt.

Der Ludwigsburger Chronist Johann Daniel Georg Memminger (1773–1840) schreibt 1816 über Monrepos unter anderem dies: »Die gefällige Umzäunung, die Canäle, Gräben und Thore, die Alleen und Gartenanlagen, der schöne See, die Inseln und Brücken, die anmuthige Kapelle auf dem immergrünen Tannenhügel, vor Allem aber das niedliche Schloß selber, machen eine unvergleichliche Wirkung zusammen; und wenn man die Gegend unter Umständen leicht uninteressant nennen könnte, so ist es gerade ihre Einfachheit und ruhige Stille, was sie unter den gegebenen, sehr anziehend macht.«

Helene von Reitzenstein kennt Monrepos bestens, ist häufig zur Sommerfrische dort, nimmt es knapp hundert Jahre nach Memmingers Skizze als Vorbild für ihre Villa auf der Gänsheide, obwohl Ludwigsburg am Ende des 19. Jahrhunderts keineswegs mehr der Nabel des Landes ist. Wohlgemerkt, als König Friedrich I., den man zu Recht »den dicken Friedrich« nennt, 1816 stirbt, bleibt seine Witwe, Königin Charlotte Mathilde, in Ludwigsburg wohnen, stirbt dort 1828. Der Staat übernimmt das Seeschloss, gibt es jedoch 1829 an das Haus Württemberg zurück, dem es bis heute gehört.

Damals heißt ihr »Chef« Wilhelm I., der sein Württemberg mit Geschick und Weitblick ins 19. Jahrhundert führt. Wilhelm I., das ist der, der

Unerfüllte Träume | 45

das Cannstatter Volksfest und das Landwirtschaftliche Hauptfest stiftet, auf gut Schwäbisch würde man heute sagen: Des war en vernünftiger Kerle! Das gilt auch für Wilhelm II., Württembergs letzten König, dem unsere Helene von Reitzenstein so nahe steht.

Die Villa Reitzenstein wird gebaut

Wie und wann genau die Bauarbeiten für die Villa Reitzenstein auf der Gänsheide starten, lässt sich im Nachhinein nicht mehr präzise sagen. Jedenfalls dauern sie, rund gerechnet, drei Jahre. So etwas wie einen ersten Spatenstich gibt es nicht, vielmehr nehmen die Vorbereitungen viel Zeit und Kräfte in Anspruch, denn die Gänsheide ist ein natürliches, weitgehend wildes Gelände ohne feste Zufahrtswege, auf denen man Baumaterial in Mengen heranschaffen könnte. Immerhin investiert die Stadt Stuttgart von 1910 an jedes Jahr fünfstellige Summen, um Straßen und Kanäle anzulegen, das Gebiet immer besser zu erschließen. Am 6. August 1910 wird die »Gerokstraßenlinie« eingeweiht: Die Straßenbahn fährt von nun an bis zum Bubenbad, von dort aus sind es nur drei Minuten Fußweg zur Villa Reitzenstein; daran hat sich bis heute nichts geändert.

1914 misst das Netz der Stuttgarter Straßenbahn knapp siebzig Kilometer, wird mit 267 Motorwagen und 171 Anhängern befahren, denn die Großstadt wächst und wächst. Alte Fotos aus der Bauzeit der Villa, die 1910 beginnt, geben näheren Aufschluss: Bauarbeiter aus dem Remstal sieht man riesige Steinquader aus dem Untergrund brechen, um Schneisen zu schlagen. Ihren Weg haben sie buchstäblich freigesprengt. Filigrane Gerüste ragen empor, im Vordergrund ein kleiner See und im Hintergrund die ersten Konturen des Parks.

Die Architekturhistorikerin Christine Breig charakterisiert den Bau: »Es ist ein zweigeschossiges Gebäude mit Mansardenwalmdach. Die Hauptfassaden sind symmetrisch mit Mittelbetonung. Die Gartenfassade ist dem Talkessel zugewandt, die Eingangsseite der Straße. Die Gartenfassade wird durch einen gerundeten Mittelrisaliten mit hohem Kuppeldach und ionischen Doppelsäulen der großen Ordnung in der Mitte betont. Die Eingangsfassade wird von zwei Seitenflügeln eingefasst.«

Der Laie, der die Villa Reitzenstein heute besucht und aus der Nähe sieht, kann diese fachliche Einordnung leicht erkennen und nachvollzie-

46 | Unerfüllte Träume

Eines der seltenen Fotos aus der Bauzeit der Villa: im Hintergrund das Baugerüst, im Vordergrund die Arbeiter beim Anlegen des Parks mit einem kleinen Biotop, das die Zeitläufte überdauert hat und 2011 neu hergerichtet wurde.

Bauarbeiter aus dem Remstal haben die Villa Reitzenstein errichtet und das gesamte Areal angelegt. Die mächtigen Felssteine zeigen die Härte des Untergrundes, was man seit dem Ende der zwanziger Jahre bis in unsere Tage dazu nutzt, zwanzig Meter unter der Erde eine Erdbebenwarte zu betreiben.

Unerfüllte Träume | 47

Ein historisches Luftbild aus den dreißiger Jahren des zwanzigsten Jahrhunderts: Man erkennt den dicht bewachsenen Park, links von der Villa der Rosengarten, der im Zuge der aktuellen Restaurierung wieder neu angelegt und gestaltet worden ist.

hen. Christine Breig stellt stilistische Verbindungen zu anderen historischen Häusern her: »Deutlich ist das Gebäude durch seine Lage, Grundrissgestaltung, Aufriss und die historisierenden, barocken Stilelemente auf Repräsentation angelegt. Es erinnert etwas an die Villa Gemmingen der Architekten Steigleder und Eitel. Große stilistische Ähnlichkeiten bestehen zum Lustschloss Monrepos bei Ludwigsburg.« An der Einordnung in die schwäbische Architekturgeschichte besteht also kein Zweifel.

Beim Blick auf die Grundrisse, die sich in den Archiven erhalten haben, findet man beispielsweise im Erdgeschoss neben der Eingangshalle und einem Empfangszimmer auf der linken Seite: Wohnzimmer, Bibliothek mit Galerie, Teezimmer und Musikzimmer, gegenüber auf der rechten Seite die Küche, einen ganzen Raum für das Familiensilber, dazu die Anrichte. Von der Bibliothek aus blickt man hinaus in den Rosengarten – eine erhabene Atmosphäre, edle Romantik mit den Anklängen des Barock und des strengen Klassizismus.

Im Obergeschoss, dem privaten Reich der Helene von Reitzenstein, bewohnt eine Jungfer, womit die Haushaltshilfe gemeint ist, ihr eigenes kleines Zimmer. Gleich daneben liegt, ganz praktisch gedacht, das Nähzimmer. Drei Räume mit einem Bad für Gäste folgen nebenan. Ein großer ovaler Raum für das Billard betont den intimen Charakter für die Empfänge von Freunden, außerdem gibt es ein Arbeits- und ein Frühstückszimmer sowie die »Gemächer« der Hausherrin nebst Bad und Ankleide. (In den Schränken des einstigen Ankleidezimmers haben sich bis heute Helenes Kleiderbügel erhalten.)

Fast könnte man auf die Idee kommen, Helene von Reitzenstein hätte Schlösser und Weirether damit beauftragt, in ihrer neuen Villa Räume zu schaffen, als würde ihr Mann Carl Friedrich noch leben und jederzeit zur Türe hereintreten.

Einen aufschlussreichen Beleg über den Baufortschritt auf der Gänsheide, ein höchst subjektiver Augenzeugenbericht, findet sich in der »Süddeutschen Zeitung« vom 22. April 1912. Unter der sachlichen Überschrift »Ein Stuttgarter Neubau« berichtet ein nicht näher benannter Reporter ausführlich seinen Lesern:

Das Berliner Büro der Landschaftsarchitekten »Lützow 7« war bei der Sanierung der Villa Reitzenstein federführend für die gesamte Gestaltung der Parkanlagen. Ohne tiefe Eingriffe ging es den Planern darum, den historischen Charakter aller Pflanzungen zu erhalten und zu betonen.

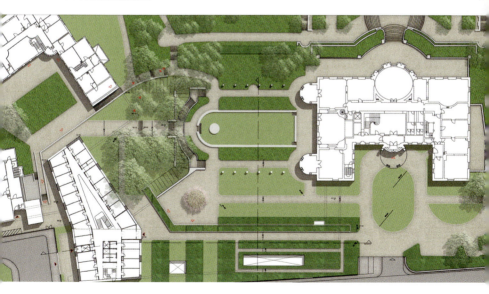

Unerfüllte Träume | 49

Auf der Höhe des Bubenbads, dort wo die noch nicht ganz durchgeführte Heinestraße abschließt, erhebt sich ein im Rohbau bereits vollendetes Gebäude, dessen überaus stattliche Fassade schon unten in der Stadt die Blicke auf sich lenkt, das Palais Reitzenstein. In dem landschaftlichen Gesamtbilde nimmt der Neubau eine beherrschende Stellung ein, sowohl durch die Lage des Baugrunds auf der im weitesten Umkreis sichtbaren Höhe, wie auch durch die wohl etwas kühle, aber vornehme Architektur, die an Prunkbauten im Stile Louis XVI. erinnert. Das schloßähnliche Bauwerk ist in seiner ganzen Gestaltung aufs glücklichste verbunden mit einer großen, mit künstlerischem Verständnis geschaffenen Gartenanlage. Und in der Architektur des Gebäudes sind frühere Bauformen wirksam belebt und modernen Zwecken mit trefflichem Gestaltungsvermögen dienstbar gemacht.

Der Neubau erhebt sich an einer Stelle, wo das Gebäude nach zwei Seiten ziemlich steil abfällt. Das Hauptportal befindet sich auf der Rückseite; nach dorthin führt in schwungvollem Bogen eine Auffahrt, die unter einer auf schlanken Säulen ruhenden Bedachung endet. Von diesem Hauptportal aus gelangt man sodann in das Treppenhaus mit seinen prachtvollen Aufgängen. Der Eindruck beim Betreten des Hauses entspricht der Wirkung, die die Außenarchitektur hervorruft.

Ein lebendig entwickeltes Raumgefühl prägt im Innern des Bauwerks sich aus. Das Ausmaß der Größenverhältnisse ergibt eine großzügige Gruppierung und eine überaus harmonisch anmutende Raumwirkung. Die edle

Einfachheit der Linien verleiht den Formen im Innern des Hauses die klare Ruhe und Schönheit, die auch in dem monumentalen Aufbau der Hauptfront in die Erscheinung treten.

Die Farbe des Maulbronner Sandsteins, in dem der ganze Bau errichtet wurde, eignet sich besonders gut für die Formgebung eines vornehm wirkenden Stils, dem auch in der freieren Verwendung sein eigentlicher Grundzug gewahrt geblieben ist. Es zeigt sich dies namentlich in der Vorderseite des Baus, die gegen die Talseite gerichtet ist. Die Mitte der rhythmisch gegliederten Fassade nimmt ein Risalit ein, der in breiter, kräftiger Wölbung ovalförmig hervortritt und der Front des Hauses ihr reiches monumentales Gepräge gibt.

Hochragende Säulen unterbrechen die Wölbung, während die beiden seitlichen Teile der Front durch senkrecht durchgeführte Pilaster belebt sind. Bei den Säulen und Pilastern sind die Flächen durch zahlreiche Hohlkehlen unterbrochen, wodurch in den ganzen Anblick der Fassade ein leicht bewegter Rhythmus kommt, der die Formenstrenge wohltuend milderte. Das hohe Schieferdach schließt oben mit einer kleinen Aussichtplatte ab, die eine vergoldete kupferne Balustrade umgibt. Eine breite Terrasse schiebt an der Vorderseite des Hauses sich vor zum Garten und unmittelbar vor der Terrasse wird nach Fertigstellung des Anwesens ein Springbrunnen seinen Wasserstrahl emporsenden.

Die Größe des Hauses beträgt in der Breite 44 und in der vollen Tiefe der seitlichen Flügel 28 Meter. Nach rückwärts hat der Bau zwei Flügelbauten, die von der hinteren Seite des Querbaus an, in dem der Hauptzugang sich befindet, um etwa acht Meter vorspringen. Auf der Südseite ist das Bauwerk bereichert durch den Anbau zweier Säulenpavillons, die man durch hohe Flügeltüren direkt vom Innern des Hauses aus betritt. Die Nordseite des Anwesens wird begrenzt durch die Heinestraße. Unmittelbar an dieser Straße erheben sich das Pförtnerhaus und etwas weiter zurückliegend die geräumige Autohalle, in der oben Wohnungen für einen Teil des Personals eingerichtet wurden.

Die Halle mit der bequemen Zufahrt bietet für eine größere Anzahl von Kraftwagen Raum. Ein besonderer Raum dient zum Waschen der Autos und auch eine kleine Reparaturwerkstatt ist vorhanden.

Das Ganze wirkt in dieser Villenkolonie da oben neuartig und pompös, und wenn an den schönen Sonntagen der Strom der Ausflügler und Spaziergänger nach der Gegend des Bubenbads sich ergießt, dann ist das stattli-

Gegenüberliegende Seite: Ein Kuriosum nach mehr als einhundert Jahren – im einstigen Ankleidezimmer der Helene von Reitzenstein haben sich nicht nur die hohen Einbauschränke erhalten, sondern sogar ihre alten Kleiderbügel mit den langen Stäben. Gleichwohl, die Schränke stehen leer, der Raum dient als Büro mit modernster Technik.

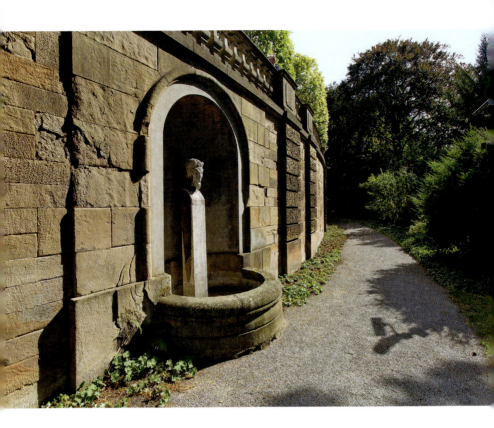

Im Sockel der Villa gibt es eine Nische – wer sie findet und näher tritt, der entdeckt einen verwitterten Faun aus Sandstein auf einer schmalen Stele. Was er bedeutet, worauf er anspielt, das gestattet viele Interpretationen. Jeder Betrachter darf sich seine eigenen Gedanken machen …

che Baugrundstück mit seinen großzügigen architektonischen Schöpfungen den ganzen Tag über von Neugierigen umlagert.

Der großangelegte Garten stellt eine gute Probe der Kunstübung eines erfahrenen Gartenarchitekten dar. Prächtige grüne Rasenflächen sind von anmutigen Pfaden umsäumt, die in schwungvoller Führung sich hinziehen, an malerisch wirkenden Teichen, Wasserfällen und Springbrunnen vorüber, an üppigen Taxushecken entlang und durch Hohlwege hindurch, die man durch Sprengungen von Felsen gebildet hat. Auf breiten Steintreppen gelangt man in den höher gelegenen Teil des Gartens, der ebenfalls kunstvoll angelegt ist und von wo aus man einen schönen Überblick über das weitläufige Grundstück hat, zu dessen Abrundung mehrere Parzellen angekauft worden sind. Im Bereich des Gartens sieht man da und dort auch schmucke Pavillons und ein ganz besonders reizvolles Bild dürfte der etwas tiefer an einem *kleinen runden Teiche gelegene Rosengarten gewähren, wenn erst einmal die ganze Anlage vollendet sein wird.*

Der Entwurf des hervorragenden Bauwerks stammt von der hiesigen Architektenfirma Schlößer und Weirether, die auch die Ausführung übernommen hat. Die Architekten bedienten sich zwar überlieferter Formen, die sie aber freigestaltend erfassten und denen sie dadurch Klang und Leben verliehen. Das zeigt sich namentlich in der Schauseite dieses Neubaus, dessen Baumeistern es gelungen ist, einen weithin sichtbaren »point de vue« zu schaffen.

Dieser Text aus den Tiefen des Hauptstaatsarchives ist ein Glücksfall in mehrerlei Hinsicht: Der Autor, wer immer es auch ist, darf das Grundstück und das Haus betreten. Ohne die ausdrückliche Erlaubnis der Bauherrin dürfte dies unmöglich gewesen sein. Helene von Reitzenstein hat offenkundig nichts einzuwenden, befriedigt die Neugier des Publikums. Kein Wunder, dass der Bau des »Palais Reitzenstein« sonntags dicht umlagert ist, natürlich kann man ihn vom Talkessel herauf nicht übersehen. Der Autor beschreibt seinen Besuch in altmodischem, uns heute fremdem Deutsch voller Pathos, trotzdem lässt sich sein Staunen nachvollziehen, seine Bewunderung für das Gesehene förmlich spüren. So etwas hatte dieser Architekturkritiker anno 1912 noch nie vor Augen: das neue Schloss einer wohlhabenden Adelsdame und zugleich ihr Aufbruch in eine automobile Zukunft, von der keiner ahnen konnte, was sie bringen würde.

So viel ist vom damaligen Eindruck geblieben: Wer sich heute mitten auf den Schlossplatz stellt und hinaufschaut zur Gänsheide, der erkennt die Villa Reitzenstein ohne Mühe, obwohl die sie umgebenden Bäume viel dichter stehen als vor gut einhundert Jahren. Ein untrügliches Zeichen für den Amtssitz des Ministerpräsidenten ist die schwarz-gelbe Fahne, die über der markanten Kuppel weht. Interessant auch, dass Helene von Reitzenstein eine »Autohalle« nebst Werkstatt planen lässt, von Stallungen für irgendwelche Pferde oder Platz für Kutschen ist bei diesem Projekt keine Rede mehr. Wo Helenes Reitgelüste wohl geblieben sind?

Andere Berichte und Gerüchte aus der Zeit geben Aufschluss über die technische Ausstattung dieses Palais, das für die kleinen Leute, die auf die Gänsheide pilgern, wie ein Traumschloss anmutet. Ohne Zweifel ist es und bleibt es neben der Bosch-Villa das mit Abstand größte Anwesen dieser exklusiven Kolonie hoch über der Stadt. Tapeten aus kostbarer Seide gibt es, auch vergoldete Wasserhähne, dazu schwere Kronleuchter aus Kristall sowie eine regelrechte Warmwasserheizung für die rund 40 Räume. Die

Heizzentrale liegt vierzig Meter unterhalb in einem Extra-Haus. (Dort unten, am Eingang von der Richard-Wagner-Straße her, prangt heute noch – oder wieder – das Schild »Heizzentrale«.) Auf diese elegante Weise entsteht im Haus selbst kein Rauch, man braucht keinen Kohlenkeller und hat keinen unnötigen Dreck. Wenn das Geld keine Rolle spielt, wenn die Bauherrin ihrem verstorbenen Mann ein Denkmal setzen möchte und für sich selbst ein Refugium schaffen, in dem sie auf die angenehmste Weise alt werden kann: 2,8 Millionen Goldmark, diese atemberaubende Summe, investiert Helene von Reitzenstein in ihre Traumvilla. Nach heutigem Maßstab sind das an die 15 Millionen Euro. Nicht gerade ein Pappenstiel. In der Eingangshalle schreiten die beeindruckten Gäste andächtig über ein Mosaik aus italienischem Marmor.

Einer der vielen Handwerker, so wird es kolportiert, soll angesichts dieses exorbitanten Aufwandes den für die schwäbische Seele mehr als verständlichen Satz geseufzt haben: »On des älles om oi oinzigs Bett rom!« Ein Stoßseufzer, wie er tiefer nicht denkbar ist, frei übersetzt ins Hochdeutsche: »Nicht zu fassen, ein solcher Luxus für eine einzige Person, für eine einsame Frau in ihrem Bett!«

Ob's wirklich so war, ob man die nur fein angedeutete Anzüglichkeit herausdeuten oder hineininterpretieren mag – Spekulieren ist gestattet. Helene von Reitzenstein inszeniert und stilisiert sich selbst, die so sprichwörtliche schwäbische Bescheidenheit ist ihr gewiss nicht fremd, aber ihre persönliche Sache nicht. Die Geländer

Die Säle und Salons der Villa Reitzenstein sind voller aparter Details: Es gibt antike Frauengestalten und Reliefs als Intarsien über einigen Türen und in einigen Holzwänden.

56 | Unerfüllte Träume

Im Foyer der Villa: Originale Mosaiken aus italienischem Marmor auf dem Boden, vier antike Gespanne, gezogen von Löwen, Hunden, Pferden und Raubkatzen.

ins Obergeschoss tragen ihre verschnörkelten Initialen »HVR«. Und die einfachen Arbeiter, die auf der Gänsheide schuften, bringen mancherlei lautes Geflüster in die Stadt hinunter: Es gebe Räume für den Weißwein und den Rotwein, jeweils extra temperiert. Täglich koste der Betrieb 1000 Goldmark für das Personal und die vielfältigen Dinge, die der Witwe Reitzenstein das fade, häufig einsame Leben so angenehm wie möglich machen.

Carl Eitels Gartenkunst

Apropos angenehm. Zur Freude der Bauherrin und zu ihrer Selbstdarstellung zählt rund ums Haus natürlich der Garten, besser gesagt der Park. 2,5 Hektar misst seine Grundfläche, mit deren Gestaltung wiederum ein Könner beauftragt wird: der angesehene Gartenarchitekt Carl Eitel, der den Park der nicht allzu weit entfernten Villa Bosch sowie den der Villa Gemmingen im Süden der Stadt entworfen hat. Eitel nimmt die Landschaft auf der Gänsheide auf, folgt den Ideen des freien, der Natur nachempfundenen englischen Landschaftsgartens einerseits, andererseits wählt er geometrische Formen, die aus der Renaissance und dem Barock herstammen, etwa den Rosengarten. Gruppen von Bäumen werden gepflanzt, aber auch Solitäre, es gibt Hängebuchen, Linden, Eichen, Eiben, Kiefern, Ahorne, Blutbuchen und vier Mammutbäume, von denen heute noch drei stehen, dazu seltene Rosen sowie heimische Orchideen, die man auf einer wild wachsenden Wiese findet. Helene von Reitzenstein legt Wert auf einen Nutzgarten, in welchem sie selbst pflanzen und werkeln kann.

Bei einem öffentlichen Rundgang im Oktober 2015 sagt Professor Alfons Elfgang, Garten- und Landschaftsarchitekt, der vier Jahrzehnte lang zuständig war für die historischen Gärten und Parks in Stuttgart: »Damals gab es durchaus einen nicht erklärten Wettbewerb unter den Wohlhabenden der Stadt, wie sie ihre Parks und Gärten gestalten lassen. Man wünschte sich quasi die Natur im Sonntagskleid, man importierte Pflanzen aus den Kolonien, man orientierte sich am englischen Landschaftsgarten, aber auch am Barock. Häufig variierten die verschiedenen Stile. Und man idealisierte die Natur. Nicht alles passte zusammen – wie man heute noch im Park der Villa Reitzenstein sehen kann.« Der kleine »Tem-

58 | Unerfüllte Träume

pel«, von dem gleich die Rede sein wird, gefällt dem emeritierten Professor gar nicht, weil sich die unterschiedlichen Stile beißen. Doch weit wichtiger erscheint beim Rundgang die Tatsache, dass die Gelder offenkundig nicht gereicht haben, um die Stücke, die sich im Park erhalten haben, angemessen zu restaurieren. Schade.

Der aufwendige Park ist selbstverständlich von Anfang an »möbliert«, soll heißen: ein eigens angelegter Felsengarten, ein »Tempietto«, also ein kleiner, offener Tempel mit einer runden Kuppel, der dem Gott Amor geweiht ist, dem Gott der Liebe. Fürwahr, eine ziemlich melancholische Ironie der Geschichte dieses Ortes. Selbstverständlich gibt es Brunnen und Wasserbecken, das meiste »Mobiliar« liegt am Hang zur Stadt hin, fällt von der Villa und ihren Terrassen und Balkonen erst leicht, dann immer steiler ab. Oben breite, weiter unten schmale, verwunschene Wege führen durch das Areal. Der

Ein beliebter Treffpunkt bei den Führungen oder den Gartenfesten ist der Brunnen unterhalb der Terrasse, von wo aus man einen herrlichen Blick genießt auf die Landeshauptstadt drunten im Talkessel.

Unerfüllte Träume | 59

Pflegeaufwand ist enorm, die Hausherrin beteiligt sich daran, gibt Anweisungen und Aufträge bis ins Detail.

Heutzutage kümmern sich drei Mitarbeiter aus dem Botanischen Garten der Wilhelma um den alten Park; 2012 haben Mitglieder des

Der historische Tempietto oberhalb des Biotops, das man 2011 neu gefasst und angelegt hat.

BUND dabei geholfen, dem Biotop eine neue Gestalt zu geben im Sinne eines kleinen Wasserfalls. Der Ministerpräsident Winfried Kretschmann sieht das gerne, er war es ja auch, der sich Bienenstöcke auf dem Areal wünschte, quasi einen eigenen »Stami-Honig« kreierte.

Unerfüllte Träume | 61

Das Ende der Epoche

Im Sommer 1913 kann Helene von Reitzenstein endlich von der ihr verhassten Königstraße hinauf auf die Gänsheide ziehen. Am 15. November feiert sie ihren 60. Geburtstag. In ihrem Buch »Die Villa Reitzenstein und ihre Herren« von 1988 fassen die Autoren Heinz Krämer und Kurt Gayer zusammen, was an wenig Schmeichelhaftem über die Hausherrin überliefert ist, zusammengetragen erst viele Jahre nach ihrem Tod: Sie sei »arg von oben herab« gewesen, habe »recht wenig für Menschen empfunden, viel hingegen für ihre Hunde«. Zu ihrem Personal habe sie keinerlei Kontakt gepflegt, sei menschenscheu und wunderlich gewesen. Zu Weihnachten häb's für die Bediensteten einen viertel Laib Weißbrot und eine Flasche Wein gegeben. Der blanke Geiz und ängstlicher Hochmut. Arbeitsbeginn früh um halb sieben, Feierabend erst gegen »halb elfe« in der Nacht, nur alle zwei Wochen ein freier Nachmittag. Das grenzt an Leibeigenschaft, die damals schon lange nicht mehr besteht.

Bunte Festivitäten erlebt man auf der Reitzenstein nicht, die Hausherrin bleibt für die normalen Bürger unsichtbar, empfängt zwar Gäste, aber nur höchst selten: Grafen und Barone, Damen und Herren der besseren Gesellschaft, die dem württembergischen Hof nahesteht. Auch Königin Charlotte kommt ein ums andere Mal. Fotos oder Berichte von all dem existieren nicht.

Der Maler Johannes Itten, der in der Nachbarschaft auf der Gänsheide wohnt, ein hochbegabter Schüler des großartigen Adolf Hölzel, Wegbereiter der Klassischen Moderne, erinnert sich später an seine Blicke aus dem Fenster, hinüber zum Palais Reitzenstein: »Darin wohnte eine schwarz gekleidete Frau. Sie blieb sehr allein. Nie sah ich in dem kalten Park einen anderen Menschen oder ein Tier.« Das deckt sich zwar nicht mit dem Hinweis, die Witwe Helene liebe ihre Hunde, es zeigt aber anschaulich: Frau von Reitzenstein hat sich für eine Millionensumme ihr persönliches Paradies geschaffen, doch glücklich ist sie nicht, wird es dort niemals werden. Pure Tristesse auf einem der schönsten Areale weit und breit. Ein tragisches Dasein. Eine schwerreiche Frau aus einer angesehenen, kultivierten Familie verbringt ihre Tage in dunkler Traurigkeit, womöglich in Depression. Alle Privilegien nützen ihr nichts, die Zeiten sind gegen sie, gehen an ihr vorbei, über sie hinweg. Im Herbst 1913 ahnt die 60-Jährige nicht, dass alles noch viel schlimmer kommen wird.

Am 6. August 1914 entsteht im Hof der riesengroßen Rotebühlkaserne am südwestlichen Rand der Innenstadt ein für die Stadtgeschichte bis heute historisch bedeutsames Foto: König Wilhelm II. und Königin Charlotte verabschieden die Truppen Württembergs in den Ersten Weltkrieg. Das Attentat von Sarajewo am 28. Juni, die Ermordung des österreichischen Thronfolgers Erzherzog Franz Ferdinand, lösen wenig später die Mobilmachung aus, stürzen Europa in einen Krieg der Maschinen, der Giftgase, des vieltausendfachen Mordens und Sterbens. Im Innenhof der Rotebühlkaserne sieht man an diesem Sommertag 1914 noch rundherum zuversichtliche, ja sogar lachende Gesichter. Viele der Soldaten tragen Blumen am Revers, glauben allen Ernstes, spätestens bis Weihnachten siegreich heimgekehrt zu sein. Das erweist sich als fataler Fehlschluss – vielmehr kommt unausweichlich das jähe Ende der alten, so liebgewordenen Zeit.

Helene von Reitzenstein steht selbstverständlich uneingeschränkt zum Königshaus und zum Vaterland. Schließlich war ihr verstorbener

6. August 1914, ein historisches Ereignis im Hof der Stuttgarter Rotebühlkaserne: König Wilhelm II. von Württemberg und seine Frau Charlotte verabschieden ihre Truppen in den Ersten Weltkrieg. Der allgemeine Jubel ist groß an diesem Tag, in den Gewehrläufen stecken Blumen – doch schon wenige Wochen später herrscht allenthalben Ernüchterung.

Unerfüllte Träume | 63

Mann ein Offizier in Diensten Wilhelms II. gewesen. Dessen Vater Karl Bernhard von Reitzenstein, also ihr Schwiegervater, hatte als 15-jähriger Regimentszögling sein militärisches Leben in der Württembergischen Infanterie begonnen, wurde 1870/71 zu einem der Helden im Krieg gegen die Franzosen. Helene kann also gar nicht anders – die tätige Hilfe für die Soldaten ist ihr eine Ehrenpflicht.

Als wenige Wochen nach Kriegsausbruch die ersten Verwundeten heimkehren nach Stuttgart, zeigt sich Helene von Reitzenstein sofort bereit, ihre Villa auf der Gänsheide in den Dienst der Allgemeinheit zu stellen: Das Palais wird zum Lazarett! Auch eine Werkhalle von Bosch in Feuerbach wird zum Lazarett, ebenso der Große Saal der Brauerei Wulle an der ehemaligen Neckarstraße, wovon alte Aufnahmen aus der Zeit zeugen. Doch Helenes Prachtbau mit dem Raum für das Silber, dem Billardsaal, seiner exklusiven, holzvertäfelten Bibliothek und den vornehmen Gemächern der patriotischen Besitzerin erweist sich als völlig unpraktisch, um darin Schwerverletzte zu versorgen. Bald steht die Villa leer, die Kriegsjahre verlaufen trist, die Nachrichten von den Fronten klingen immer brutaler, die Kohlen werden knapp.

Helene von Reitzenstein verlässt die Gänsheide, zieht sich zurück in das 1912 eröffnete »Alb-Hotel Traifelberg« auf der Schwäbischen Alb, unweit der Burg Lichtenstein bei Pfullingen. Dieses damals neue Hotel gilt als Initial und Ausgangspunkt für den Tourismus auf der Reutlinger und der Uracher Alb. In Stuttgart hat Helene ohnehin nicht mehr viel zu erwarten, denn Wilhelm II. erklärt 1913, es werde in Württemberg keinen neuen Personaladel mehr geben – wer ihn besitze, der dürfe sich weiter »von« nennen, dem Hofe verbunden bleiben. Ob Helene von Reitzenstein, deren Vater Eduard ja einst durch den Personaladel aufgewertet wurde – ob sie also dem König das übel nimmt, weiß man nicht. Manch ein Geadelter dürfte damals diese Politik des Königs als Affront und Instinktlosigkeit gewertet haben.

Im November 1918 ist der Erste Weltkrieg vorbei, die deutsche Niederlage unausweichlich. Im Hof der Rotebühlkaserne, dort, von wo man vier Jahre zuvor so singend und klingend in die Schlacht gezogen ist, werden am 9. November 1918 die Waffen verteilt an die Revolutionäre. In Berlin proklamiert Philipp Scheidemann die Republik, ruft unter dem Jubel der Massen: »Das Alte und Morsche, die Monarchie ist zusammengebrochen, es lebe das Neue, es lebe die deutsche Republik!« Vor dem Wilhelmspalais am Stuttgarter Schlossplatz fordern die Revolutionäre an diesem Tage ultimativ die Abdankung des Königs von Württemberg. Der Adel, den das aufgebrachte und politisierte Volk zu Recht mitverantwortlich macht für diesen Krieg und seine verheerenden Folgen, hat auch hier ausgedient, abgewirtschaftet, wird abgeschafft, verliert alle seine Privilegien. Wilhelm II. von Württemberg ist fassungslos, fühlt sich ungerecht behandelt, von seinen schwäbischen Untertanen und Landsleuten schmählich im Stich gelassen und versteht die Welt nicht mehr. Er habe für sein Württemberg doch das Beste gewollt. In seiner Abdankungsurkunde »An das Württemberger Volk!« vom 30. November 1918 heißt es:»Wie ich schon erklärt habe, soll meine Person niemals ein Hindernis sein für die freie Entwicklung der Verhältnisse des Landes und dessen Wohlergehen. Geleitet von diesem Gedanken, lege ich mit dem heutigen Tage die Krone nieder.« Großherzog Friedrich II. von Baden hat eine Woche zuvor, am 22. November 1918, offiziell auf den Thron verzichtet.

Ein langes Kapitel der Landesgeschichte geht seinem Ende entgegen, Helene von Reitzenstein, von Anfang an nur eine Randfigur, muss dabei tatenlos zuschauen: Das Königspaar, dem sie vermeintlich so nahe steht, verlässt die Residenz, fährt ins Jagdschloss nach Bebenhausen bei Tübingen, kehrt Stuttgart den Rücken.»Nie wieder«, so schwört der König,»werde ich diese Stadt betreten. Wenn ich sterbe, so soll mein Leichnam um Stuttgart herum auf den Friedhof nach Ludwigsburg gebracht werden.« Genauso geschieht es, als Wilhelm II. am 2. Oktober 1921 stirbt. Charlotte, seine Witwe, bleibt eisern in Bebenhausen, stirbt dort 1946 mit 81 Jahren. Auch sie liegt auf dem Alten Friedhof in Ludwigsburg begraben.

Jetzt aber, im Herbst 1918, bringt die revolutionäre Wende in den deutschen Zeitläuften auch für Helene von Reitzenstein den schärfsten Einschnitt in ihr Leben seit dem Tod ihres Mannes, der gut zwanzig Jahre zurückliegt. Denn Königin Charlotte, ihre engste Freundin, lebt von nun an höchst bescheiden in den Räumen des uralten Klosters von Bebenhausen, zieht im Frühjahr 1920 zeitweise gar ins Schloss nach Friedrichshafen. Helenes sehnlichster Wunsch, nämlich eines Tages, wenn auch Charlotte verwitwet sein würde, den gemeinsamen Lebensabend auf der Gänsheide zu verbringen, in herrlicher Umgebung alt zu werden und nobel versorgt zu sein – ihr Traum zerplatzt angesichts der Weltgeschichte.

Nichts wird jemals wieder so sein, wie es einmal war. Helene von Reitzenstein, bei Kriegsende 65 Jahre alt, spürt das, fühlt auch, dass sie Stuttgart und die Gänsheide verlassen muss; ihre schönen Erinnerungen wiegen zu schwer, als dass sie auf die Dauer bleiben könnte, der Krieg hat

alles zerstört. 1915 ist ihre Schwester Gabriele gestorben – ein unglückliches, ein glückloses Leben trotz allen Reichtums. Nichts wie weg.

Zum besseren Verständnis seien die Erinnerungen und Erkenntnisse von Hans Haug (Jahrgang 1941) eingeführt, dessen Familie seit dem 17. Jahrhundert in Bebenhausen ansässig ist und dessen Vater einst

November 1918, wieder im Hof der Rotebühlkaserne: Soldaten, aufgebrachte Bürger und Tumulte. Die Revolution nach dem verlorenen Krieg bedeutet das Ende der Adelsherrschaft und des Königreichs Württemberg. Wilhelm II. dankt ab, zieht sich mit seiner Frau zurück ins Kloster Bebenhausen bei Tübingen.

Schlossverwalter war. Hans Haug hat die letzte Hofdame der Königin Charlotte, die Baronin Elsa von Falkenstein, als Kind noch persönlich erlebt und mancherlei von ihr erfahren. Heute sagt Hans Haug: »Die Freundschaft zwischen Helene von Reitzenstein und Königin Charlotte war eine ungleiche: Während Charlotte sie als eine von vielen pflegte, war die aus bürgerlichem Haus stammende Helene offenbar ganz besonders stolz auf ihre Freundschaft zur Königin. Allerdings hat Charlotte nie geplant, auch nicht vor 1918, einmal in die Villa Reitzenstein zu ziehen. Abgesehen davon, dass sie nach dem Tod des Königs nicht nach Stuttgart zurückkehren wollte, gab es für ihre Ablehnung auch andere Gründe: Charlotte wollte nicht abhängig werden von Helene von Reitzenstein, überdies besaß die verwitwete Königin nicht mehr die finanziellen Mittel, um sich in Stuttgart das notwendige Personal halten und bezahlen zu können.«

Auch Hans Haug ist bei seinen vielen Kontakten und Recherchen, unter anderem bei entfernten Verwandten der Familie Hallberger, auf keinerlei schriftliche Briefe und/oder Dokumente der beiden Frauen gestoßen. Haug sagt:»Offensichtlich schätzte Helene von Reitzenstein das Briefeschreiben nicht. Außerdem weiß ich von meinem Vater, dass die Baronin von Falkenstein nach dem Tod der Königin Charlotte heftig darauf gedrängt hat, dass Briefe und Dokumente aus deren Nachlass in Bebenhausen verbrannt werden. Mein Vater wollte das zunächst nicht tun, ist dann aber dem Willen der Baronin gefolgt.«

Helene von Reitzenstein verkauft

In der offiziellen Chronik der Stadt Stuttgart für die Zeit von 1918 bis 1933 heißt es an einer Stelle ebenso lapidar wie aufschlussreich:»Der repräsentative Bau, dessen Bewohnbarkeit mit der Beheizung seiner 61 Räume in den Zeiten der Kohlenbewirtschaftung und der Geldentwertung immer schwieriger geworden war, wurde 1921 für 5,8 Millionen Mark vom Staat erworben.«

Ganz so schnell, wie es sich die Bauherrin und Besitzerin damals gewünscht hat, geht es denn doch nicht. Wer verfügt kurz nach dem furchtbaren Weltkrieg über genügend Geld, um eine Villa dieser Größe, einen Park in dieser phantastischen Lage zu kaufen – einfach mal so? Trotzdem verlässt Helene von Reitzenstein Stuttgart für immer, zieht mit Teilen ihres Inventars von der Gänsheide in das oberbayerische Darching, wo sie auf die Schnelle ein kleines Haus hat bauen lassen, das in nichts an Stuttgart erinnert. Als Anfang der zwanziger Jahre infolge des Krieges die Inflation in Deutschland ausbricht, in rasendem Tempo anwächst, entschließt sie sich unter dem Druck der Fakten und Verhältnisse zu diesem harten Schnitt, wobei die Summen in den verschiedenen Quellen etwas divergieren: Für 5,5 bis 5,8 Millionen Papiermark, die nach alter Lesart lediglich noch rund 400 000 Goldmark wert sind, wechselt das Anwesen 1921 endgültig den Besitzer. 2,8 Millionen Goldmark hatte alles zehn Jahre zuvor gekostet, viele Extras gar nicht mitgerechnet, welch ein Wertverlust! Auch die ehemals teuren und repräsentativen Häuser an der Unteren Königstraße werden von ihr veräußert, gehen in den Besitz

Gegenüberliegende Seite: Das imposante Grabmal der Familie Hallberger auf dem Stuttgarter Pragfriedhof, in den Jahren 1875/76 errichtet. Louis und Eduard Hallberger mit ihren Frauen, also die Großeltern und die Eltern von Helene von Reitzenstein, haben hier ihre letzte Ruhe gefunden. Seit 1953 liegen auch Helene von Reitzensteins sterbliche Überreste in dieser Gruft.

68 | Unerfüllte Träume

der Städtischen Sparkasse über, die sich freut, ihr Areal am königlichen Marstall ausweiten zu können.

Den alten Marstall gibt es heute längst nicht mehr, sein Abriss in den fünfziger Jahren des 20. Jahrhunderts ruft keinen Protest hervor – anders als manch anderer Frevel dieser Jahre an der historischen Bausubstanz. Die Landesbank Baden-Württemberg, Nachfolgerin der ehemaligen Städtischen Sparkasse, sitzt heute an der Unteren Königstraße – dank der Grundstücke der Helene von Reitzenstein. Sie lebt fürderhin zurückgezogen in Bayern, setzt, soweit man weiß, keinen Fuß

70 | Unerfüllte Träume

mehr nach Stuttgart. Es heißt, sie habe mitten im Zweiten Weltkrieg der NSDAP Gelder angeboten, um sie zu unterstützen – die Partei habe jedoch abgelehnt. Die Fakten lassen sich nicht zweifelsfrei klären oder gar rekonstruieren.

Helene von Reitzenstein, geborene Hallberger, stirbt am 19. Dezember 1944 im hohen Alter von 91 Jahren, wird zunächst in Darching beerdigt. 1953 lässt man ihre sterblichen Überreste nach Stuttgart bringen, wo sie in der Familiengruft der Hallbergers auf dem Pragfriedhof beigesetzt wird. Arnulf Klett, der legendäre Stuttgarter Oberbürgermeister der Nachkriegszeit und des Wiederaufbaus, nimmt an dieser Zeremonie teil, bekundet der Hallberger-Tochter und ihrer Familie seinen Respekt. Ob ihr wohl die Rückkehr zur letzten Ruhe nach Stuttgart recht gewesen wäre? Auch diese Frage bleibt unbeantwortet wie so viele im Leben der Helene von Reitzenstein.

Gegenüberliegende Seite: Helene von Reitzenstein stirbt am 19. Dezember 1944 im bayerischen Darching und wird zunächst auf dem dortigen Friedhof in Mitterdarching beerdigt. Im Mai 1953 lässt die Familie den Sarkophag in die Gruft nach Stuttgart überführen. Dieses Foto wurde noch nie veröffentlicht.

Die Demokraten fremdeln noch

Nur langsam nähert sich die Politik der Gänsheide

Der Erste Weltkrieg zerstört die Wünsche und Sehnsüchte der Helene von Reitzenstein. Wilhelm Blos wird Ministerpräsident von Württemberg, und ein junger Anwalt, Reinhold Maier, kauft die Villa für das Land. Aber erst 1925 zieht Johannes von Hieber, der erste Staatspräsident, dort ein.

Die Deutschen und der 9. November – das bleibt auf immer und ewig ein spannendes Kuriosum, ein ebenso tragisches und furchtbares wie glückliches Datum in der Geschichte des Landes. Der 9. November 1918 jedenfalls, ein Samstag, sieht in Berlin Max von Baden, den Reichskanzler, der im Angesicht der unausweichlichen Niederlage der Wehrmacht aus eigenem Entschluss die Abdankung von Kaiser Wilhelm II. erklärt – voreilig und eigenmächtig, wie die Historiker später urteilen. Der Sozialdemokrat Friedrich Ebert, so will es der Badener an der Regierungsspitze, übernimmt die Amtsgeschäfte des Reichskanzlers. Die Sozialdemokraten, die in der MSPD und in der USPD organisiert sind, bilden an der Spree eine revolutionäre Übergangsregierung. In Stuttgart und drumherum erleben die vom Krieg gezeichneten Menschen die Parallele: »Unabhängige Sozialdemokraten, Mehrheitssozialdemokraten und Gewerkschaften proklamieren die Republik und bilden provisorische Regierungen, die sich auf den seitherigen Staatsapparat stützen«, so fasst der Landeskundler Paul Sauer die Ausgangslage

Die provisorische Regierung Württembergs von 1918: die Minister Baumann und Lindemann, Ministerpräsident Wilhelm Blos, daneben die Minister Kiene, Heymann, Liesching, Crispien und Schreiner (von links). Kultminister Berthold Heymann, Jude und Sozialdemokrat, kann 1938 vor den Nationalsozialisten fliehen, seine Familie übersteht die Nazizeit in den USA.

dieser neuen politischen Zeitrechnung in den alten Königreichen und den neuen Ländern zusammen.

Ein historisches Foto, das man dem 9. oder 10. November 1918 zuschreibt, zeigt, wer damals in Württemberg die handelnden Personen in der »Prov. Regierung Württembergs« sind. Auf der düsteren Schwarzweiß-Aufnahme sieht man acht Männer, die steif nebeneinanderstehen, die meisten von ihnen in Ehren ergraut, sie alle mit ernsten Gesichtern, die die Lasten der zurückliegenden Jahre widerspiegeln, auch die Ungewissheit darüber, was sich wohl nach vier Jahren Krieg aus diesen schicksalhaften Novembertagen entwickeln mag.

Als Ministerpräsident wird der Sozialdemokrat Wilhelm Blos ausgewiesen, über den der schwäbische Volksmund bald ein heiteres Wortspiel drechselt: »Bisher hatten wir bloß einen Wilhelm II. - jetzt haben

Die Demokraten fremdeln noch | 73

Gegenüberliegende Seite: Das Porträtbild von Wilhelm Blos (1849–1927) zeigt den ersten Staatspräsidenten von Württemberg als Journalist und Schriftsteller an seinem Schreibtisch. Gemalt hat es der Stuttgarter Landschafts- und Porträtmaler Oskar Obier (1876–1952).

wir einen Wilhelm Blos.« Auf einer Parteiversammlung am 9. November im Landtagsgebäude rät Blos den dort versammelten Ratlosen, wie er später erklärt, sie sollten »eine provisorische Regierung bilden«. Das findet breite Zustimmung, also wird Blos spontan dazu aufgefordert, selbst die Spitze dieser Regierung zu übernehmen. Er lehnt sofort ab, möchte um keinen Preis den Eindruck erwecken, er habe sich mit diesem Vorschlag selbst ins Gespräch bringen wollen. Die Menge drängt ihn dennoch – schließlich willigt er ein und übernimmt quasi von einer Stunde auf die andere die Amtsgeschäfte. Unter anderem stellt Wilhelm Blos einen Schutzbrief für König Wilhelm II. aus und bittet den selbsternannten Soldatenrat, dafür zu sorgen, dass der König von Württemberg mit sicherem Geleit in sein »Exil« nach Bebenhausen bei Tübingen gelangt, was auch geschieht.

Wilhelm Blos, 1849 in Wertheim am Main geboren, ist im Land im vorgerückten Alter von 69 Jahren kein Unbekannter. Im Gegenteil. In den Annalen firmiert er als Journalist, Schriftsteller und Politiker. Als junger Kerl aus schwierigen Familienverhältnissen hat er das Abitur nachgeholt, in Freiburg Geschichte und Germanistik studiert – dies jedoch abgebrochen –, dann bei verschiedenen SPD-Blättern gearbeitet. Blos taucht mit Haut und Haaren in die 1875 gegründete SPD ein, lernt in Eisenach Persönlichkeiten kennen wie August Bebel, Karl Liebknecht, Karl Marx und Friedrich Engels, geht wegen unbotmäßigem Journalismus und »Pressevergehen« mehrmals für Monate unerschrocken ins Gefängnis. Für Wilhelm Blos, der sich als Anwalt der Arbeiter und der kleinen Leute versteht, alles kein Problem, denn dieser Mann hat nicht nur eine politische Haltung, er besitzt auch einen Haufen Humor: 1875 gründet er in Mainz das Satireblatt »Mainzer Eulenspiegel«, das die Herrschenden angreift und »bloßstellt«.

Von der Obrigkeit verfolgt, quasi immer auf der Flucht vor dem Zeitungsverbot und dem Gefängnis, werden Wilhelm Blos und der SPD-Mitbegründer Ignaz Auer 1880 von den Behörden aus Hamburg wie aus Preußen ausgewiesen. Die Bismarck'schen Sozialistengesetze tun da ihre Wirkung. Wie heißt der berühmt gewordene Satz noch gleich? Er geht so: »Gegen (Sozial)Demokraten helfen nur Soldaten!« Später überwirft sich Blos mit Marx und Engels, steuert politisch ins bürgerliche Lager zurück, aus dem er ursprünglich stammt. In der Rückschau wird man über ihn sagen: Blos meistert den Spagat zwischen den Arbeiter- und Soldatenrä-

ten auf der einen und den bürgerlich-parlamentarischen Kräften auf der anderen Seite bravourös, weil er jahrzehntelange Erfahrung besitzt: als gewitzter Journalist wie als altgedienter Politiker.

Dieses Abschweifen in die Vita von Wilhelm Blos ist unverzichtbar, will man begreifen, weshalb ausgerechnet dieser Mann anno 1918 der erste Ministerpräsident von Württemberg werden kann. Bereits 1882 sehen wir Blos in Stuttgart, wohin ihn die Parteifreunde holen, weil man damals – selbst als politisch Linker – im Schwäbischen ein liberaleres Auskommen erwarten darf als etwa im streng militaristisch geprägten Preußen. In der Residenz und der Provinz am Neckar, die der durchaus fortschrittliche und populäre König Wilhelm II. führt, können Blos und seine Parteifreunde die satirische Zeitschrift »Der wahre Jacob« 1884 neu gründen, ein bis heute legendäres Blatt von höchster Brisanz, Aktualität und Mut. Als sein Chefredakteur verfasst Wilhelm Blos die meisten Beiträge selbst, druckt seitenweise Karikaturen, die selbst nach mehr als hundert Jahren ins Auge springen, künstlerisches Handwerk zeigen und inhaltlich für sich sprechen.

In seinem Faksimileband »Der wahre Jacob« charakterisiert der Autor Udo Achten diese satirische Kampfschrift der fortschrittlichen Linken: »Der zunächst von Wilhelm Blos, dem sozialdemokratischen Reichstagsabgeordneten, Verfasser überaus populärer historischer Bücher und späteren württembergischen Staatspräsidenten geleitete ›Wahre Jacob‹ sollte zwar eindeutig parteilich sein, musste sich offener Propaganda für die eigene Sache jedoch enthalten und seine Kritik der Zustände humoristisch verpacken. Zielsicher nahm er die Bücklinge des liberalen Bürgertums vor der repressiven Bismarckpolitik aufs Korn und machte sich über die bürgerliche Furcht vor der Arbeiterbewegung lustig.« Gemeint waren damit naturgemäß in erster Linie die Kreise, denen Helene von Reitzenstein angehörte – quasi auf doppelte Weise: Ihr verstorbener Mann stammte aus altem Adel, ihr Vater war von »seinem« König geadelt worden.

Und weiter: »Die Namensgebung des Blattes markiert die Zeiten, in denen es entstand: Einerseits waren Blos und sein Verleger Dietz gezwungen, einen von den Behörden nicht angreifbaren Titel zu wählen. Andererseits sollte die Doppeldeutigkeit von der Leserschaft verstanden werden. So übernahmen sie eine damals sehr gebräuchliche Redewendung: ›Der wahre Jacob‹ bezeichnete im Volksmund einen Mann, der sich durch witzige Bemerkungen und gesunden Menschenverstand auszeichnete. Die Wahl mag vielleicht auch von einem bürgerlichen Vorläuferblatt gleichen Namens angeregt worden sein, das Blos bekannt war. Dieser erste ›Wahre Jacob‹ erschien 1867–71 in Frankfurt.« Der Vollständigkeit halber bleibt anzumerken, dass sich der in Stuttgart redigierte und herausgebrachte »Wahre Jacob« nach 1918 auf die Seite der parlamentarischen Weimarer Demokratie schlug, dadurch rasch an Lesern und an Bedeutung verlor, zwischen 1924 und 1927 gar nicht erschien, danach wieder bis zum März 1933 – die Nationalsozialisten verboten das Satireblatt. Das bedeutete sein endgültiges Aus.

Die Redewendung allerdings lebt bis heute fort. Schwäbische Geistesmenschen, die etwas älteren Datums sind, sagen es so: »Des isch ja net grad dr wahre Jacob!« Zu Hochdeutsch:»Das ist ja nicht gerade der wahre Jacob!« Soll heißen, irgendetwas läuft schief, geht in die falsche Richtung. Der wahre Jacob dient dabei als Synonym für das Wahre, Richtige und Verlässliche.

Zurück zu Wilhelm Blos. Für ihn und seine Mitstreiter ist in diesen bewegten Zeiten der Humor kein Selbstzweck, kein flaches Amüsement, sondern das Mittel zum Zweck, nämlich zum Kampf um die Gunst und das Vertrauen der Wähler und zugleich eine Waffe gegen die parteipolitischen Widersacher. Einer seiner wichtigen Redakteure ist Berthold Heymann, den wir auf dem erwähnten Regierungsbild vom November 1918 entdecken als Kultminister, dort fälschlich als »Haymann« ausgewiesen. Wilhelm Blos hat diesen politischen Weggefährten, von dem hier beispielhaft die Rede sein soll, mit Bedacht in sein erstes Kabinett geholt: Heymann, 1870 in Posen geboren, ist Sohn einer jüdischen Familie, steht von Anfang an der SPD nahe, kommt um die Jahrhundertwende nach Stuttgart, wird von 1901 bis 1914 Chefredakteur des »Wahren Jacob«. Von 1906 an sitzt Heymann für die SPD im württembergischen Landtag, arbeitet zugleich für die SPD-Zeitung »Schwäbische Tagwacht«, wird 1918 Kultminister in der provisorischen Regierung seines Freundes und Förderers Wilhelm Blos. Vom November 1919 bis zum Juni 1920 ist Heymann neuer Innenminister des Landes.

Bis zur Machtübernahme Hitlers 1933 bleibt Berthold Heymann Mitglied des Landtags – als die Stuttgarter Nazis den jüdischen SPD-Politiker auf ihre »schwarze Liste« setzen, warnt ihn ein SA-Mann, der ihn persönlich kennt, rettet ihm und seiner Familie das Leben – Heymann flieht in die Schweiz, wo er 1939 stirbt. Heymanns Urne ist auf dem alten Friedhof an der Jahnstraße in Stuttgart-Degerloch beigesetzt, ebenso die Urne seiner Frau Anna, einer Tochter von Ignaz Auer, Mitbegründer der SPD. Die Nachfahren des Ehepaars überstehen die Nazizeit in den USA, wo die nachfolgenden Generationen heimisch geworden sind.

Ein hohes Gericht auf der Gänsheide?

Die Regierung Blos macht sich in dieser völlig unübersichtlichen Zeit nach dem Weltkrieg an die Arbeit. Nicht nur in Berlin, sondern auch in Stuttgart und überall in Deutschland geht es drunter und drüber. Da rückt unvermittelt die Villa Reitzenstein auf der Gänsheide ins Blickfeld.

Die Württemberger möchten sich ihrer Reichsregierung in Berlin nachhaltig in Erinnerung bringen durch eine in ihren Augen bestechende Idee: Stuttgart wäre doch, so kabeln sie in die Reichshauptstadt, genau der richtige Ort für das neu zu begründende, oberste Verwaltungsgericht des Reiches. Man habe, so lässt Wilhelm Blos seine Beamten mitteilen, ein passendes Gebäude in exponierter Lage im Auge. Natürlich die Villa Reitzenstein auf der Gänsheide.

Genau an dieser historischen Stelle betritt ein junger schwäbischer Rechtsanwalt die Szene, der drauf und dran ist, sich in Stuttgart und darüber hinaus einen Namen zu machen, vor allem als junges Talent und Hoffnungsträger der Liberalen: Reinhold Maier, 1889 in Schorndorf im Remstal geboren, Abiturient des Jahrgangs 1907 am Stuttgarter »Dillmann«, Jurastudent in Tübingen und Grenoble, Mitglied der südwestdeutschen Liberalen um Wolfgang Haußmann und Konrad Wittwer. Maier hat den Ersten Weltkrieg als Soldat mitgemacht, ist seit 1912 in der FVP engagiert, geht 1918 – als Konsequenz des Krieges – in die eher linksliberal orientierte DDP. Damals also, wie so viele, ein Wanderer zwischen den politischen Welten, stets auf der Suche nach politisch festem Boden unter den Füßen.

Von diesem Reinhold Maier, so heißt es übereinstimmend in verschiedenen Quellen, stammt sehr wahrscheinlich die Idee mit dem Reichsverwaltungsgericht auf der Gänsheide. Jedenfalls ist es ohne Zweifel dieser junge Anwalt, der die Kaufverhandlungen mit Helene von Reitzenstein führt und schließlich Erfolg verbuchen kann, denn die öffentlichen wie privaten Absichten beider Seiten passen ideal zusammen: Freifrau von Reitzenstein möchte so schnell wie möglich Stuttgart verlassen, Maier indessen möchte genau hier Karriere machen, sich in seiner schwäbischen Heimat für höhere Aufgaben empfehlen. Dass er diese hohen Ziele eines Tages erreicht und welche Ziele das im Einzelnen sein würden, wissen wir heute. Drei Jahrzehnte später, an einem weiteren Markstein der deutschen Geschichte, wird uns dieser Reinhold Maier wieder begegnen.

Zunächst allerdings, wir stehen am Beginn der zwanziger Jahre des 20. Jahrhunderts, sieht die Sache mit der Villa gar nicht nach Erfolg und Paukenschlag aus, denn in Berlin hört man zwar das lockende Werben aus Stuttgart, hegt aber keinerlei Absicht, das Reichsverwaltungsgericht, eine bis dato nur auf dem Papier geplante, also keineswegs existierende Neuerung in der Weimarer Reichsverfassung, ausgerechnet in Stuttgart ins Leben zu rufen. Folglich versandet das Thema, das Gericht entsteht erst 1941 mit Sitz in Dresden. Die eilfertigen Schwaben bleiben auf ihrer stolzen Villa sitzen! Immerhin können sie sich damit trösten, für ein paar lächerliche Millionen Papiermark ein wahres Schnäppchen erzielt zu haben, gleichwohl ist für sie jetzt guter Rat teuer: Was tun mit dieser schlossähnlichen Anlage aus feudaler Vergangenheit? Fürs Erste kümmern sich Gärtner und Hausmeister fürsorglich um das Palais Reitzenstein.

Zum Sozialdemokraten Blos passt die Villa nicht

In ihrer Tagespolitik hat die Regierung von Wilhelm Blos einen riesigen Berg von Sorgen und Aufgaben. Von einer gefestigten parlamentarischen Demokratie kann noch keine Rede sein, Inflation und Arbeitslosigkeit, die drückenden Reparationen aufgrund des Versailler Vertrages nach dem verlorenen Krieg – das überlagert alles andere. Und die Konkurrenz unter den verschiedenen Parteien und ihren Lagern wird auch im Südwesten immer härter und aggressiver. Die Villa Reitzenstein gerät aus dem Blickfeld, die landeseigene Immobilie wird zum Anhängsel und zum Kostenfaktor.

Kein Zweifel, dieser Wilhelm Blos ist eine markante Persönlichkeit, ein hochgebildeter Schriftsteller, der sagenhafte Auflagenerfolge erzielt hat mit Werken über die Französische Revolution, die Bauernkriege und die gescheiterte bürgerliche Revolution von 1848/49. Aus deren Ende, das am 18. Juni 1849 mit der Zerschlagung des sogenannten Rumpfparlaments ausgerechnet in Stuttgart besiegelt wird, hat Blos seine politischen Konsequenzen gezogen. In seinem Buch »Von der Monarchie zum Volksstaat«, das 1922 erscheint, schreibt Blos in seinem »Geleitsbrief«:

Am 9. November 1918 trug mich die Woge einer gewaltigen Revolution an die Spitze der neuen württembergischen Regierung, wo ich bis zum 23. Juni 1920 verblieb. Nachdem sich alle Verhältnisse aufgelöst, galt es, das Land vor der drohenden Anarchie und der Diktatur einer gewalttätigen Minderheit zu bewahren. Auf den Trümmern der alten Monarchie war eine demokratische Republik zu errichten, in der das württembergische Volk selbst über seine Zukunft bestimmen konnte.

Im Verein mit den Arbeiter- und Soldatenräten gelang es, die spartakistischen Putsche vom Winter und Frühjahr 1919 niederzuwerfen. Ebenso

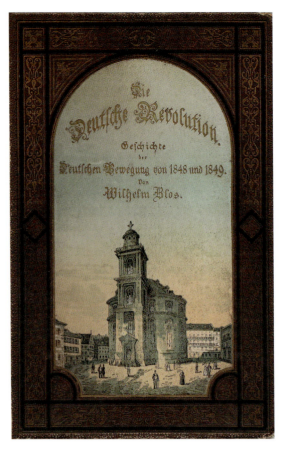

wurde die von München aus drohende, bolschewistische Gefahr glücklich von Württemberg abgewehrt.

Nachdem die aus freiestem Wahlrecht hervorgegangene, konstituierende Landesversammlung mir für die provisorische Führung der Staatsgeschäfte als Ministerpräsident Decharge erteilt, wurde ich am 7. März 1919 mit Zweidrittelmehrheit zum Staatspräsidenten gewählt.

Die konstituierende Landesversammlung nahm mit imposanter Stimmenmehrheit die von der Regierung vorgelegte Verfassung an, an deren Spitze steht, dass alle Staatsgewalt vom Volke ausgeht, und in der es weiter heißt, dass die Vergesellschaftung der Wirtschaft nach dem Stand ihrer Entwicklung Aufgabe des Staates ist.

Als im Frühjahr 1920 Reichsregierung und Nationalversammlung genötigt waren, Berlin zu verlassen, fanden sie in Württemberg die sicherste Zuflucht vor den von rechts drohenden Gefahren. Bald darauf wurde ich durch Beschluss der sozialdemokratischen Partei aus der Regierung abberufen.

Als diese Erinnerungen von Wilhelm Blos erscheinen, ist der bis heute erste und einzige Ministerpräsident von Württemberg, den die Sozialdemokraten stellen, bereits ein Privatier, denn seine Regierungszeit in turbulenten Umbrüchen währt tatsächlich nur kurz: Am 12. Januar 1919 wird die bis dahin nur provisorische Regierung Blos von der verfassunggebenden Landesversammlung in ihren Ämtern bestätigt. Am

25. September 1919 wird im Rahmen eines Festaktes auf Schloss Ludwigsburg diese neue Landesverfassung in Kraft gesetzt. Aber nur neun Monate später, am 6. Juni 1920, fallen die Sozialdemokraten bei der ersten freien Landtagswahl in Württemberg mit Pauken und Trompeten durch. Sie verlieren in Stuttgart wie in ganz Deutschland etwa die Hälfte ihrer Wähler, sinken in Württemberg auf magere 16,1 Prozent der Stimmen, was Wilhelm Blos, der bereits 71 Jahre alt ist, mit seiner Regierung zum Rücktritt zwingt. Die erstarkten Konservativen sähen es zwar gerne, wenn der von ihnen respektierte Blos trotzdem im Amt bliebe, der aber lehnt ab, mag nicht als »Kleber« an seinem Sessel erscheinen. Zudem dringt seine Partei darauf, nicht mit den Bürgerlich-Konservativen politisch gemeinsame Sache zu machen.

Gegenüberliegende Seite: Der Sozialdemokrat Wilhelm Blos, erster Staatspräsident von Württemberg nach 1918, hat sich auch als politischer Publizist einen Namen gemacht. Zu seinen wichtigsten Erinnerungen zählt »Die Deutsche Revolution. Geschichte der deutschen Bewegung von 1848 und 1849«, erschienen 1906 beim Verlag Dietz in Berlin.

Als Staatspräsident a. D. bietet ihm die neue Regierung eine Wohnung im Alten Schloss. Auf die Idee, in die Villa Reitzenstein zu ziehen, die ja immer noch leer steht, wäre Wilhelm Blos in keiner Sekunde gekommen, denn er wertet den Bau eindeutig als ein Schloss für die Privilegierten und die Besitzenden. In so eine Umgebung gehört ein aufrechter Sozialdemokrat nicht hinein. Nur vier Jahre nach der Novemberrevolution von 1918 nimmt der ehemalige Journalist und politische Autor in seiner Rückschau auf jenes umwälzende Ereignis kein Blatt vor den Mund:

Die Bedeutung der Revolution vom 9. November 1918 zu erklären und ihren Charakter genau zu zeichnen, ist eine Aufgabe, an die sich zahlreiche Gelehrte aller Richtungen herangemacht haben. Zweifellos ist dabei viel Zutreffendes, Geistreiches und Tiefgedachtes publiziert worden. Dies wird aber überwuchert von einer solchen Überfülle von Unsinn und verworrenem, elenden Zeug, dass man sich erstaunt fragt, wie denn die Fähigkeit logischen Denkens gerade im Lande der Dichter und Denker soweit zurückgehen konnte. Gerade den gebildeten und gelehrten Regionen entströmen des Unsinns Quellen am reichlichsten. Sind diese Erscheinungen noch Nachwirkungen der Kriegspsychose? Möglich, ja wahrscheinlich!

Am 6. Juli 1927 stirbt Wilhelm Blos, letztlich von seiner SPD tief enttäuscht, in Bad Cannstatt, sein Grab auf dem Stuttgarter Pragfriedhof ist erhalten.

Johannes von Hieber »entdeckt« die Villa Reitzenstein

Auch der zweite Staatspräsident von Württemberg, der im Sommer 1920 die Nachfolge von Wilhelm Blos antritt, ist ein erfahrener Politiker von 58 Jahren – jedoch aus völlig anderem politischen Holz geschnitzt als sein Vorgänger. Johannes von Hieber wird 1862 als Sohn eines Bauern in der Nähe des ostwürttembergischen Lorch geboren. Am legendären Tübinger Stift studiert er Philosophie und evangelische Theologie, wird dort 1885 promoviert, lehrt Jahre später am Stuttgarter Karls-Gymnasium unter anderem auch Hebräisch, wird 1910 Direktor des Oberschulamtes von Württemberg.

Politisch gesehen, zählt dieser mit dem Personaladel bedachte Johannes von Hieber zu den frühen Exponenten des württembergischen Liberalismus. Seit 1895 ist er Mitglied der Deutschen Partei, erobert 1898 ein Mandat im Berliner Reichstag als Abgeordneter für den Wahlkreis, der Cannstatt, Ludwigsburg, Marbach am Neckar und Waiblingen umfasst. Im Ersten Weltkrieg fallen zwei seiner Söhne, Ernst und Martin, als Soldaten – Hieber jedoch war, ist und bleibt Monarchist, vertritt zunächst vehement die Ansicht, dieser Krieg sei dem Deutschen Kaiser Wilhelm II. von seinen Feinden aufgezwungen worden. Am 30. November 1914, wenige Monate nach Kriegsbeginn, sagt Hieber auf dem Bundesfest der Tübinger Studentenverbindung »Alte Normannen« dies: »Die Zeit lächerlichen gesellschaftlichen Dünkels ist vorbei. Auch die Studentenschaft wird hierin noch einiges lernen müssen. Es gibt auch kein Mehr oder Weniger, keinen Höheren oder Geringeren auf dem Feld, auf dem die Pflicht, sein Leben einzusetzen, alle in die gleiche Reihe stellt. Das deutsche Leben soll seine Einheit und Schlichtheit, seine Einfachheit und Innerlichkeit wieder gewinnen – eine unendliche Aufgabe für viele Jahre. Auf Euch, Ihr Jungen, richtet sich unsere Hoffnung. Ihr sollt der Morgen des neuen deutschen Tages werden.«

Hieber bleibt zunächst ein von der Notwendigkeit und Richtigkeit des Krieges fest überzeugter Liberal-Konservativer, appelliert in seinen Reden während des Kriegs an den Durchhaltewillen der Bürger, an die Verpflichtung, für das Vaterland einzutreten, ja notfalls zu sterben. Viele Jahre später wird dieser Johannes von Hieber in der Rückschau selbstkritisch einräumen: »Ich schäme mich nicht einzugestehen, dass ich von uneingeschränktem, heute würde man sagen blindem Vertrauen zu der Hee-

82 | Die Demokraten fremdeln noch

Die Stuttgarter Künstlerin Käthe Schaller-Härlin (1877–1973), weit über Württemberg hinaus bekannt und renommiert, hat den liberal-konservativen Johannes von Hieber porträtiert, der von 1920 bis 1924 der zweite Staatspräsident Württembergs war. Von Hieber lässt die Villa Reitzenstein für das Land ankaufen, mit ihm beginnt also 1925 die Ära des Anwesens auf der Gänsheide als Sitz der Staats- und Ministerpräsidenten.

resführung erfüllt war. Es waren die furchtbarsten Stunden persönlichen Erlebens, als die Unaufhaltsamkeit des verlorenen Krieges sich immer deutlicher aufdrängte. Furchtbarer, erschütternder als selbst die Trauer um persönliche Verluste war jenes Erlebnis. Es war mir aus der Seele gesprochen, als in jenen Tagen der konservative Herr von Heydebrand in die Worte ausbrach: ›Wir sind maßlos belogen und betrogen worden! Ach, wir waren ein erschöpftes, ausgehungertes und maßlos enttäuschtes Volk.‹«

Die berühmte Bibliothek der Villa, über mehr als einhundert Jahre der mit Abstand schönste Raum des Gebäudes. Dem ersten Staatspräsidenten Württembergs diente die Bibliothek mit ihrem direkten Blick in den Rosengarten als Arbeitszimmer – seit vielen Jahren empfangen die Ministerpräsidenten hier besondere Gäste, führen wichtige politische Gespräche.

Nach der Katastrophe und der für Leute wie Hieber so beschämenden Niederlage sehen wir ihn 1919 plötzlich in Berlin als Gründungsmitglied der linksliberalen DDP (Deutsche Demokratische Partei), wo er auf den einflussreichen Friedrich Naumann trifft. Hieber überwindet offenbar seine persönliche Bitternis, sitzt, alles in allem gerechnet, von 1912 bis 1932 im württembergischen Landtag, wo man ihn in der historischen Rückschau dem linken Spektrum der Nationalliberalen zuordnet. Nach heutiger Lesart der politischen Farbenlehre war dieser Johannes von Hieber alles andere als ein Linker – vielmehr ein konservativer Liberaler, ein glühender Patriot, der aufgrund seiner bitteren Erlebnisse als Familienvater wie in der Politik als Realist und Pragmatiker handelt.

Nach der krachenden Wahlniederlage der Sozialdemokraten und ihres amtierenden Staatspräsidenten Wilhelm Blos am 6. Juni 1920 erlangen die zersplitterten Konservativen im Landtag von Württemberg zwar keine Mehrheit, weil aber die SPD nicht bereit ist, eine Koalitions- oder gar eine Minderheitsregierung unter Wilhelm Blos zu akzeptieren, kommt es in der Landtagssitzung vom 23. Juni 1920 zum Machtwechsel: Johannes von Hieber wird mit 52 gegen

27 Stimmen von den Demokraten, dem Zentrum und den Sozialdemokraten zum neuen Staatspräsidenten gewählt, er ist der Kompromisskandidat. Die Konservativen stimmen dagegen, die Unabhängigen enthalten sich.

Hieber bildet eine Regierung, in der verschiedene politische Köpfe versammelt sind: der Sozialdemokrat Wilhelm Keil beispielsweise, enger Freund von Wilhelm Blos, aber auch ein konservativer Jurist namens Eugen Bolz, gerade 39 Jahre alt, aus Rottenburg am Neckar. Von diesem Eugen Bolz wird man noch allerhand hören.

Die von Johannes von Hieber geführte Regierung, besetzt mit politischen Köpfen aus unterschiedlichen Lagern, bleibt vier Jahre im Amt – für heutige Verhältnisse mag das kurz erscheinen, damals aber, in politisch brodelnder Zeit, ist das eher erstaunlich, denn in diese Regierungszeit bis 1924 kann die Weimarer Republik auch im deutschen Südwesten kein Hort der Ruhe und der Stabilität werden. Im Gegenteil. Der Publizist Sebastian Haffner charakterisiert die Lage so:»Im Januar 1923 besetzten die Franzosen das Ruhrgebiet, und die Deutschen antworteten mit passivem Widerstand – praktisch einem Dauer-Generalstreik im besetzten Gebiet. Die Streikkasse war die Notenpresse, und die Folge davon, dass ständig Geld gedruckt, aber nichts produziert wurde, war die ungeheuerlichste Inflation, die ein Land je erlebt hat. Man maß sie damals am Dollarkurs. Im Januar 1923 war ein Dollar 20 000 Mark wert gewesen; im August kostete er eine Million, im September eine Milliarde, im Oktober eine Billion. Nicht nur alle Geldvermögen und Spareinlagen waren vernichtet; auch Löhne und Gehälter waren im Herbst 1923 wertlos, sobald sie ausgezahlt wurden. Es herrschte das Chaos, und das wirtschaftliche Chaos gebar das politische.«

Als der Hitler-Putsch von 1923 in München scheitert, sagt Ministerpräsident Hieber vor seinem Landtag in Stuttgart:»Ich möchte meiner großen Genugtuung darüber Ausdruck geben, dass, als kürzlich unser Nachbarland Bayern durch das unverantwortliche Handeln des nationalsozialistischen Führers Hitler in die schwerste Gefahr gestürzt wurde, unsere württembergische Bevölkerung in kühler Besonnenheit sich in allen Teilen von diesem Putsch ferngehalten hat, von einem Putsch, dessen Anfang wie eine Operette anmuten musste, der aber am Ende zu einer recht ernsten und tief schmerzlichen Tragödie geworden ist.« Was Hieber da womöglich noch gar nicht weiß beziehungsweise dem keine Bedeutung beimisst: 1923 gründet sich ausgerechnet in Stuttgart die erste NSDAP-Ortsgruppe außerhalb Bayerns. So liberal, wie man es gerne hätte, sind die Schwaben nun auch wieder nicht.

Ein besonderes Foto aus dem Jahr 1950: Der ehemalige Staatspräsident Johannes von Hieber (links) und der Sozialdemokrat Wilhelm Keil, Journalist und Abgeordneter in vielen Parlamenten und Epochen, begegnen sich. Der genaue Anlass für dieses Treffen ist nicht mehr bekannt.

Immerhin, Johannes von Hieber erwirbt einiges Vertrauen in der Bevölkerung. Sein Pragmatismus, gepaart mit einem beträchtlichen Selbstvertrauen, bringt ihn dazu, den Kauf der Villa Reitzenstein durch seinen politischen Freund Reinhold Maier zu forcieren – 1923 schließlich beginnt für das Anwesen auf der Gänsheide seine bis heute andauernde Geschichte als Domizil der Ministerpräsidenten und ihrer Staatsministerien. Sagen wir es ehrlich und rundheraus: In manchen landesgeschichtlichen Annalen gilt der Kauf und das »Wachküssen« der Villa Reitzenstein als die einzig erwähnenswerte Hinterlassenschaft des Politikers Johannes von Hieber. Das ist gewiss ein hartes Urteil, gleichwohl ist unstritten, dass Hieber um Haaresbreite über die Causa Reitzenstein gestolpert wäre.

Wer gerade in diesem Punkt etwas genauer hinschaut, der findet in den Archiven allerhand Dokumente, die einen spannenden Strang von Gedanken und Beschlüssen erkennen lassen. Es lässt sich gut nachvollziehen, wie die Dinge damals gelaufen sind. Gerhard Konzelmann beispielsweise, der sich in den neunziger Jahren als schwäbischer Nahostkorrespondent des Südfunks einen Namen gemacht hat, schreibt in seiner 2004 erschienenen kleinen Geschichte der Villa Reitzenstein: »Der Sommer des Jahres 1923 muss in Stuttgart sehr heiß und schwül gewesen sein. Staatspräsident Hieber klagte darüber, dass er sich in dieser politisch unruhigen Zeit keinen Tag Urlaub gönnen könne; es sei ihm unmöglich, die Hauptstadt zu verlassen, da er ständig mit gewaltsamen Umsturzversuchen rechnen müsse.« Also habe, so schreibt Konzelmann, der Finanzminister Wilhelm Schall den Vorschlag unterbreitet, sein Chef möge doch mit Frau und Töchtern für eine Weile in die leer stehende Villa Reitzenstein ziehen, wo der Wind frischer wehe als in der stickigen Innenstadt – selbstverständlich ganz offiziell korrekt und keinesfalls heimlich gegen die Zahlung einer Miete. Neider und Hetzer sind freilich nicht weit: Die Presse der Rechtsnationalen nennt Hiebers Wohnen auf der Gänsheide eine »Anmaßung und Geschmacklosigkeit«, die »Schwäbische Tagwacht«, das Blatt der Sozialdemokraten, kommt dem Staatspräsidenten zu Hilfe:

Diese rein persönliche Angelegenheit ist von dem deutschnationalen Korrespondenzbüro zum Gegenstand einer höchst maliziösen Zeitungsnotiz gemacht worden, die nun die Reise durch die ganze deutschnationale Presse macht. Unter dem Stichwort »Die Sommerresidenz« wird der Sachverhalt in hämischer Weise so dargestellt, als ob der Staatspräsident sich wie ein König aufspiele. Ausgerechnet der Staatspräsident Dr. Hieber, zu dessen persönlichen Vorzügen nicht zuletzt Schlichtheit und Anspruchslosigkeit zählen!

Eines nicht mehr allzu fernen Tages werden die Deutschnationalen die Herren dieser »Sommerresidenz« sein, von der hieberschen Bescheidenheit weltenweit entfernt! Der Staatspräsident verbringt in jenem Sommer 1923 einige Wochen in der Villa, zieht sich dann in seine Dienstwohnung in der Innenstadt zurück. Auf der Gänsheide bleibt das Kuriosum: Die Villa Reitzenstein steht wieder leer, in der Regierung kommt allerdings niemand auf die doch naheliegende Idee, das missliebige Ding, um das es immer wieder Streit und öffentliche Aufwallungen gibt, wieder zu veräußern. Nein, in den Annalen findet sich dafür keinerlei Hinweis oder gar Beleg. Frei nach dem schwäbischen Motto: »Sach bleibt Sach!«

In den folgenden Jahren an der Spitze des württembergischen Staates bescheinigt man dem Ministerpräsidenten »eine schlichte Würde«, seiner Frau Luise ein »liebenswürdiges, natürliches Wesen«. Hieber empfängt den Reichskanzler Gustav Stresemann, macht dabei eine gute Figur, hält auch Kontakt zu Friedrich Ebert – meidet fürderhin die Villa Reitzen-

Die Demokraten fremdeln noch | 87

stein, leistet sich und den Seinen immerhin eine Dienstloge in der Oper und im Schauspiel. Dann kommt der 5. April 1924 – der Tag, an dem Staatspräsident Johannes von Hieber scheitert. Dabei sind es nicht etwa ein Putsch oder schwere politische Turbulenzen, die sein Land von außen schütteln, nein, es ist ein klassisches Thema der Landespolitik, das auch heute noch für tiefste Erregung in den Seelen der Bürger sorgen kann: eine Gebiets- und/oder Verwaltungsreform!

Eduard Gerok, dem wir ein gründliches Hieber-Porträt verdanken, schildert die Ausgangssituation dazu:»Die schlechte Finanzlage erforderte einschneidendes Sparen. In diesem Zusammenhang hob die Regierung Hieber am 6. November 1923 die vier alten Kreisregierungen auf. Ferner sollte die Zahl der 62 Oberämter verringert werden; zunächst war laut einer Denkschrift von 1911 an 20 gedacht. Am 5. April 1924 stimmten nur die Demokraten und die Sozialdemokraten für diese unpopuläre Maßnahme, die Mehrheit verschob die Entscheidung in den Sommer, jedenfalls auf einen Termin nach der bevorstehenden Landtagswahl.« Hieber zog die Konsequenzen – wie er es ausdrücklich angekündigt hatte: Rücktritt! Wenige Tage später nennt die»Frankfurter Zeitung« Ross und Reiter:

Es begann bei den Deutschnationalen und dem rechten Flügel des Zentrums ein Kesseltreiben gegen die Politik des Staatspräsidenten. Der deutschnationale Führer Bazille und seine Leute verlangten eine Vermählung des schwäbischen und bayerischen Geistes, verlangten eine Abkehr von der falschverstandenen Reichstreue Hiebers. In jenen Monaten des Jahres 1923 hat der Staatspräsident dem Lande Württemberg und dem Reichsgedanken die größten Dienste erwiesen, und er steht heute – wo man die jammervolle Verwirrung von Bayern vor Augen hat – glänzend gerechtfertigt da.

Hieber geht, erst 61 Jahre alt, in Pension, behält jedoch sein Mandat im Landtag bis in den Sommer 1932. Als 70-Jähriger zieht er sich aus der Politik zurück, bleibt kritisch gegenüber den Nationalsozialisten, die ihn und seine Familie drangsalieren, ohne dem ehemaligen Staatspräsidenten direkt etwas anhaben zu können. In der Nacht vom 14. auf den 15. April 1943, so schildert es der Biograf Eduard Gerok, geht ein schwerer Luftangriff über Stuttgart nieder, bei dem Hiebers Wohnung an der Hackländerstraße völlig zerstört, er selbst schwer verletzt wird. Seinen Lebensabend verbringt Hieber bei seinen Kindern in Uhingen bei Ulm; er stirbt am 7. November 1951.

Der Staatspräsident ohne Porträt

Die Politik treibt mitunter seltsame Blüten. Eine dieser »Blüten« in der Geschichte Württembergs erlebt das Land zwischen dem 8. April und dem 3. Juni des Jahres 1924. Denn ein Mann namens Edmund Rau bekleidet während dieser zwei Monate das Amt des Staatspräsidenten des »Freien Volksstaats Württemberg in der Weimarer Republik«. Doch die Nachwelt flicht ihm keine Kränze, der parteilose Spitzenbeamte, Minister und treue patriotische Württemberger aus Dobel über Bad Herrenalb dient seinem Vaterland redlich über Jahrzehnte. Er ist allerdings der Einzige, dessen Porträt man in der Galerie auf der Villa Reitzenstein vergeblich sucht. Was steckt dahinter und wie ist es dazu gekommen, dass es diesen »vergessenen Staatspräsidenten« gibt?

Wir erinnern uns: Am 5. April 1924 tritt der Staatspräsident Johannes von Hieber nach einer politischen Abstimmungsniederlage zurück. Für den 4. Mai ist die nächste Landtagswahl angesetzt, also geht es den nervösen Wahlkämpfern um die Frage, wie lassen sich die bevorstehenden kritischen Wochen irgendwie überbrücken, ohne offen gegen die Verfassung zu verstoßen? Die Regierungsgeschäfte, die Johannes von Hieber Knall auf Fall niedergelegt hat, sollen in geordneten Bahnen fortgeführt werden.

In dieser Situation fällt der Blick auf Edmund Rau, der einerseits kein Parteibuch besitzt, andererseits ein glänzender Verwaltungsjurist ist, seit 1923 amtierender Minister für Arbeit und Ernährung. Also bildet der Landtag ein »geschäftsführendes Übergangskabinett«, Edmund Rau wird neuer Staatspräsident mit dem ausdrücklichen Zusatz »auf Abruf«. Seine Übergangsregierung besteht nur aus drei Leuten: Rau selbst führt das Ministerium für Arbeit, Ernährung und Kultus, die Zentrumspolitiker Eugen Bolz (Finanzen und Inneres) sowie Josef Beyerle (Justiz) übernehmen die wichtigsten anderen Ressorts.

Der Historiker Frank Raberg schreibt über die politisch delikate Lage im April und Mai 1924: »Nach seiner Wahl erklärte Edmund Rau im Landtag, er stehe dem parteipolitischen Leben fern. Das neue Ministerium werde der Lage entsprechend alle Entscheidungen von weittragender politischer Bedeutung, soweit es irgend möglich sei, bis nach den Wahlen zurückstellen.«

Als nach der Landtagswahl die Macht neu verteilt wird, entsteht eine Initiative, die darauf hinauswill, dass Edmund Rau Staatspräsident

Der parteilose Edmund Rau firmiert in der Landesgeschichte als »der vergessene Staatspräsident«. Er residiert im Frühjahr 1924 nur für wenige Wochen als Staatspräsident, überbrückt auf diese Weise als treuer Diener des Landes Württemberg eine politische Notsituation – ein Porträtgemälde von Edmund Rau gibt es in der Villa Reitzenstein nicht.

bleibt – aber die Deutschnationalen, die sich mit dem Bauern- und Weingärtnerbund zusammentun, hegen daran keinerlei Interesse. Also wird Rau in seine frühere Stellung als Ministerialdirektor zurückgedrängt: »Der Mohr hatte als Staatspräsident seine Schuldigkeit getan!« So schreibt es später der Sozialdemokrat Wilhelm Keil in seinen Erinnerungen.

Immerhin, Edmund Rau bleibt ein angesehener Mann, dem »das ganze Land Dank schuldet«, wie es der Landtagspräsident Theodor Körner in einer Sitzung am 3. Juli 1924 ausdrücklich hervorhebt. Rau habe »sich in vorbildlicher, opferbereiter Weise dem Lande als Staatspräsident zur Verfügung gestellt und dadurch an einer Entspannung der politischen Lage mitgewirkt«.

Edmund Rau, 1868 in Dobel über Bad Herrenalb im Schwarzwald geboren, jüngstes von zehn Kindern des evangelischen Pfarrers Karl Gottlieb Rau, studiert in Tübingen Wirtschaftswissenschaft und Jura. In den 1890er-Jahren arbeitet er als junger Beamter bei der Stadt Stuttgart, wird Anfang des zwanzigsten Jahrhunderts Ministerialbeamter im Departement des Inneren, weitere Stationen auf dem Weg in eine respektable Ministerialkarriere folgen. Im Januar 1918 tritt Edmund Rau in die Dienste des Staatsministeriums ein. Kurz bevor die Monarchie untergeht und der Volksstaat proklamiert wird, sehen wir ihn als »Wirklichen Staatsrat und ständigen Rat des Staatsministeriums«.

Bemerkenswert auch dies: Nach den aufreibenden zwanziger Jahren wird Rau im Frühjahr 1930 Präsident des Württembergischen Verwaltungsgerichtshofes – am 31. März 1933 entheben ihn die Nationalsozialisten seines Amtes, denn Edmund Rau, tief im evangelischen Glauben verwurzelt, steht ihnen im Weg. Seit 1931 gehört er der Landessynode an, amtiert von 1946 bis 1948 als Präsident des Landeskirchentages. 1953 ehrt ihn die Bundesrepublik mit dem Großen Bundesverdienstkreuz. Eine späte Auszeichnung. Am 4. Mai 1953 stirbt Edmund Rau in Stuttgart. Seit 2013 erinnert am evangelischen Pfarrhaus in Warmbronn bei Leonberg, wo Edmund Rau einen Teil seiner Jugend verbracht hat, eine Plakette an diesen bescheidenen Staatspräsidenten.

Ein »Schloss« für den Staatspräsidenten

Wilhelm Bazille drängt mit Macht in die Villa Reitzenstein

Mit Wilhelm Bazille tritt ein Wegbereiter des NS-Staates auf den Plan, der unbedingt die Villa Reitzenstein zu seiner Machtzentrale erheben will. Aufschlussreiche Protokolle belegen die kritischen Debatten und den endgültigen Beschluss, die Reitzenstein zum Sitz des Staatspräsidenten zu machen. Die Presse greift das Thema genussvoll auf.

In der Rückschau auf die Geschichte des deutschen Südwestens während der Zeit des Nationalsozialismus begeht man heute allzu leicht einen Denkfehler: die Annahme vieler Nachgeborener nämlich, die furchtbare NS-Zeit habe exakt 1933 begonnen und bis 1945 gedauert – ein fataler Irrtum. Richtig und wichtig ist vielmehr, darauf zu schauen, wer die politischen Wegbereiter für Hitlers Machtübernahme am 30. Januar 1933 tatsächlich waren. Diese bedeutsame Frage führt uns unter anderem zu jenem 5. April 1924 und der Wahlniederlage des liberal-konservativen Staatspräsidenten Johannes von Hieber. In der Landtagssitzung vom 3. Juni 1924 wurde sein Nachfolger gewählt, eine folgenschwere Entscheidung, denn die erzkonservative Seite des Hauses, Bürgerpartei, Bauernbund und Zentrum, votiert mit ihrer Mehrheit für den gerade mal 50-jährigen Wilhelm Bazille.

Der Historiker Hans Peter Müller nennt diesen gebürtigen Esslinger, Jahrgang 1874, in einem biografischen Porträt von 2005 »einen redebegabten Demagogen und Lügner, einen Antisemiten und rücksichtslosen

Wilhelm Bazille, der Staatspräsident von 1924 bis 1928. Er wohnt als einziger Regierungschef mit seiner Familie in der Villa, wird dafür von seinen politischen Gegnern in aller Öffentlichkeit heftig kritisiert. Der aus München stammende Künstler Maximilian Keller (1880-1959) hat Wilhelm Bazille in der berühmten Bibliothek der Villa porträtiert.

Machtpolitiker«. Bazille diffamiert seine Vorgänger im Amt und die führenden Politiker Württembergs rundheraus als Schwächlinge, vertritt aufgeblasen eine Politik der Stärke, läutet das ein, was sich die Nationalsozialisten ein knappes Jahrzehnt später zunutze machen: die sogenannte Dolchstoßlegende, die Behauptung also, das deutsche Heer sei im

Wilhelm Bazille auf einem Foto aus den zwanziger Jahren. Selbstbewusst blickt der erfahrene Verwaltungsbeamte in die Kamera. Seine politischen Gegner kritisieren den Konservativen als aufbrausend, besserwisserisch und mitunter rücksichtslos. Bazille indessen übernimmt auch das Kultministerium sowie das Arbeits- und Ernährungsministerium, sein Kabinett besteht nur aus vier Ministern. Dieser Staatspräsident spart, wo er kann.

Ersten Weltkrieg unbesiegt heimgekehrt, Schuld an der Niederlage habe die »Heimatfront«, die den heldenhaft kämpfenden Soldaten in den Rücken gefallen sei, sie verraten und verkauft habe. Die Sozialdemokraten mit an erster Stelle. Das selbstkritische Nachdenken darüber, wie es zum Krieg kommen konnte, ist seine Sache nicht.

Ohne Bazilles tragisches Ende vorwegzunehmen, gibt ausgerechnet dieser Mann den entscheidenden Auftrag dazu, die Villa Reitzenstein fortan zum Sitz des Staatsministeriums und mithin des Ministerpräsidenten zu machen. Im September 1925 ziehen Wilhelm Bazille und sein Stab dort ein, das wertvolle Grundstück des alten »Stami« an der Königstraße wird verkauft, ein Neubau dort wäre wesentlich teurer gekommen als der Umzug auf die Gänsheide.

Der neue Staatspräsident von Württemberg stammt aus kleinen Verhältnissen, ist der Sohn des Metallfacharbeiters Peter Franz Bazille, der ursprünglich aus Savoyen ins Land eingewandert war. Anno 1874, als Wilhelm Bazille geboren wird, ist er Werkmeister bei der Württembergischen Metallwarenfabrik WMF in Geislingen an der Steige. Der Bub legt 1892 in Ulm die Reifeprüfung ab, studiert Jura und Staatswissenschaft in Tübingen und München. Er beherrscht das Französische – nicht nur die Sprache, sondern auch die Geschichte des Vaterlandes seines Vaters. Weil der junge Mann kränkelt, wird er vom Militärdienst befreit, tut sich stattdessen mit markigen Reden hervor in der Tübinger Studentenverbindung A. V. Virtembergia.

Um die Jahrhundertwende sehen wir ihn kurz als Stadtbeamten in Ulm, Geislingen und Mergentheim. Schon 1900 wechselt er nach Stuttgart, dem großen Ziel seiner beruflichen Ambitionen, entwickelt sich in der Stadtverwaltung zum Verwaltungsfachmann, wird Regierungsrat, unter anderem beim Landesgewerbeamt, profiliert sich in höheren Beamtenkreisen durch Fachbücher und bemerkenswerte Aufsätze. In der Öffentlichkeit aber macht sich Bazille einen Namen als Raubauz, der den Stuttgarter Oberbürgermeister Heinrich von Gauß übel attackiert, später sich selbst als OB-Kandidat ins Gespräch bringt – vergeblich. 1912 beginnt seine Ehe mit Lina Ensinger aus Esslingen, wohlhabende Tochter aus gutem Hause. Während des Ersten Weltkriegs verlässt Wilhelm Bazille Stuttgart, wird wegen seiner Beziehungen und seiner Französischkenntnisse Präsident der Zivilverwaltung in der belgischen Provinz Limburg.

Der Erste Weltkrieg erschüttert diesen Mann, den Hans Peter Müller als »selbstbewusst und wohl auch überheblich« charakterisiert, zutiefst. Schon lange gehört er zu den Jungliberalen, dem Nachwuchs der Nationalliberalen. 1919 gründet er die Württembergische Bürgerpartei, die von 1920 an zu einer Landesgruppe der DNVP wird, der Deutschnationalen Volkspartei. Von 1919 an ist Bazille Mitglied des Landtags, später auch des Deutschen Reichstages in Berlin. Im Landtag macht er rasch Karriere, schwingt sich auf zum Führer der Opposition aus den Nationalkonservativen. 1921 beispielsweise verhindert er die Kandidatur des jüdischen Politikers und späteren Widerstandskämpfers Fritz Elsas zum Amt des Oberbürgermeisters. Damals wie heute, ganz nebenbei bemerkt, sehen wir die Landespolitik und die Stuttgarter Stadtpolitik aufs Engste miteinander verwoben. Immer wieder schafft es Bazille in die Gazetten, indem er hetzt gegen die Linken, die Intellektuellen, die Juden, die Zauderer und die Zögernden. Als er am 3. Juni 1924 zum Staatspräsidenten von Württemberg gewählt wird, ist dies ein historisches Ereignis von höchster Tragweite. Hans Peter Müller schreibt: »Der reichsweit erste Regierungseintritt der Deutschnationalen galt über Württemberg hinaus als Sensation.«

Wie rau und derb die landespolitischen Zeiten bereits anno 1925 sind, als Wilhelm Bazille die Villa Reitzenstein ins Visier nimmt, mit welcher Raffinesse und Niedertracht um jeden Meter an Einfluss gerungen und um die Lufthoheit über den Stammtischen gehakelt, gekeilt und gekämpft wird, das zeigen Zeitungsartikel und mediale Kommentare ebenso wie interne Protokolle aus dem Staatsministerium, die im Hauptstaatsarchiv an der Stuttgarter Kulturmeile seit jenen turbulenten Jahren verwahrt werden. Die alten Dokumente darüber sprechen für sich, werfen ein Licht auf die Aktualität der Zeit vor fast hundert Jahren.

Außerdem fällt auf: Nimmt man die Kommentare von damals für einen Augenblick ohne den Hintergrund der konkreten Geschehnisse, so könnte man meinen, es handle sich ein Stück weit um Streitigkeiten, wie sie auch heute denkbar sind. Man stelle sich vor: Der Staatspräsident Wilhelm Bazille hegte am Beginn seiner Amtszeit den ernsthaften Plan, den Landtag, die Ministerien und die wichtigen Behörden des Landes in einem »Regierungsviertel« zusammenzufassen – das kommt einem knapp hundert Jahre später bekannt vor. »Stuttgart 21« und die Frage, was mit dem ehemaligen Bahngelände am neuen Hauptbahnhof einmal geschehen sollte, lassen grüßen! Die neue alte Idee vom Regierungsviertel – damals wie heute ist sie vom Tisch.

Der Umzug auf die Halbhöhe schlägt Wellen

Nicht von ungefähr gilt vielen Zeitgenossen in den Anfängen der Demokratie die Politik auf allen Ebenen als langweilig, zäh und zeitraubend – in den diversen Ausschüssen, Beiräten oder Gremien. Das stimmt weitgehend, doch es gibt auch hier keine Regel ohne Ausnahme. So erhellt uns ein Protokoll aus dem württembergischen Staatsministerium vom Montag, 26. Januar 1925, 3 Uhr nachmittags. Unter Punkt II geht es um die »Verlegung des Staatsministeriums«.

Ministerialrat Kuhn legt den Sachverhalt eingehend dar. Die Verlegung des Staatsministeriums sei die Voraussetzung für den Beginn der Behördenzusammenlegung. Der Herr Berichterstatter erläutert die einzelnen Pläne und den für jeden Plan in Betracht kommenden Kostenaufwand; er erörtert weiter die Pläne für die Verwertung des Gebäudeblocks Gymnasiumstraße 2.

Minister Dr. Dehlinger: Es erscheine zweckmäßig, den Gebäudeblock Gymnasiumstraße 2 möglichst rasch zu verwerten. Für die Einrichtung einer Staatspräsidentenwohnung und die Verlegung der Kanzleien des Staatsministeriums komme allein die Villa Reitzenstein in Betracht. Ein Hauptvorzug dieses Planes sei, daß die Verlegung der Kanzleien des Staatsministeriums in die Villa Reitzenstein schon im Laufe des Sommers 1925 erfolgen könne.

Minister Beyerle: Die Villa sei zweifellos geeignet als Staatspräsidentenwohnung. Bei dem engen Zusammenhang des Staatsministeriums mit den übrigen Ministerien habe er Bedenken gegen die Verlegung der Kanzleien an die Peripherie der Stadt. Er hätte daran gedacht, dass die Kanzleien des Staatsministeriums in den Wilhelmspalast verlegt werden.

Ministerialrat Kuhn berichtet eingehend über die Verhandlungen mit dem Giroverband, über die Raumverhältnisse im Wilhelmspalast und über die auf ihm lastenden Wohnrechte der Privaterben des Königs. Für die Verlegung der Kanzleien des Staatsministeriums wäre der Wilhelmspalast völlig ungeeignet. Der Berichterstatter erörtert den finanziellen Plan für die Bebauung des Gebäudeblocks Gymnasiumstraße 2; auch vom finanziellen Standpunkt aus sei ein völliger Neubau einem Umbau vorzuziehen. Im Falle eines Neubaus werde sich das aufgewendete Geld mit 9 % verzinsen, wenn man den Wert des Grund und Bodens nicht einrechne mit 18 %. Berechne man die Kosten der Verlegung des Staatsministeriums in die Villa Reitzenstein mit 17 %.

Minister Dehlinger: Es werde sich nicht darum handeln können, dass das Staatsministerium als historisches Gebäude erhalten werden müsse, die Bevölkerung erkenne es nicht mehr als solches; es sei wirtschaftlicher und zweckmäßiger, den Häuserblock abzureißen und neu zu bauen. Ein Neubau durch den Staat erscheine vorteilhafter, die Öffentlichkeit werde zweifellos mit dem Plan einverstanden sein.

Staatspräsident Bazille: Als Verwendung der Villa Reitzenstein könne nur die Verlegung des Staatsministeriums dahin in Frage kommen, ein Verkauf empfehle sich nicht; Württemberg habe mit dem Verkauf von Grundstücken die schlechtesten Erfahrungen gemacht, zum Beispiel beim Gelände des alten Bahnhofs. Die Entfernung zu der Villa Reitzenstein spiele keine Rolle, die Straßenbahn gehe bis in die unmittelbare Nähe; wenn der Publikumsverkehr, der jetzt viel zu stark sei, etwas nachlasse, so schade dies nichts. Die Sitzungen des Staatsministeriums könne man unter Umständen irgendwo im Zentrum der Stadt halten. Nennenswerte Nachteile seien nicht vorhanden. Wenn das Staatsministerium nicht in die Villa Reitzenstein verlegt würde, würden sich große Schwierigkeiten ergeben. Der Wilhelmspalast sei sehr ungeeignet. Das Gelände sei eventuell auch noch für weitere Ministerwohnungen ausnutzbar; die Repräsentationsräume in der Villa Reitzenstein würden allen Ministerien zur Verfügung stehen. Der I. Stock sei für eine Wohnung nicht sehr behaglich, aber es sei möglich, die Räume für Bürozwecke zu verwenden. Was die Verwertung des Häuserblocks Gymnasiumstraße 2 anlange, so wäre er, wenn der Unterschied der Kosten zwischen Umbau und Neubau verhältnismäßig gering sei, unbedingt für einen Neubau auf 4 Stockwerke, damit würde dann auch die Notenbank untergebracht. Der Erwerb des Wilhelmspalastes hätte im jetzigen Augenblick keinen großen praktischen Wert; es sei auch zu beachten, daß die Prinzessin Wied absichtlich den Palast nicht habe dem Staat geben

In den zwanziger Jahren des vorigen Jahrhunderts dient die Bibliothek der Villa Reitzenstein als Arbeitszimmer des Staatspräsidenten. Das Interieur ist bis ins Detail aufeinander abgestimmt, der Blick in den Rosengarten zeigt, wie diese Außenanlage angelegt war: Alles strahlt eine gediegene Eleganz aus, ohne jedoch protzig zu wirken.

wollen. Man könne sich auf den Standpunkt stellen, daß man ihren Willen ehren solle. Er schlage vor, die Angelegenheit, wenn das Staatsministerium heute zu einer Einigung komme, dem Finanzausschuß vorzutragen. Für den Neubau des Häuserblocks soll ein Preisausschreiben unter den Architekten erlassen werden.

Minister Bolz: Bezüglich des Häuserblocks sei er für völligen Neubau, die Überlassung des Häuserblocks für gewerbliche Zwecke werde wohl allgemeine Zustimmung finden. Gegen die Verlegung des Staatsministeriums in die Villa Reitzenstein habe er gewisse Bedenken: Die Villa sei etwas weit abgelegen, der polizeiliche Schutz der Villa in aufgeregten Zeiten sei nicht einfach; er sei bisher dafür gewesen, das Staatsministerium in den Wilhelmspalast zu verlegen. Nach den heutigen Darlegungen gebe er aber zu, daß dagegen doch erhebliche Bedenken bestehen. Wenn das Staatsministerium in die Villa Reitzenstein verlegt werde, halte er es für notwendig, daß in den I. Stock die Wohnung des Staatspräsidenten komme; es sollte erstrebt werden, das Staatsministerium möglichst ohne Neubau unterzubringen. Von dem Erwerb des Wilhelmspalastes sollte

man nicht endgültig absehen; jedenfalls sollte man eine etwaige Gelegenheit ihn künftig zu erwerben, nicht hinauslassen; es wäre eine sehr günstige Regelung, wenn später das Polizeipräsidium im Hotel Silber und das Justizministerium im Wilhelmspalast untergebracht würden.

Minister Beyerle: Er könne sich im Wesentlichen dem Herrn Minister Bolz anschließen, die Villa Reitzenstein sollte man jedenfalls nicht veräußern. Bezüglich des Häuserblocks sei er für völligen Neubau. Gegen die Verlegung des Staatsministeriums in die Villa Reitzenstein werden dann am wenigsten Einwendungen kommen, wenn man dort möglichst wenig neu baue. Den Wilhelmspalast sollte man sich sichern, eventuell könnte dort das Oberlandesgericht untergebracht werden, vielleicht auch das Justizministerium.

Ministerialrat Kuhn: Vor dem Wegfall der Wohnungslasten auf dem Wilhelmspalast, also vor 1934, werden sich kaum viele Privatliebhaber für den Wilhelmspalast finden, man müsse dem Giroverband sagen, daß der Staat bei entsprechenden Bedingungen nicht abgeneigt sei, dem Erwerb des Wilhelmspalastes näherzutreten.

Der Kabinettsaal in den zwanziger Jahren. Die Regierung Württembergs tagt damals, so wird es überliefert, weitaus weniger als heute, die Zahl der Minister ist deutlich geringer. Das Kabinett Bazille etwa ist nur ein Quartett.

Ein »Schloss« für den Staatspräsidenten | 99

Es wird beschlossen: 1.) Das Staatsministerium erteilt die Ermächtigung, die Frage der Verlegung des Staatsministeriums in die Villa Reitzenstein und die Verwendung des Häuserblocks Gymnasiumstraße 2 im Finanzausschuß vorzutragen. 2.) Das Finanzministerium soll die Erwerbung des Wilhelmspalastes im Auge behalten.

Von wegen trockene Lektüre – dieses Protokoll spricht Bände. Wilhelm Bazille, der neue Staatspräsident, drängt auf die Gänsheide, sieht sich dort angemessen untergebracht, findet ohnehin, dass in der Stadtmitte viel zu viele Bürger in sein Ministerium strömen. In den Wilhelmspalast am Charlottenplatz möchte praktisch niemand von den hohen Herren Ministern. Dass die Erben des Königs Vorbehalte gegen einen Verkauf an das Land haben, kommt der Ministerrunde quasi gerade recht. Wilhelm II. ist zu dieser Zeit erst etwas mehr als drei Jahre tot.

Das »Schloss Reitzenstein« und die Presse

Bereits wenige Tage nach der penibel protokollierten Sitzung des Staatsministeriums erweist sich der »Schwäbische Merkur« als bestens informiert, greift am 7. Februar 1925 unter der Überschrift »Verlegung des Staatsministeriums« das Thema gerne auf:

Durch ein Stuttgarter Korrespondenzbüro wird ein Artikel verbreitet, der mitteilte, dass sich das Staatsministerium mit der Absicht trage, seine Kanzleien von der Königstraße nach dem Gebäude der ehemaligen Villa Reitzenstein zu verlegen, und daß dann dort auch der Staatspräsident Wohnung nehmen werde. Diese Absicht der Regierung ist durchaus nichts neues und besteht schon seit geraumer Zeit. Wie wir erfahren, ist jetzt der Finanzausschuß zusammen mit anderen Vorschlägen über Sparmaßnahmen der württembergischen Regierung, eine vertraulich zu behandelnde Denkschrift in dieser Sache zugegangen. Der Finanzauschuß hat aber zu den Vorschlägen der Regierung noch nicht Stellung genommen, sondern sich vorbehalten, erst einmal in den einzelnen Fraktionen darüber verhandeln zu lassen und diese zu hören. In der ganzen Angelegenheit ist also nur insofern jetzt eine neue Situation eingetreten, als die württembergische Regierung nunmehr dem Finanzausschuß erstmals die Absicht der Verlegung der Kanzleien mitgeteilt hat.

Am selben Tag widmet sich auch das »Stuttgarter Neue Tagblatt«, die führende Zeitung in der schwäbischen Residenz, der »Neuordnung in der Unterbringung der Staatsbehörden«. Dort heißt es in strikter Sachlichkeit, ohne jeden polemischen Schlenker, ohne jede persönliche Anspielung:

Der Gedanke, die staatlichen Gebäude in der Königstraße, also das Regierungsgebäude und das sogenannte Stockgebäude, in irgendeiner Weise nutzbringend für den Staat zu verwerten, ist nicht mehr neu. Die Möglichkeit, ja die Notwendigkeit einer Aenderung in diesem Sinne hat sich mehr und mehr aufgedrängt, seitdem die Königstraße sich zur ausschließlichen Haupt- und Geschäftsstraße von Stuttgart entwickelt hat. Es ist nicht einzusehen, daß diese Geschäftsstraße auf eine lange Strecke durch Gebäude unterbrochen wird, die mehr oder weniger als Fremdkörper wirken. Wenn man noch hinzunimmt, daß in diesen Amtsgebäuden die Erdgeschosse in ihrer jetzigen Form beinahe gar keine Rolle spielen, das heißt, daß dieser ganze Platz so gut wie ungenutzt bleibt, so kann man sich der Einsicht nicht verschließen, daß hier eine unrationelle Verwendung von staatlichen Gebäuden vorliegt, die auf die Dauer wohl nicht ertragen werden kann.

Nach zwei Seiten ist also die Forderung nach einer grundlegenden Aenderung durchaus begründet: zweckvolle Ausnützung von staatlichen Gebäuden, die der günstigsten Lage sich erfreuen, und lückenloser Ausbau der Königstraße zur Hauptgeschäftsstraße von Stuttgart. Hieraus ergibt sich auch, daß der Staat sowohl, als auch die Geschäftswelt in einer solchen Aenderung ihren Vorteil finden würden.

Die Frage ist nur, ob man sich darauf beschränken will, in den Staatsgebäuden der Königstraße einfach Geschäftsräume einzubauen, etwa in der Art, wie dies im Marstallgebäude geschehen ist, oder ob man an eine völlige Freigabe dieser Gebäude für geschäftliche, in diesem Falle also auch für Bürozwecke denkt, eventuell durch Erstellung von Neubauten.

Im ersteren Falle würde sich die Aenderung unschwer und vielleicht sogar ohne Verlegung staatlicher Kanzleien vornehmen lassen, weil die Räume zu ebener Erde jetzt kaum ausgenützt sind. Die zweite Möglichkeit ist nur dann zu verwirklichen, wenn die Staatsbehörden eine andere Unterkunft finden.

Es scheint, daß man in Regierungskreisen dem Plan in seiner zweiten und radikaleren Form nähertreten will. Das ergibt sich aus einem Artikel, der von einem Stuttgarter Korrespondenzbüro verbreitet wird und von der Übersiedlung des Staatsministeriums in die ehemalige Villa Reitzenstein ausgeht. Dieser Artikel, in welchem bereits der Kostenaufwand angegeben

Gegenüberliegende Seite: Die Villa Reitzenstein anno 2015 von der Parkseite her. Nach der gründlichen und behutsamen Restaurierung zeigt sich, dass das mehr als einhundert Jahre alte Gebäude nichts verloren hat von seiner Aura und seiner historischen Anmutung.

ist, der sich bei einem entsprechenden Umbau der genannten Villa Reitzenstein für Zwecke des Staatsministeriums und den Einbau einer Dienstwohnung des Staatspräsidenten ergeben würde, enthält außerdem eine Reihe von Vorschlägen, die auf eine zweckmäßige Unterbringung auch der einzelnen Ministerien abheben.

Wir geben die Ausführungen, die sicher größte Aufmerksamkeit verdienen, wieder, ohne sogleich Stellung dazu zu nehmen. Man müsste wohl zunächst erfahren, wohin die offiziell noch kundzugebenden Absichten der Regierungsstellen zielen. Vor allem über die Frage der endgültigen Verwendung der Villa Reitzenstein wird noch zu reden sein. Durchaus stimmen wir mit den Ausführungen überein, soweit sie die Erwerbung des Wilhelmspalastes zum Gegenstand haben.

In dem angeführten Artikel heißt es: »*Die schon vor längerer Zeit von amtlicher Seite angeschnittene Frage der Verlegung des Staatsministeriums aus dem Gebäude an der Königstraße in die ehemalige Villa Reitzenstein wird allmählich spruchreif. Die Villa, die vor 5 Jahren vom Staat unter günstigen Bedingungen erworben worden war, um der Reichsregierung für den Reichsverwaltungsgerichtshof einen Sitz anzubieten, liegt seit Jahren brach. Aus dieser Nichtverwendung erwächst dem Staat ein erheblicher Schaden und es ist nur zu begrüßen, wenn sich das Staatsministerium mit der Absicht trägt, seine Kanzleien und zugleich eine Wohnung für den Staatspräsidenten in die Villa und ihre Nebengebäude zu verlegen. Umbauten werden sich dabei allerdings nicht vermeiden lassen, aber der Aufwand dafür dürfte umso weniger in die Waagschale fallen, als in der Villa, die eine Zierde der Stadt bildet und ein würdiger Sitz für das Staatsministerium wäre, ohnedies Instandsetzungsarbeiten hätten vorgenommen werden müssen. Man rechnet mit einem Kostenaufwand von etwa 100 000 Mark.*

Damit ist das Thema vollends auf dem Markt, nimmt Schwung und Tempo auf, gerät zum Tagesgespräch in den Gazetten. Es geht um die städtebaulich und auch rein ökonomisch wichtige Frage, was aus der Königstraße einmal werden soll: ein teurer und fader Bürostandort oder eine lebendige Einkaufsstraße, quasi das Aushängeschild und die Visitenkarte der Stadt.

Dahinter stecken übrigens Gedanken, die man sich gegen Ende des 20. und am Beginn des 21. Jahrhunderts erneut gemacht hat: Müssen die Ministerien des Landes tatsächlich auf den teuren und wertvollen Grundstücken in der Innenstadt liegen, oder tun es für ihre Zwecke auch Stand-

102 | Ein »Schloss« für den Staatspräsidenten

orte am Rand der Innenstadt oder gar in den Außenbezirken? Wer die Stadtgeschichte der vergangenen hundert Jahre betrachtet, der sieht sofort, dass wir es hier mit einem Dauerthema zu tun haben. Vor knapp hundert Jahren allerdings, anno 1925, ging's den handelnden Politikern und ihren Kritikern in den Zeitungen keineswegs nur um Ökonomie und Städtebau, sondern vielmehr um die Macht in Württemberg.

Das zeigt sich in der »Süddeutschen Arbeiterzeitung Stuttgart«, die zur KPD gehört, in der die Leute am 9. Februar 1925 unter der Überschrift »Ein Residenzschloß für Bazille« dies zu lesen bekommen:

An einem südöstlichen Berghang liegt ein Schloß in beherrschender Lage. Es gehörte der Gräfin Reitzenstein, einer Tochter des Gründers der Deutschen Verlags-Anstalt, Eduard Hallberger. Dieses Schloß wurde vor fünf Jahren von der württembergischen Regierung gekauft [über das genaue Kaufdatum herrschte schon damals Unklarheit, d. A.], um es dem Reiche anzubieten für den Reichsverwaltungsgerichtshof. Aber der Reichsverwaltungsgerichtshof kam nicht nach Stuttgart, sondern nach Leipzig. Nun steht das Schloß seit Jahren leer. Trotz Wohnungsnot.

Jetzt aber scheinen die Behörden es nicht mehr länger verantworten zu könne, dieses geräumige Gebäude unbenützt dastehen zu lassen, zumal der neue Staatspräsident Wilhelm Bazille von Gottes Gnaden selbst Wohnungsnot erduldet, indem er noch keine seiner Bedeutung und Würde entsprechende Wohnung hat. So reifte im Schoße der Regierung der Plan, das

Staatsministerium in dieses Schloß zu verlegen und dadurch dem Herrn Bazille eine Residenz zu schaffen.

Die Lage dieses Residenzschlosses ist außerordentlich geeignet zur Verteidigung, was besonders deshalb angenehm empfunden wird, da ja der Bahnhofsturm im Notfall nicht mehr zur Verfügung steht.

Es ändern sich die Zeiten. Der Wilhelmspalast ist kommerziellen Zwecken dienstbar gemacht; die württembergische Girozentrale hat ihn gekauft. Dagegen kauft die republikanische Regierung einen neuen Wilhelmspalast, den die Tochter eines Kommerzienrates erstellen ließ. Wie nahe verwandt ist doch im freien Volksstaat Regierung und Geschäft.

Die Bibliothek der Villa Reitzenstein heute: die Galerie mit einigen tausend alten Büchern – seit den Tagen der Helene von Reitzenstein das Herz des Hauses.

Der Spott und die beißende Polemik in der klassenkämpferischen Arbeiterzeitung ist nicht zu überhören, sie führt den politischen Kampf mit harten Bandagen. Aus der Villa Reitzenstein wird kurzerhand ein Schloß, aus Wilhelm Bazille ein »Staatspräsident von Gottes Gnaden«. Ob die Girozentrale zu diesem Zeitpunkt den »Wilhelmpalast«, also das heutige Wilhelmspalais am Charlottenplatz, bereits erworben hatte, lässt sich nicht exakt erkennen. Sei's drum, die Meinungsschlacht in den damaligen Stuttgarter Medien ist hiermit eröffnet.

Am 18. Februar 1925 berichtet die »Süddeutsche Zeitung Stuttgart« unter der Rubrik »Verlegung des Staatsministeriums in die Villa Reitzenstein« aus der Sitzung des Finanzausschusses:

In der gestrigen Sitzung des Finanzausschusses stimmten Redner des Zentrums, der Deutsch-Demokratischen Partei, der Bürgerpartei und des Bauernbundes namens ihrer Fraktionen der Verlegung des Staatsministeriums in die Villa Reitzenstein zu, weil sie sich finanzielle Vorteile davon versprechen. Redner der Sozialdemokratischen Partei, der Kommunistischen Partei und der Deutschen Volkspartei äußerten Bedenken wegen der großen Entfernung des Gebäudes vom Zentrum der Stadt. Staatspräsident Bazille wies nach, daß die Vorteile der Verlegung die Nachteile bei weitem überwiegen. Ein kommunistischer Redner beantragt Besichtigung der Anlage. Staatspräsident Bazille spricht sich hiergegen aus. Er sei bereit, seine wöchentliche Sprechstunde, wie seither, im Zentrum der Stadt abzuhalten. Nach weiteren Ausführungen von Abgeordneten des Zentrums, der Demokratie und der Sozialdemokratie, die besonders den Bau eines neuen Gebäudes in der Königstraße anstelle des seitherigen Gebäudes des Staatsministeriums betreffen, wird den Plänen der Regierung zugestimmt. Ein Antrag des Kommunisten Brönnle, in Verhandlungen einzutreten, um das Schloß Reitzenstein als Altersheim zu verwenden, wird bei Stimmenthaltungen der Sozialdemokraten gegen die zwei kommunistischen Stimmen abgelehnt.

In einem kurzen Schreiben des Staatsministeriums an das Finanzministerium vom 7. April 1925, unterzeichnet von Staatspräsident Wilhelm Bazille persönlich, wird die Angelegenheit abschließend entschieden und damit aktenkundig:

Das Staatsministerium hat gestern endgültig beschlossen, in die Villa Reitzenstein zu übersiedeln. Gleichzeitig wurde der Umbauplan nebst Kostenvoranschlag genehmigt und dabei der Staatspräsident ermächtigt, kleine Änderungen von sich aus anzuordnen. Unter Rückgabe der Pläne beehre ich mich hiervon Mitteilung zu machen mit der Bitte, den Umbau sofort in die Wege zu leiten und möglichst so zu beschleunigen, dass der Umzug in die Villa Reitzenstein spätestens im Laufe des Monats Juli dieses Jahres erfolgen kann.

Gegenüberliegende Seite: Der Blick von der Galerie in das ehemalige Arbeitszimmer der ersten Staatspräsidenten. Heute werden hier besondere Gäste empfangen und bewirtet. Erwin Teufel sagt: »Ich habe in diesem Raum noch nie ein lautes Wort gehört!«

In den überlieferten Akten findet sich unter dem Datum des 6. April 1925 ein Blatt, das die damals aktuellen Kosten für den Umbau auf der Gänsheide auflistet. Darin heißt es:

Das Finanzministerium hat nunmehr die Pläne für den Umbau der Villa samt Kostenvoranschlag übergeben. Der Voranschlag beläuft sich auf 99 000 Reichsmark. Dabei ist aber zu berücksichtigen, dass von dieser Summe auf die ohnehin notwendigen laufenden Instandsetzungsarbeiten allein 39 000 Reichsmark entfallen. Die eigentlichen Umbaukosten betragen:

16 300 Mark für den Einbau von Kanzleien im Dachstock, 21 200 Mark für sonstige Umbauarbeiten, 20 800 Mark für die Innenausstattung (elektrische Beleuchtung, Beleuchtungskörper, Klingelleitungen, Vorhänge) sowie 1700 Mark Sonstiges. Insgesamt 60 000 Mark.

Gegenüberliegende Seite: Über diese Wendeltreppe, die ganz aus Holz konstruiert ist, gelangt man hinauf auf die Galerie. Die Bibliothek strahlt gediegene Gemütlichkeit aus.

Am 11. April 1925 zeigt sich das »Ulmer Tagblatt« nicht so ganz auf der Höhe der Stuttgarter Ereignisse. Es veröffentlicht ein Foto, auf dem die stattliche Villa Reitzenstein zu sehen ist, die Bäume ringsherum ragen kaum bis zum ersten Stock, darunter steht nur der eine Satz: »Der württ. Staatspräsident Bazille beabsichtigt die Villa Reitzenstein als Sitz des jeweiligen Staatspräsidenten anzukaufen.« Am 17. April druckt das »Ulmer Tagblatt« immerhin diese Berichtigung: »Von der Presse-Stelle des Staatsministeriums erhalten wir nachstehende Berichtigung: Die Mitteilung des Ulmer Tagblatts in seiner Nr. 84 vom 11. April 1925 ist irrig. Die Villa ist schon Ende 1921 unter dem Staatspräsidenten Dr. von Hieber von dem Finanzminister Liesching angekauft worden.«

Die »Süddeutsche Arbeiterzeitung« lässt erwartungsgemäß nicht locker, kommentiert die Vorgänge im April 1925 weiter mit Häme, was uns heutigen Lesern nicht nur interessante Informationen liefert, sondern, ehrlich gesagt, auch ein gewisses Vergnügen bereitet. Unter der Überschrift »Schwäbische Geschichten« wird Ludwig Uhlands »Schwäbische Kunde« zitiert und etwas abgewandelt: »Der wackere Schwabe forcht sich nicht und wehrt sich gegen Klatsch.«

Es gibt Leute in Württemberg, denen es, wie man so sagt, »nicht ganz hinunter will«, daß Herr Bazille, unser Staatsoberhaupt, sich nicht mehr mit der Bude auf der Königstraße begnügen will, sondern »standesgemäß« nach der Villa Reitzenstein verzog. Dieses Haus liegt zwar etwas abseits von der Stadt, aber schließlich hat man ja sein Auto, und gegen lichtscheues Gesindel, das sich dort herumtreiben soll, hat jetzt der »Allgemeine Deutsche Rottweiler Klub« dem Herrn Staatspräsidenten einen erstklassigen Rassenhund mit Namen »Stumper« gestiftet.

Also, wie gesagt, es existieren im Schwabenlande Subjekte, die anscheinend nicht damit einverstanden sind, und um das gesamte Familienleben der Staatsregierung hat sich nun ein Gerede gebildet, das nicht so ganz inhaltslos sein soll. Es wird neben der Reitzensteingeschichte davon berichtet, daß ein Verwandter eines Ministers in eine höhere Staatsstelle aufrücken soll, und daß in einem anderen Ministerium gegen einen Beamten, der, gelinde gesagt, sich nationalistische Flegeleien zuschulden kommen ließ, nicht vorgegangen wurde. Daß sich Herr Bazille die Königsloge im Landestheater reserviert hat, geht ja die Öffentlichkeit weiter nichts an.

Gegen diesen »Klatsch« erlässt nun der Herr Staatspräsident mit der ganzen Kraft seiner Entrüstung durch die »zuständige Stelle« einen Ukas. Darin wird zunächst festgestellt, daß die sogenannte Villa Reitzenstein unter der Regierung Hieber vom Staat erworben wurde, zum Sitz des Reichsverwaltungsgerichts bestimmt war und nach Scheitern dieses Planes dem Staatspräsidenten a. D. Hieber als Sommerwohnung diente. Eine gut gezielte Ohrfeige für die Herren Demokraten, die wohl Opposition gegen die Bazille-Regierung machen, aber nur mit dem Wunsche »Geh weg und laß mich ran«.

Es wird mitgeteilt, daß es für die Villa Reitzenstein höchste Zeit war, sie einer Verwendung zuzuführen, da sie infolge ihrer langjährigen Nichtbenützung überall Spuren des Zerfalls zeigte. Hierauf erfährt das staunende Schwabenvolk, welchen Umfang die Wohnung des Herrn Staatspräsidenten hat. Im untersten Stock befindet sich das Arbeitszimmer des Staatspräsidenten, eine Bibliothek, drei Kanzleien für Beamte, ein Sitzungszimmer, das gleichzeitig bei Staatsessen als Speisezimmer dient, ein Empfangsraum und eine Küche.

Im ersten Stock ist außer zwei Kanzleien die Wohnung des Staatspräsidenten. Sie umfasst sechs Zimmer und zwei Badezimmer, von denen eines so groß ist, daß es gleichzeitig als Schlafzimmer benützt werden kann, außerdem drei Nebenräume.

Wir verstehen nicht ganz, warum man die Sache so nett umschreibt. Aus den diplomatischen Windungen ins klare Deutsch übersetzt, heißt das doch ganz einfach zehn Zimmer mit Bad. Außerdem verwahrt man sich an zuständiger Stelle ganz energisch dagegen, daß die Kanzleien im Dachstock als »Löcher« bezeichnet werden. Alles in allem ist alles in Butter, der Herr

110 | Ein »Schloss« für den Staatspräsidenten

Staatspräsident ist ein ehrenwerter Mann und nur Mißgünstige wollen ihn verleumden. Wer also noch einmal andere Behauptungen ausspricht, dem soll gleich der »Stumper« die Hosen zerreißen. So, teures Schwabenvolk, jetzt hast du dein Dementi!

Aus diesen Zeilen spricht einerseits der blanke Klassenkampf, andererseits die Lust am Formulieren und Fabulieren – die Zeitungsschreiber folgen ihrer politischen Überzeugung, geben sich zugleich alle erdenkliche Mühe, ihre Leser zu unterhalten. Ihre oberste Maxime aber ist: das spannende Thema Villa Reitzenstein so lange wie irgend möglich am Köcheln zu halten, um keinen Preis nachlassen, ehe nicht die letzte Anspielung, ja der letzte Kalauer unter die Leser gebracht sind.

Also legt die »Süddeutsche Arbeiterzeitung Stuttgart« tags darauf noch einmal ausführlich nach unter der neuerlichen Schlagzeile »Der ›Klatsch‹ über das Staatsministerium«:

In dieser noblen Art, mit der man an Biertischen Aufsehen erregen könnte, beliebt sich eine amtliche Auslassung über die Bemerkungen zu äußern, die schon vor Wochen über die Verlegung des Staatsministeriums in die Villa Reitzenstein in einem Teil der Presse gemacht worden sind. Es wurde damals, als Herr Bazille mit seinem Laden die Höhenlage bezog, nicht mit Unrecht auf die etwas parvenuehafte Art dieses Ausflugs einer monarchistischen Volksregierung und insbesondere auf die unzulänglichen Raumverhältnisse im neuen Paradies Bezug genommen. Die amtliche Darstellung sagt nun unter anderem folgendes:

»Das bisherige Staatsministerium in der Königstraße soll abgebrochen und durch ein im Besitz des Staates bleibendes großes Geschäftshaus ersetzt werden. An diesem Plan hat sich nichts geändert. Die zahlreichen Entwürfe, die auf ein erlassenes Preisausschreiben eingegangen sind, werden gegenwärtig geprüft.« Danach sind also die anderen Pläne, die man eine Zeitlang hatte, aufgegeben worden.

Über das neue Staatsministerium, die Villa Reitzenstein, sagt ein Offiziosus: »Es war hohe Zeit, daß das neue Gebäude des Staatsministeriums einer Verwendung zugeführt wird, da es infolge seiner langjährigen Nichtbenützung überall Spuren des Zerfalls zeigte. Die baulichen Arbeiten beschränkten sich auf Ausbau des obersten Stockwerkes zu Kanzleien und auf Instandhaltung. Im untersten Stock befindet sich das Arbeitszimmer des Staatspräsidenten, eine Bibliothek, drei Kanzleien für Beamte, ein Sitzungszimmer, das gleichzeitig bei Staatsessen als Speisezimmer dient, ein

Empfangsraum und eine Küche. Im ersten Stock ist außer zwei Kanzleien die Wohnung des Staatspräsidenten. Sie umfasst sechs Zimmer, zwei Badezimmer, von denen eines gleichzeitig als Schlafzimmer dient, und drei Nebenräume. Da im ersten Stock zwei Zimmer für Kanzleien genommen worden sind, so hat der Staatspräsident keine Möglichkeit, staatliche oder private Besuche zu beherbergen. Für die Wohnung wird Miete nach den für Dienstwohnungen geltenden Grundsätzen bezahlt. Im obersten Stock sind die übrigen Kanzleien des Staatsministeriums, sie sind nicht ›Löcher‹, wie behauptet wird, sondern gesunde und wohnliche Räume, mit denen sämtliche Beamte durchaus zufrieden sind.«

Was wollen die Leute mit ihrer Berichtigung eigentlich? Sie geben doch nur die Richtigkeit der geübten Kritik zu. Sagen, daß man Herrn Bazille elf Räume gegeben hat, wo er sein Haupt niederlegen kann, und daß er außerdem einen großen Teil des unteren Stocks für sich beansprucht. Was dann noch übrigbleibt, kann sich jeder selbst ausmalen. Die zwei Räume im 1. Stock hätte man ihm allerdings zur Unterbringung der beiden nach ihm bedeutendsten Beamten des Volksstaates Württemberg überlassen sollen, zur Unterbringung seiner Leibgarde nämlich, also des Kriminalwachtmeisters und des Rottweilers.

Sonst weiß diese offizielle Verlautbarung nichts zu sagen. In dem Zeitungs›klatsch‹ waren seinerzeit ähnliche Dinge der Öffentlichkeit mitgeteilt worden. Man weiß also nicht, warum die oberste Behörde auf einmal so gereizten Tones ist. Sollte die Höhenluft unserem Herrn Bazille doch nicht in der erhofften Weise bekommen sein? Oder resultieren die feinen Umgangsformen der jüngsten amtlichen Auslassungen daher, daß der Einzug in die Villa Reitzenstein unsern Staatschef dem Olymp einige Fuß näher gebracht hat? Oder – will man mit derartigen Schnoddrigkeiten vielleicht nicht doch ein schlechtes Gewissen verbergen ...?

Gewissen hin, Gewissen her – der neue Staatspräsident und seine engsten Mitarbeiter ergreifen schließlich Besitz von dem renovierten Prachtbau auf der Gänsheide; er arbeitet und wohnt auch dort, zahlt eine Miete, die in den alten Dokumenten auf 3600 Mark monatlich beziffert wird. Die bürgerliche »Frankfurter Zeitung« rät am 1. Oktober 1925: »Allen Beamten des Staatsministeriums müsste man wegen der Abgeschiedenheit dieses ›Dienstgebäudes‹ sofort ein Abonnement der Straßenbahn auf Staatskosten zur Verfügung stellen.« Im November 1925 vermerken die Annalen, dass die Villa rund um die Uhr von einigen Wachleuten gesichert wird; nachts bekommen sie Taschenlampen, denn eine Außenbeleuchtung gibt es nicht. Sonntags müssen sie den »Tschako« tragen, einen zylindrischen Polizeihelm, dessen Name von den ungarischen Husaren entlehnt ist. Der »Tschako« unterstreicht die Staatsmacht an diesem wichtigen Ort.

Eugen Bolz löst Bazille ab

An dieser Stelle betritt Eugen Bolz die Bühne – eine legendäre Persönlichkeit in der politischen Geschichte des deutschen Südwestens. Einen »Konservativen von edler Neigung« hat man ihn genannt, auch einen »aufrechten Demokraten«. Doch zur politischen Vita des 1881 in Rottenburg am Neckar geborenen Zentrumspolitikers, zwölftes von 13 Kindern des Handwerkers Josef Bolz, gehört auch dies: Bolz und seine politischen Freunde sind es, die am 3. Juni 1924 dem erzkonservativen, ja phasenweise reaktionären Wilhelm Bazille in den Sattel helfen. Erst die Landtags- und Reichstagswahlen vom 20. Mai 1928 bringen quasi die Wende: Die Sozialdemokraten halten Bazille erfolgreich sein Versagen in vielen Bereichen der Sachpolitik vor, seine politischen Gegner und auch das Wahlvolk rechnen mit ihm ab. Die Sozialdemokraten gewinnen zwar die Wahl, bleiben aber von der Macht ausgenommen, denn Eugen Bolz hält trotz Bazilles Niederlage an der konservativen Koalition fest. An der Spitze einer Minderheitenregierung wird Eugen Bolz im Juni 1928 neuer Staatspräsident von Württemberg, sein Dienstsitz ist die Villa Reitzenstein – allerdings mit einem großen »Aber«, wie wir noch sehen werden.

Trotz dieser Niederlage wirkt Wilhelm Bazille weiter auf der politischen Bühne: in Württemberg als Abgeordneter und Regierungsmitglied, in Berlin als Reichstagsabgeordneter. Er legt sich auf höchster Ebene an mit dem NS-Pressezar Alfred Hugenberg, wandelt sich, wenn auch nur zögerlich, vom Förderer zum Kritiker der erstarkenden Nationalsozialisten, gesteht später eigene Fehler und Irrtümer ein, erkrankt schließlich schwer, zieht sich aus der Politik weitgehend zurück und erschießt sich am 1. Februar 1934 in seiner Wohnung. Er liegt – wie so viele der politischen Freunde, Partner und Widersacher jener Jahre – auf dem Stuttgarter Pragfriedhof begraben.

Schicksalhafte Jahre

Auf den standhaften Eugen Bolz folgt der skrupellose Wilhelm Murr

Der aufrechte Eugen Bolz und der verbrecherische Wilhelm Murr – dramatische und schicksalhafte Jahre auf der Gänsheide zwischen 1928 und 1945. Wilhelm Murr und die Nazis drängen Eugen Bolz skrupellos beiseite. Bolz wird 1945 von den Nazis ermordet, sein Widersacher Wilhelm Murr, der Kriegsverbrecher, nimmt sich das Leben.

Mit dem Amtsantritt von Eugen Bolz, einem katholisch-konservativen Juristen und Politiker, beginnt für die Villa auf der Gänsheide eine neue Ära, fast könnte man sagen ein Dornröschenschlaf, verglichen mit den Zeiten zuvor. Denn Bolz ist ein Asket, innerlich wie äußerlich, der seine Bürgerpflicht und den handlungsfähigen Staat über alles stellt. Wilhelm Bazille hingegen pflegt den barocken Lebensstil, liebt Essen und Trinken, investiert auf dem Zenit seiner Macht 20 000 Reichsmark aus der Steuerschatulle, um für »seine« Villa wertvolle Tapisserien anzuschaffen, die noch heute dort hängen. Zwar macht Eugen Bolz in den bewegten, häufig dramatischen Jahren der Weimarer Republik stetig und mit Bedacht Politik mit Wilhelm Bazille und dessen Leuten, in Wahrheit jedoch verachtet er diesen Mann, über den er bereits 1921 an seine Frau Maria schreibt: »Du kennst ja seine aufgeblasene Manier …«

Jetzt, im Sommer 1928, kommt der neue Staatspräsident Eugen Bolz seinem Vorgänger auf geschickte Weise entgegen: Der pragmatische Jurist zieht es vor, in seiner privaten Wohnung zu bleiben, die im Stuttgarter Norden liegt, unweit der Doggenburg, gleich neben dem Nill'schen Tiergarten, den die Stuttgarter in Scharen aufsuchen. Der neue Staatspräsident mag unter gar keinen Umständen auf der Gänsheide wohnen, quasi auf dem Präsentierteller. Wilhelm Bazille, der gewesene Staatspräsident, könne ja durchaus, so bietet Bolz ihm an, auf der Gänsheide wohnen bleiben – gegen angemessene Miete, versteht sich. Der neue Staatspräsident von Württemberg nutzt lediglich die Bibliothek mit dem noblen Blick in den Rosengarten ab und zu als Arbeitszimmer, belegt ein weiteres Arbeitszimmer im Innenministerium an der Dorotheenstraße, mitten in der Stadt, schließlich ist er ja beides in einem: Staatspräsident und Innenminister! Bazille wiederum bleibt in der mehr als hundertjährigen Geschichte der Villa der einzige Staatspräsident respektive Ministerpräsident, der mit seiner Familie längere Zeit dort wohnt.

Eugen Bolz hat Jura studiert in Tübingen, Bonn und Berlin, hat schon 1912 sein erstes Reichstagsmandat erkämpft für seinen heimatlichen Wahlkreis Rottenburg am Neckar. Im Weltkrieg sehen wir ihn als Leutnant an der Westfront und in den Garnisonen von Ulm und Ludwigsburg. Im Oktober 1919 macht ihn Wilhelm Blos zum Justizminister, 1920 wird er unter dem Staatspräsidenten Johannes von Hieber dessen Stellvertreter, 1923 dann Innenminister. Bolz führt während der Weimarer Republik das bürgerlich-konservative Lager in Württemberg, bekennt sich nach dem Ersten Weltkrieg uneingeschränkt zum Ende der Monarchie. 1920 heiratet er Maria Hoeneß aus Ulm, die Tochter eines wohlhabenden Hotelbesitzers. (Der Mädchenname seiner Frau signalisiert übrigens die nähere Verwandtschaft mit den Familien der aus Ulm stammenden ehemaligen Fußballspieler Uli und Dieter Hoeneß.)

Von Staatspräsident Eugen Bolz gibt es in der Villa Reitzenstein kein Porträt. 1950 schuf der Stuttgarter Bildhauer Fritz von Graevenitz (1892–1959) diese Büste von Eugen Bolz, die in einer Nische steht – am oberen Treppenende zum ersten Stock. Wer zum Ministerpräsidenten geht, der kommt an dieser Büste vorbei.

Schicksalhafte Jahre | 115

Schwingungen ganz anderer Art

An dieser Stelle darf gestaunt werden, denn 1929, in der Ära Bolz, erhält die Villa eine Bestimmung, die in der Rückschau höchst kurios anmutet und mittlerweile fast vergessen ist, obwohl sie bis heute besteht. Es ist ein eigenständiges, historisches Kapitel: Wegen seiner ruhigen Lage, seines festen Untergrunds und seiner erschütterungsfreien Umgebung gerät das Grundstück auf der Gänsheide gegen Ende der zwanziger Jahre unvermittelt ins Blickfeld zweier Naturwissenschaftler, Geophysiker und Seismologen: Karl Mack und Wilhelm Hiller. Mack, Jahrgang 1857, ist Professor für Physik und Meteorologie an der Landwirtschaftlichen Hochschule in Hohenheim, wo er, ein Pionier seiner Fachrichtung, um 1893 eine erste Erdbebenstation einrichtet. Die Akademie stellt ihm auf dem Uni-Gelände ein abgelegenes Häuschen zur Verfügung, 1905 folgt dort auf den Fildern ein bescheidener Neubau für diese noch junge Wissenschaft. Mack misst die Erschütterungen der Erde mit einem sogenannten Horizontalpendel, das in der Lage ist, selbst geringste Schwingungen auf festem Rußpapier aufzuzeichnen.

Am 16. November 1911 verhilft ein bis dahin für unmöglich gehaltenes Naturereignis dem Forscher Karl Mack zu Aufmerksamkeit und Berühmtheit: Das »Große süddeutsche Beben von 1911«, ausgelöst im Zollerngraben bei Albstadt, überfordert mit seiner Stärke von 6,1 auf der nach oben offenen Richterskala die technischen Anlagen – Mack baut sie danach aus, teilweise sogar mit eigenem Geld. 1929 kann er in Hohenheim mit seiner »funktelegrafischen Zeitsignal-Empfangsanlage« die Zeitzeichen vom Eiffelturm in Paris und von Radio Norddeich empfangen. Die Seismologie rückt mehr und mehr in den Fokus; der Zollerngraben ist seit dieser Zeit weithin bekannt als süddeutsches Erdbebengebiet.

1923 kommt der junge Wilhelm Hiller, Jahrgang 1899, nach seinem Studium zu Karl Mack nach Stuttgart, der inzwischen in der meteorologischen Abteilung des Statistischen Landesamtes tätig ist, wo man die Erdbebenwarte angegliedert hat. Hiller, der aus Altdorf im Landkreis Böblingen stammt, profiliert sich rasch als Geophysiker von Rang. Als sein Lehrer und Mentor emeritiert wird, ist der Standort Hohenheim nicht mehr zu halten. Hiller sucht nach einem angemessenen Ersatz, nimmt schließlich das Angebot des Staatsministeriums an, in den großen, nicht benötigten Kellern der Villa Reitzenstein seine neue Erdbebenwarte ein-

116 | Schicksalhafte Jahre

zurichten, selbstverständlich auf dem modernsten Stand der damaligen Technik. Die Alternativen auf der Solitude oder im Schloss Rosenstein über dem Neckar erweisen sich als ungeeignet, ein eigens befragtes Fachgremium rät einhellig zum felsigen Grund aus Keupermergel unter der Villa Reitzenstein.

Hiller ergreift die Chance mit Elan, baut von 1929 an unter der Gänsheide eine der modernsten seismographischen Stationen der Welt auf, so das damalige Urteil der Fachwelt. Er selbst avanciert zum führenden deutschen Erdbebenforscher, was auch damit zu tun hat, dass seine südwestdeutsche Heimat das erdbebenreichste Gebiet in Deutschland ist.

Die technischen Zahlen, Daten und Fakten dieser Erdbebenwarte beeindrucken – damals wie heute: Auf dem Kellerboden der Villa wird ein Betonsockel gegossen, zeitweise sind dort bis zu 26 Seismographen in Betrieb. Glanzstück ist das 1937 von Hiller selbst aufgestellte 17-Tonnen-Pendel mit 1200-facher Vergrößerung der Erdwellen auf dem Papier. Noch 1965, so heißt es in einem Fachaufsatz über »Hundert Jahre Erdbebenforschung in Stuttgart«, habe man dieses 17 Tonnen schwere Pendel mit einer Hühnerfeder berühren können – selbst diese minimale Bewegung habe das riesige Gerät exakt aufgezeichnet.

Anno 1954 erklärt ein Artikel in der »Stuttgarter Zeitung« die Arbeitsweise dieses Hiller'schen Pendels für das Laienverständnis:

Der renommierte Geophysiker Wilhelm Hiller an seinem 70. Geburtstag 1969 im Kreis seiner Mitarbeiter (am Tisch). Direkt hinter dem Jubilar steht sein Schüler und Mitarbeiter Götz Schneider, später Professor und bis heute auf der Gänsheide wohnhaft.

Um die Arbeitsweise eines Seismographen verstehen zu können, muss man folgendes wissen: Erdbeben verursachen Bodenbewegungen von einem hundertstel bis zu einem tausendstel Millimeter. Um solche winzigen Bewegungen messen und aufzeichnen zu können, muss man sie entsprechend

vergrößern. Bei den alten, seit 1937 in Stuttgart gebräuchlichen Seismographen geschieht dies auf mechanischem Weg. Dieser Seismograph ist ein Riesen-Apparat von 27 Kubikmetern Umfang und kostet etwa 25 000 Mark. Auf einem Betonsockel in der Erde, der auf vier Seiten durch eine Sandschicht gegen Erschütterungen in der Villa isoliert ist und daher nur Erderschütterungen von unten her aufnimmt und weiterleitet, steht ein eisernes Traggestell. In ihm hängt frei die Pendelmasse, ein mit Schwerspat gefüllter Eisenkessel mit einem Gesamtgewicht von 17 Tonnen. Die Erdstöße werden über den Betonsockel in das Traggestell geleitet, dann über vier hintereinander geschaltete Hebel 2000-fach vergrößert und auf einen Schreiber übertragen, der sie auf Papier aufzeichnet, das mit einer Rußschicht überzogen ist.

Professor Wilhelm Hiller, der führende deutsche Geophysiker und Erdbebenforscher seiner Zeit, am Seismographen, zwanzig Meter tief unter der Villa Reitzenstein. Wilhelm Hiller gilt als unpolitischer Wissenschaftler.

Seit 1929 spüren Jahr für Jahr die Apparate unter der Villa Reitzenstein an die 5000 Nah- und Fernbeben. Täglich gehen per Funk die Meldungen in die ganze Welt, an 300 Institute in 65 Staaten, auch über den Atlantik bis nach Washington. Man registriert 50 bis 500 Beben jährlich in der näheren Umgebung – selbst die Sprengungen in einem Steinbruch bei Rottenburg am Neckar. Unter der Gänsheide misst man das schwere Beben von 1935 bei Ebingen, natürlich auch das Beben von 1943 bei Saulgau in Oberschwaben, wo ein Millionenschaden entsteht. Hiller und seine Seismographen überstehen schließlich auch die heftigen politischen Erschütterungen des Dritten Reiches, obwohl gerade die Villa Reitzenstein in diesen furchtbaren Zeiten ein Zentrum der NS-Macht im Südwesten darstellt. 1945, so ist es überliefert, tragen nicht zuletzt Wilhelm Hiller und seine Instrumente dazu bei, dass seine Erdbebenwarte und damit die Villa selbst erhalten bleiben und nicht angezündet oder gar gesprengt werden, wie es die Nazis um ihren Reichsstatthalter Wilhelm Murr geplant hatten. Darüber später mehr.

Zu den bis heute anrührenden Begebenheiten des Zweiten Weltkriegs in Stuttgart zählt die Geschichte des elsässischen Kriegsgefangenen Elie Peterschmitt und des berühmten Geophysikers Wilhelm Hiller. Der Antiquar und Künstler Edgar Harwardt, der Historiker Elmar Blessing und der emeritierte Professor Götz Schneider, ein Mitarbeiter Hillers in der Nachkriegszeit, haben gesucht, geforscht und geben Auskunft: Elie Peterschmitt aus Colmar, Jahrgang 1916, ist Geophysiker, kennt den berühmten Wilhelm Hiller, ehe 1939 der Krieg ausbricht. 1940 gerät der französische Soldat Peterschmitt in deutsche Kriegsgefangenschaft, landet im Lager Denkendorf, von dort aus im Stuttgarter Gefangenenlager Gaisburg. Peterschmitt schreibt in seinen Erinnerungen:»Eine besondere Freude durfte ich eines Tages erleben. Eines Morgens holte mich Dr. Hiller im Lager ab, doch statt ins Statistische Landesamt, wo ich arbeitete, brachte er mich in seine Wohnung, wo meine Mutter, die aus dem Elsaß angereist war, auf mich wartete. Abends brachte er mich dann wieder ins Lager zurück. Von der Begegnung durfte niemand etwas wissen.«

Kein Zweifel, Wilhelm Hiller riskiert einiges, um Elie Peterschmitt zu helfen, ihn in seiner Erdbebenwarte zu beschäftigen, die damals dem Statistischen Landesamt zugeordnet ist. Professor Götz Schneider, Jahrgang 1934, sein späterer Mitarbeiter, schildert Hiller im Frühjahr 2015 so:»Er war eigentlich ein unpolitischer Wissenschaftler, zwangsläufig Mitglied der NSDAP. Natürlich war er deutsch-national eingestellt, aber die Erdbebenforschung lief ja bereits in den dreißiger Jahren international. Hiller pflegte, solange es ging, Kontakte zu Kollegen im Ausland. Ich selbst bin Mitte der fünfziger Jahre als junger Geophysiker aus Dresden zu Hillers Erdbebenwarte nach Stuttgart gekommen, habe damals Elie Peterschmitt noch persönlich kennengelernt.« Peterschmitt stirbt 2003 als einer der renommiertesten Seismologen Frankreichs.

Und Edgar Harwardt? Der Künstler und Antiquar beim rührigen Stuttgarter Antiquar Frieder Weitbrecht findet eines Tages im alten Bunker unter der Gröberstraße das intakte Archiv der Erdbebenwarte, sieht die rußgeschwärzten Protokolle und erkennt:»Alle mehr als fünfzig Luftangriffe auf Stuttgart sind millimetergenau aufgezeichnet. Eindrucksvolle und beklemmende Zeugnisse jener Zeit.« Daraus leitet Harwardt eigene künstlerische Bildnisse ab, voll von düsterem Mythos. Professor Götz Schneider, später der Chef der Erdbebenwarte des Landes, trägt seinen Teil der Erinnerung bei:»In den fünfziger und sechziger Jahren

Tief unter der Villa Reitzenstein liegt seit den zwanziger Jahren die Stuttgarter Erdbebenwarte. Auch heute noch tut ein hochmoderner Seismograph dort unten seinen Dienst, verbunden mit der deutschen Erdbebenzentrale in Potsdam bei Berlin.

war unsere Station unter der Villa Reitzenstein und später an der Gröberstraße eine von 120 Stationen in Deutschland. Unsere Ergebnisse gingen damals nach Amerika, wo sie ausgewertet wurden.« Weshalb dies? Ganz einfach, die leistungsstarken Seismographen zeichnen seinerzeit auch die Erschütterungen auf, welche die Atomtests der Russen, der Franzosen und der Amerikaner verursachen. US-Militärs und Geheimdienst sind an den Messungen aus Stuttgart stark interessiert.

Die restliche Geschichte der Erdbebenmessung in der Villa Reitzenstein ist schnell erzählt. 1952 tagt die Europäische Seismologische Gesellschaft in Stuttgart, 1953 feiert man das 25-jährige Bestehen des Württembergischen Erdbebendienstes, 1984 blickt man auf 35 Jahre dieser Arbeit zurück – eine wissenschaftliche Kontinuität seit 1929. Wilhelm Hiller wird 1968 emeritiert, die Geophysik geht ein Jahr später vom Statistischen Landesamt auf die Universität Stuttgart über. Anfang der siebziger Jahre werden die Mitarbeiter der Erdbebenwarte aus dem Ostflügel der Villa Reitzenstein hinauskomplimentiert, die Raumnot für die Verwaltung rund um den Ministerpräsidenten ist dramatisch. Die alten Instrumente tief unter der Villa Reitzenstein werden erst Mitte der achtziger Jahre abgebaut und verschrottet, nachdem sich weder das Landesmuseum für Technik in Mannheim noch das Deutsche Museum in München dafür interessieren.

Die Geschichte der Stuttgarter Erdbebenwarte ist damit jedoch keineswegs zu Ende, im Gegenteil. An der nahen Gröberstraße, kaum auffallend am Rande eines verwilderten Gartengrundstücks, findet sich anno 2015 noch eine Eisentür: Sie führt mit Hilfe von Schlüsseln aus dem Institut für Geophysik der Universität Stuttgart gut zwanzig Meter in die Tiefe. Dort unten steht der staunende Besucher in einem jener Bunker, die der NS-Gauleiter Wilhelm Murr in Vorbereitung auf den Weltkrieg hat graben lassen. Im hellen und trockenen Bunker findet sich das wertvolle und aufschlussreiche Archiv der Stuttgarter Erdbebenwarte: viele Kisten aus fester Pappe, in denen die schweren alten Rußprotokolle lagern. Ganz hinten, im letzten Raum, quasi eine Sackgasse, steht auf einem quadratmetergroßen Betonblock ein blaues Eisengestell, darin in Silberpapier der aktuelle Seismograph. Kein Pendel mehr wie dereinst, sondern Hightech des 21. Jahrhunderts. Nur wenige Kabel führen zu Kästchen an der Wand, es blinkt ein wenig – wie üblich im Zeitalter des Computers, mehr nicht. Alle Daten gehen sekundenschnell direkt auf den legendären Telegrafenberg nach Potsdam bei Berlin, wo die Erkenntnisse aller deutschen Seismographen gesammelt und ausgewertet werden. Dieser Telegrafenberg ist, nebenbei bemerkt, eine spannende deutsch-deutsche Geschichte für sich.

Bald wird der magisch-verwunschene Keller unter der Gröberstraße mit Wohnungen überbaut sein, das Grundstück darüber hat den Besitzer gewechselt. Das Archiv mit den Rußprotokollen des Zweiten Weltkriegs wird dann nach Freiburg verlagert. Der kleine Seismograph bleibt aber, wo er ist. Er ist unverzichtbar. Das Gebirge unter der Villa Reitzenstein wird auch in Zukunft ein wichtiger Ort für die Erdbebenforschung sein.

Ein Haushälter und konservativer Visionär

Nach diesem spannenden Exkurs in die Geophysik geht's in einem mächtigen Zeitsprung zurück zum Württembergischen Staatspräsidenten Eugen Bolz, der gegen Ende der zwanziger Jahre mit einigem Erfolg versucht, in Württemberg vernünftige und solide Verhältnisse zu schaffen, obwohl es in Deutschland politisch und wirtschaftlich drunter und drüber geht. Die Chronisten jener Jahre bescheinigen ihm, in der praktischen Sozial-, Verkehrs- und Energiepolitik nützliche Akzente für die Bürgerschaft gesetzt zu haben. Bolz zählt beispielsweise zu den Gründern der Landeskreditanstalt und der Schwabenwerke, aus denen später die Energieversorgung Schwaben (EVS) erwächst. Bolz spart, wo es geht, dringt darauf, die Landesverwaltung effizienter zu machen.

Worüber man heute nur staunen kann: Dieser Staatspräsident bringt als einer der ersten Politiker Württembergs schon früh ein mögliches Zusammengehen von Baden und Württemberg ins Gespräch! Er verspricht sich davon die Abwehr der Berliner Politik, von wo aus man auf die Zentralisierung des Staates dringt. Aus Bolz' Sicht liegt Berlin weit entfernt von Württemberg, doch sein Kabinett folgt ihm in der »Badenfrage« nicht, denn man fürchtet im Schwäbischen die hohen Schulden des Nachbarlandes. Die Badener wiederum verspüren keinerlei Neigung, von den Schwaben geschluckt zu werden. Immerhin sind sich die Landtage von Karlsruhe und Stuttgart einig beim Bau eines gemeinsamen Jahrhundertprojekts: des Neckarkanals.

Bolz' politisches Credo lässt sich aus einer Grundsatzrede von damals ablesen: »Es gibt für uns keine andere Regierungspolitik als die einer Koalition mehrerer Parteien. Man kann Arbeiter und Angestellte nicht von der Regierung ausschließen.« Damit setzt er gerade in den schwankenden Jahren der Weimarer Republik auf die gesellschaftliche Balance der Kräfte, wenngleich die soziale Wirklichkeit in jener Zeit eine völlig andere ist: In der Rückschau betrachtet, sucht Bolz quasi die Quadratur des Kreises, was zum Scheitern verurteilt ist, schließlich auf tragische Weise misslingt.

Eugen Bolz' konservativ-katholische Zentrumspartei ist von 1918 bis 1933 an allen Regierungen Württembergs beteiligt, gleichwohl verzeichnen die politischen Annalen auch, dass Bolz in seiner Zeit als Innenminister, also von 1922 bis 1933, eher die linken Demonstranten verhaften ließ als die rechten. Einmal soll er gesagt haben: »Ich möchte weder links noch rechts regieren – sondern vernünftig.« Noch 1930 verbreitert er seine Regierungskoalition aus Zentrum, Bürgerpartei und Bauernbund, indem er die Liberalen von der DVP und der DDP mit aufnimmt. Es ist sein Ziel, den auf Straßen und Plätzen immer lauter und unverfrorener agierenden Nationalsozialisten die Stirn zu bieten und das Volk möglichst auf die Seite der Bürgerlichen zu bringen und zu halten. Ein aussichtsloses Unterfangen angesichts der Weltwirtschaftskrise, der steigenden Arbeitslosigkeit und der immer schneller wachsenden Unruhen.

Eugen Bolz und seine Familie wohnen seit 1932 im eigenen Haus am Kriegsbergturm, auf der nördlich des Stuttgarter Tales liegenden Höhe, »schräg gegenüber« der Gänsheide, wenn man so will. Sein immenses Arbeitspensum als Staatspräsident und Innenminister bewältigt er mit äußerster Disziplin. Das politisch dramatische und umwälzende Jahr 1933 wird für ihn zur tiefgreifenden Wende seines Lebens – mit seinem bekanntlich so tragischen Ende im Januar 1945.

Bolz' schicksalhafte Jahre während des »Dritten Reiches« in Stichworten: Bei der Landtagswahl vom 24. April 1932 siegt die NSDAP, wird mit 23 Mandaten stärkste Fraktion – Bürgerpartei, Bauernbund und die Liberalen brechen ein, ebenso die SPD, während Bolz' Zentrum seine Position immerhin halten kann. Nach turbulenten Tagen bleibt das Kabinett Bolz geschäftsführend im Amt, der Staatspräsident regiert mit Notverordnungen, das parlamentarische System funktioniert nicht mehr, im Landtag häufen sich die Tumulte und die Schreierei, die Drohungen und die Schmähungen. Während unten in der Stadt, auf Straßen und Plätzen, die politische Auseinandersetzung immer handgreiflicher geführt wird, lenkt und verwaltet Eugen Bolz auf der Villa Reitzenstein »sein« Württemberg noch immer mit Umsicht.

Dann kommt der Februar 1933, Reichstagswahlkampf auch im Südwesten: Adolf Hitler, seit dem 30. Januar der neue Reichskanzler, sucht den großen Auftritt auf dem Stuttgarter Schlossplatz, aber der Staatspräsident Eugen Bolz lehnt ab: »Auf dem Eigentum des Landes gibt es keine parteipolitischen Veranstaltungen!« Und zu seinen engsten Vertrauten, so ist es überliefert, sagt er: »Lieber schlag' ich mich gleich auf's Maul, als dass ich dem seinen Wunsch tue.« Hitler und seine Vasallen toben, weichen aus in die Stadthalle an der Neckarstraße, die damals dort steht, wo heute das Funkhaus des SWR in die Höhe ragt.

Doch es kommt an diesem denkwürdigen 15. Februar 1933 für Hitler noch schlimmer: Als »der Führer« vor seinen 10 000 grölenden Anhängern in der Halle martialisch auftritt – Tausende verfolgen seine Rede auf dem Marktplatz, wo die SA mit Fackeln vor dem Rathaus aufgezogen ist –, da bricht die Übertragung um 21.17 Uhr, kurz vor Schluss, plötzlich ab. Niemand bemerkt zunächst, dass es sich um Sabotage handelt: Eine Handvoll »Kabelattentäter« hat in der Hofeinfahrt des Hauses Werderstraße 20 gegenüber dem Funkhaus mit einem Beil das Übertragungskabel durchschlagen; erst drei Jahre später werden die Attentäter, vier Mitglieder der KPD

Schicksalhafte Jahre | 123

Dieses Foto hat über die Jahrzehnte hinweg traurige Bekanntheit erlangt: Eugen Bolz, der untadelige Zentrumspolitiker und ehemalige Staatspräsident von Württemberg, vor dem Volksgerichtshof in Berlin. Seine Gegnerschaft zu Hitlers Schreckensregime muss dieser konservative Patriot mit dem Leben bezahlen.

aus dem Remstal, gefasst und vergleichsweise milde verurteilt. Stuttgart ist bei Hitler und seiner Entourage ein für alle Mal unten durch, dem Staatspräsident Eugen Bolz gilt von nun an der Hass der Nazis.

Am 15. März verliert Bolz sein Amt, weil die NSDAP, der Bauern- und Weingärtnerbund sowie die »Kampffront Schwarz-Weiß-Rot« ihre Stimmen gegen seine Koalition bündeln. Als Mitglied des Reichstages in Berlin votiert Bolz am 24. März 1933 unter schwersten Bedenken, wie er betont, für das »Ermächtigungsgesetz«, ebenso wie sein liberaler Landsmann Theodor Heuss. Am 3. Juni 1933 gibt Bolz aus Protest gegen die empörende Machtpolitik Hitlers sein Landtagsmandat zurück; alle deutschen Landtage sind aufgelöst. Am 19. Juni wird Bolz zum ersten Mal vor dem »Hotel Silber«, dem Stuttgarter Polizeipräsidium an der Dorotheenstraße, verhaftet – die Nazis nennen ihren Zugriff zynisch »Schutzhaft«, was so viel bedeuten soll, als dass man ihn vor dem eigenen Volk, vor seiner eigenen Unbedachtsamkeit und vor seinen aufgebrachten Gegnern schützen müsse. Später schreibt Bolz, er habe diesen Status als »arbeitslos, geächtet und unfrei« nur durch seinen tiefen katholischen Glauben ertragen. Aus seinen Selbstzeugnissen wissen wir, dass Bolz von 1942 an enge Verbindungen zum Widerstand gegen Hitler pflegt, namentlich zum Leipziger Oberbürgermeister Carl Goerdeler. Aus Glaubensgründen lehnt Bolz jedoch den gewaltsamen Umsturz ab, kann seine Staatstreue nicht verleugnen. Nach dem gescheiterten Attentat vom 20. Juli 1944 wird er verhaftet, immer wieder verhört, gefoltert, muss im Gefängnis hungern. Am 21. Dezember 1944 wird Bolz vom gnadenlosen Vorsitzenden des Volksgerichtshofes, Roland Freisler, zum Tode verurteilt und am 23. Januar 1945, wenige Monate vor Kriegsende, in der Haftanstalt Plötzensee bei Berlin unter dem Fallbeil hingerichtet.

Im schwäbischen Sprachgebrauch gibt es das Adjektiv »bolzgrad« – ein respektvolles Prädikat, das verwendet wird, wenn es darum geht, jemanden wegen seiner Unbeugsamkeit, seines Mutes und seiner Aufrichtigkeit zu rühmen. Geradestehen für die eigene Überzeugung, sich nicht verbiegen lassen, selbst wenn es zum eigenen Schaden sein sollte. Zu Eugen Bolz hätte es gepasst. Seine Frau Maria tritt nach Kriegsende in die aktive Politik ein, schließt sich der CDU an, wird bei der Stuttgarter Gemeinderatswahl vom Dezember 1947 in den Stadtrat gewählt, stirbt jedoch, durch das bittere Schicksal ihres Mannes gesundheitlich schwer angeschlagen, am 12. September 1948 im Alter von nur 66 Jahren. Maria Bolz wird auf dem Stuttgarter Pragfriedhof beigesetzt; auf ihrem Grab wird auch an ihren von den Nazis ermordeten Mann erinnert.

Zum Gedenken an den schändlich ermordeten Eugen Bolz existiert in der Villa Reitzenstein kein Porträtgemälde. Also wählt man klugerweise einen anderen Weg, um diesen unbeugsamen Demokraten, das politisch ranghöchste NS-Opfer aus dem Südwesten, angemessen zu würdigen: Der Bildhauer David Fahrner (1895–1962) schafft 1955 ein

Mitte der fünfziger Jahre modelliert der Künstler David Fahrner (1895–1962) dieses bronzene Relief zur Erinnerung an Eugen Bolz. Es hängt künftig im neuen »Eugen-Bolz-Haus«.

Schicksalhafte Jahre | 125

Auf Initiative von Ministerpräsident Erwin Teufel entwirft der österreichische Bildhauer Alfred Hrdlicka (1928-2009) im Jahr 1993 dieses Mahnmal zur Erinnerung an Eugen Bolz. Es steht seitdem an der Nordseite des Stuttgarter Königsbaus am Schlossplatz, wo die Bolzstraße beginnt.

nobles bronzenes Relief, das Bolz im Profil zeigt. Außerdem erwirbt das Land eine Porträtbüste, die der Bildhauer Fritz von Graevenitz (1892-1959) 1950 angefertigt hat. Der streitbare österreichische Bildhauer Alfred Hrdlicka nimmt, angeregt durch den Ministerpräsidenten Erwin Teufel, das Schicksal von Eugen Bolz zum Anlass für ein Mahnmal, das seit 1993 an der schmalen Seite des Königsbaus am Beginn der Bolzstraße steht.

Im Herbst 2015 entwickelt sich dann in Stuttgart eine Debatte über die Zukunft der Villa Bolz Am Kriegsbergturm 44, seinem späteren Wohnhaus. Ihre Eigentümer möchten das Gebäude, das nicht unter Denkmalschutz steht, abreißen lassen, um in dieser teuren, geschätzten Halbhöhenlage moderne Eigentumswohnungen zu bauen. Politiker von CDU und Grünen, auch die Initiative »Hotel Silber«, fordern hingegen, unterstützt von Politikern (fast) aller Couleur, das Haus zu erhalten und darin eine Gedenkstätte für Eugen Bolz einzurichten. Kurz zuvor, im Mai 2015, hatte die Diözese Rottenburg-Stuttgart ein Verfahren zur Seligsprechung von Eugen Bolz eingeleitet – die katholische Kirche sieht den geborenen Rottenburger als Märtyrer. Verfahren dieser Art können viele Jahre dauern.

Doch das Ende der Villa Bolz am Kriegsbergturm ist bereits Mitte Oktober 2015 besiegelt: Das Landesdenkmalamt will die Immobilie nicht schützen, weil sich das Haus durch vielerlei Umbauten weit vom Original entfernt hat. Ministerpräsident Winfried Kretschmann wählt einen vernünftigen Kompromiss. Er lehnt den auf 4,5 Millionen Euro taxierten Kauf des Anwesens durch das Land ab, verfügt stattdessen, dass der neue Bürotrakt neben der Villa Reitzenstein den Namen »Eugen-Bolz-Haus« tragen soll. Die Stuttgarter CDU nennt diese Entscheidung »geschichtsvergessen«, was übertrieben klingt, dem heraufziehenden Landtagswahlkampf für den 13. März 2016 geschuldet.

Wilhelm Murr reißt die Villa an sich

Zurück in den März 1933: »Die Regierung wird mit aller Brutalität jeden niederschlagen, der sich ihr entgegenstellt. Wir sagen nicht: Aug' um Aug', Zahn um Zahn. Nein, wer uns ein Auge ausschlägt, dem werden wir den Kopf abschlagen, und wer uns einen Zahn ausschlägt, dem werden wir den Kiefer einschlagen.« Diese furchtbaren Sätze, diese unverhohlene Drohung gegen jedermann, der es wagen wollte, auch nur die leiseste Kritik am neuen NS-Regime zu üben, stammen aus dem Frühjahr 1933. Wilhelm Murr schleudert sie einer dicht gedrängten Menschenmenge entgegen, die am Abend des 15. März 1933 zur öffentlichen Siegesfeier der Nationalsozialisten im Hof des Neuen Schlosses zusammengelaufen ist.

Der starke Mann in Württemberg heißt von nun an Wilhelm Murr, die Villa Reitzenstein wird sein Herrschaftssitz, sein Rückzugsort, seine Befehlszentrale, seine Trutzburg – sein streng bewachtes Refugium, in dem es in mehrfacher Hinsicht »hoch hergeht« – von den rauschenden Festen, den üppigen Gelagen auf Kosten der ahnungslosen Allgemeinheit bis hin zu Mord und Totschlag. Eine seiner ersten Amtshandlungen: Murr lässt im Park um die Villa Reitzenstein hektisch anpflanzen, denn das Volk soll möglichst nichts von dem sehen, was dort vor sich geht. Murr will sich – im doppelten Sinne – nicht auf die Finger schauen lassen.

Wer ist dieser Wilhelm Murr, aus dessen Augen der blanke Fanatismus, die unterwürfigste Treue zu seinem »Führer« und die hasserfüllte Niedertracht gegen alle Andersdenkenden, im Besonderen gegen die jüdische Bevölkerung glühend hervorstechen? Murr, Jahrgang 1888, stammt aus Esslingen, wo der Vater als Schlossermeister arbeitet. Es herrschen enge und ärmliche Verhältnisse. 1902, als 14-Jähriger, verliert Murr beide Eltern, eine Stiefschwester kümmert sich um ihn, gleichwohl bleib er seit dieser Zeit auf sich allein gestellt. Es folgen eine kaufmännische Lehre sowie der Militärdienst von 1908 bis 1910 bei der Infanterie. Danach arbeitet Wilhelm Murr bei der 1846 gegründeten Maschinenfabrik Esslingen, schon damals einer der größten Industriebetriebe in Württemberg. Als kleiner kaufmännischer Angestellter in diesem riesigen Räderwerk wird Murr politisiert, tritt ein in den »Deutschnationalen Handelsgehilfenverband«, der stramm rechtsradikal und antisemitisch ausgerichtet ist. In seinem Lebensbild über Wilhelm Murr schreibt der Historiker Paul Sauer 1998: »Dieser Verband, den man durchaus zutreffend ›Rekrutenschule für den politischen Antisemitismus‹ genannt hat, beeinflusste maßgeblich sein politisches Weltbild.«

Der Erste Weltkrieg wird für Wilhelm Murr wie für Abertausende seiner Generation zum tiefsten, zugleich zum monumentalsten Erlebnis seiner jungen Jahre. Als Soldat kämpft er in Lothringen und in den Vogesen, wird verwundet, liegt monatelang im Lazarett, kämpft weiter in Serbien, auf dem Balkan und noch einmal im Westen. Bei Kriegsende liegt er erneut im Lazarett, kehrt heim nach Esslingen, wird nur Hilfsarbeiter in seiner alten Firma. Das empfindet er als Schmach. 1922 tritt Murr in die NSDAP ein, holt Gleichgesinnte in die Arbeiterschaft der Maschinenfabrik.

Wilhelm Murr ist ein tief gekränkter Fanatiker, der die deutsche Niederlage im Ersten Weltkrieg und die »Dolchstoßlegende« – im Felde unbesiegt, aber von der Heimat schmählich im Stich gelassen – umdeutet in schrankenlosen Hass und persönliche Geltungssucht. Rücksichtslos gegen Andersdenkende, ebenso gegen Konkurrenten in den eigenen Reihen, drängt Murr skrupellos zur Macht, schiebt alle lokalen NSDAP-Größen zur Seite: Im Februar 1928 ernennt ihn Adolf Hitler zum »Gauleiter der NSDAP von Württemberg-Hohenzollern«. Bei der Reichstagswahl von 1930 wird Murr Abgeordneter, verlässt die Maschinenfabrik, ist jetzt Politiker – ein gnadenloser Streiter, der die Chance zum persönlichen Aufstieg aus der Bedeutungslosigkeit wittert. Die Landtagswahl vom April 1932 spült ihn noch weiter nach oben, bringt ihm ein Mandat. Ein Jahr später, Hitler ist Reichskanzler, nutzt Murr die Landtagswahl vom 5. März 1933 eiskalt aus: »Bolz muss weg! Auch in Süddeutschland muss jetzt Ordnung geschaffen werden. Stuttgart ist nationalsozialistisch, Württemberg ist nationalsozialistisch, nun muss auch die württembergische Regierung nationalsozialistisch werden.«

Am 15. März 1933 ist es so weit: Murr wird mit 36 Stimmen gegen 13 der SPD neuer Staatspräsident, Bolz' Zentrum und die liberale DDP enthalten sich mit ihren 19 Mandaten, die Kommunisten sind bereits verboten. Am Abend hält Murr seine eingangs zitierte martialische Rede und brüllt durch den Schlosshof, dass »endlich die Novemberschmach

Am 1. April 1938 besucht Adolf Hitler Stuttgart und zeigt sich auf dem Balkon des Rathauses – die Villa Reitzenstein meidet der »Führer«. Neben ihm der Reichsstatthalter Wilhelm Murr (vorn), rechts von Hitler der Stuttgarter Oberbürgermeister Karl Strölin.

von 1918 getilgt ist«. Noch versuchen seine politischen Gegner, sich mit Murr irgendwie und einigermaßen zu arrangieren – ein ehrlich gemeintes, doch politisch völlig naives Unterfangen angesichts der politischen Wirklichkeit. Am 5. Mai wird Wilhelm Murr der »Reichsstatthalter für Württemberg« – den Titel Staatspräsident gibt es nicht mehr –, seinen internen Parteirivalen und persönlichen Erzfeind Christian Mergenthaler ernennt er zum neuen »Ministerpräsidenten«. Murr triumphiert: »Es hat sich ausge-Bolzt!«

Und Mergenthaler? 1884 in Waiblingen geboren, Sohn eines Bäckers, wird Realschullehrer, später Studienrat, kämpft im Ersten Weltkrieg als Soldat, schließt sich am Beginn der zwanziger Jahre der NSDAP und der SA an, macht sich als fanatischer Demagoge und Gefolgsmann Hitlers bei den Nazis in Württemberg einen gefürchteten Namen. Dieser Mergenthaler duldet keinen Widerspruch, sagt von sich: »Ich bin stets mit Leib und Seele Soldat gewesen.« Folglich pflegt er die sogenannte Dolchstoßlegende – die Heimatfront sei schuld an der deutschen Niederlage im Ersten Weltkrieg, die Diktate aus dem Vertrag von Versailles seien schändlich und ungerecht.

Schicksalhafte Jahre | 129

Das sogenannte Teezimmer der Villa, aufgenommen im Jahr 1941. An der Wand links hängt ein Foto von Reichsmarschall Hermann Göring, an der Wand daneben das Gemälde eines kitschigen Blumengebindes.

In Berlin halten Hitler und Goebbels wenig von diesem schwäbischen Schulmeister, so sehr sich dieser auch müht, ihnen zu gefallen, sich in Württemberg unentbehrlich zu machen. Mergenthaler intrigiert gegen Murr – Murr intrigiert gegen Mergenthaler. Beide sehen sich in Konkurrenz zueinander, jeder will den anderen ausstechen. Murr gewinnt schließlich den Machtkampf, wird Gauleiter und Reichsstatthalter in Württemberg, Mergenthaler muss sich mit dem Amt des Ministerpräsidenten abfinden, macht als Justiz- und Kultminister grausame NS-Politik. 1945, nach Kriegsende, wird Mergenthaler von den Alliierten im Allgäu verhaftet, durchläuft diverse Lager, wird in einem Spruchkammerverfahren in Balingen als »Hauptschuldiger« eingestuft; 1951 unterzeichnet Gebhard Müller, der Staatspräsident von Württemberg-Hohenzollern, einen Gnadenakt, Mergenthaler erhält fortan die Pension eines Studienrates, stirbt 1980 in Bad Dürrheim. Im Nachhinein bleibt festzuhalten, dass Christian Mergenthaler glimpflich davongekommen ist – zu glimpflich.

Zurück zu Wilhelm Murr. Noch einer, der sofort den Machtanspruch dieses schwäbischen NSDAP-Führers zu spüren bekommt, ist Wilhelm Bazille – wir erinnern uns: Der gewesene Staatspräsident aus den Jahren der Weimarer Republik lebt am Beginn der dreißiger Jahre noch immer für angemessene Miete in der Villa Reitzenstein. Die muss er jetzt binnen weniger Tage räumen, Murr lässt ihn praktisch hinauswerfen, strebt selbst voller Ungeduld nach den äußeren Insignien seiner neuen Macht. Er will unter allen Umständen auf der Gänsheide seinen Dienstsitz, sich dort mit gehorsamen Getreuen umgeben, sicher und unbeobachtet vom gemeinen Volk leben. Dafür ist ihm, wie sich rasch zeigen wird, das Beste gerade gut genug.

Im Eingangsbereich der Villa steht die marmorweiße Skulptur der Göttin Ceres. Nur allzu gerne schriebe man sie dem berühmten Johann Heinrich Dannecker zu, aber in Wahrheit stammt sie von einem heute völlig unbekannten Künstler namens Föckel, der diese Figur »nach Dannecker« geschaffen hat.

Im Hauptstaatsarchiv an der Stuttgarter Kulturmeile haben sich Dokumente darüber erhalten und ein reichhaltiger Schriftwechsel. Das Material offenbart, welchen schamlosen Herr-im-Hause-Standpunkt dieser Wilhelm Murr zu pflegen beliebt. Zunächst einmal beanstandet er, dass in der Villa die griechischen Büsten von Ajax, Bias und Homer aufgestellt sind – die müssen alle weg! Nur die vermeintlich vom ehemaligen Hofbildhauer Johann Heinrich Dannecker geschaffene Göttin Ceres darf im Vestibül verbleiben. Sie steht heute im Foyer der Villa, gleich links vom Eingang, stammt allerdings nicht vom berühmten Hofbildhauer, sondern ist, wie man in ihrem Sockel lesen kann, 1894 »nach Dannecker« gearbeitet von einem Künstler namens Föckel, den niemand mehr kennt.

Noch im Oktober 1933 beauftragt Murr den Kunstmaler Wilhelm Rupprecht damit, seine Heimatstadt Esslingen zu malen: Im Herbst 1934 wird das Bild fertig. Eigentlich sollte Rupprecht zunächst den ehemaligen Staatspräsidenten Wilhelm Bazille porträtieren, hat aber dafür (angeblich) keine Zeit. Die Wahrheit ist wohl eher, dass der Künstler nicht will – besser gesagt, nicht darf.

Der Speisesaal in der Murr-Ära, aufgenommen 1941. Rechts an der Wand steht die Büste Adolf Hitlers, geschaffen von dem Stuttgarter Fritz von Graevenitz. Heute firmiert der Raum als »Gobelin-Saal«, wenngleich die wertvollen alten Wandteppiche nicht aus der Pariser Manufaktur der Familie Gobelin stammen.

Schon im Juni 1933 lässt Murr sein neues Domizil ausstaffieren, diverse Teppiche anschaffen, weil er die glatten Steinböden als unfallträchtig fürchtet. Das erscheint vorgeschoben, denn tatsächlich rechnet Murr fest damit, dass sein »Führer Adolf Hitler« und der Propagandaminister Joseph Goebbels alsbald auf die Gänsheide kommen. Beide reisen zwar zum Deutschen Turnfest im Juli 1933 auf den Cannstatter Wasen, wo die »Adolf-Hitler-Kampfbahn« eingeweiht wird, das spätere Neckarstadion. Der »Führer« und sein Propagandist meiden jedoch die Villa Reitzenstein.

Unter dem Datum des 28. Januar 1936 findet sich im Archiv eine Rechnung, ausgestellt von dem Bildhauer Fritz von Graevenitz, der dem Staatsministerium für 500 Reichsmark eine 1935 von ihm geschaffene »Führerbüste« geliefert hat. Murr will sie unbedingt haben für sein neu gestaltetes Arbeitszimmer; auf alten Fotos aus dem Innern der Villa Reitzenstein sieht man diese Hitler-Büste am Rande des Sitzungssaales, in dem die Regierung tagt. Übrigens, Fritz von Graevenitz wird 1944 von Hitler in die Liste

132 | Schicksalhafte Jahre

der »gottbegnadeten Künstler« aufgenommen, ist Rektor der Stuttgarter Kunstakademie, schafft nach dem Krieg, wie erwähnt, die Büste des Naziopfers Eugen Bolz. Nicht weit vom Schloss Solitude steht das Museum, das an diesen Künstler und seinen wechselhaften Lebensweg erinnert.

Wilhelm Murr also ändert ständig das Inventar, lässt Altes beseitigen, gibt noch 1939 rund 120 000 Reichsmark aus, um seinen Dienstsitz auszustatten. Kurz vor Kriegsbeginn bestellt der Herr Gauleiter beim »Hoflieferanten« Tritschler am Marktplatz »220 Weingläser, 110 Sektgläser, dazu Kandelaber, Tabletts und Vasen«. Bereits 1937 hat er den repräsentativen Haushalt für exakt 20 681,50 Reichsmark aufgewertet durch den Kauf von nagelneuem Tafelsilber bei der Heilbronner Firma Bruckmann & Söhne.

Wie grotesk es im Hause Murr hergeht, zeigt dieses Beispiel aus dem Mai 1938: Wilhelm Murr möchte, dass ein neuer Flügel aus dem renommierten Stuttgarter Haus Schiedmayer & Söhne angeschafft wird. Seine privaten Festivitäten, über die man in der Stadt nur hinter vorgehaltener Hand zu munkeln wagt, gipfeln in Saufgelagen mit entsprechend martialischem Liedgut. Das Instrument, auf 1988,50 Reichsmark taxiert, ruft – man glaubt es kaum – den Rechnungshof auf den Plan: Der gibt zu bedenken, dass es doch wohl billiger wäre, je nach Anlass einen Flügel zu mieten. Murr zeigt sich ja durchaus bereit zum Sparen: Als man ihm im Mai 1938 dazu rät, die Reitzenstein mit einer Einbruchssicherung zu versehen, lehnt er unter dem Hinweis ab, es gebe ja schließlich die Wachen. Der fragliche Flügel wird angeschafft: Murr pflegt die entsprechenden Anweisungen mit einem Fettstift zu unterzeichnen – ein grünes »M« signalisiert, worüber er wie entschieden hat, letztgültig, versteht sich. »M« wie Murr, besser noch »M« wie Machthaber!

Der Stuttgarter Bildhauer Fritz von Graevenitz, hier 1950 bei der Arbeit an der Büste des NS-Opfers Eugen Bolz, hatte zuvor für den Reichsstatthalter Wilhelm Murr auch Hitlers Büste geschaffen. Von Graevenitz wendet sich später von den Nationalsozialisten ab, muss gleichwohl nach dem Krieg allerhand Kritik hinnehmen für seine anfängliche Nähe zum Regime. Dieses Foto wird hier zum ersten Mal veröffentlicht.

Tödliche Schüsse und illustre Gäste

Als Murr Mitte März 1933 Reichsstatthalter wird und am 15. des Monats die Villa Reitzenstein in Besitz nimmt, stößt ihm sogleich deren Adresse sauer auf: Heinrich-Heine-Straße! Der Mann tobt, handelt sofort, gibt strikte Anweisung, die Straße, die bislang nach dem jüdischen Dichter benannt ist, in Richard-Wagner-Straße umzubenennen, was bereits am 26. Mai 1933 von den städtischen Behörden vollzogen wird. Murr bezieht gleich gegenüber das Privathaus Richard-Wagner-Straße 12, die Villa Reitzenstein trägt (übrigens bis heute) die Nummer 15.

Warum er mit seiner Frau nicht in der Villa wohnen will, bleibt unklar; womöglich steckt dahinter ein Kalkül, das an einem Abend und dem nachfolgenden Morgen im Herbst 1938 auf fatale Weise sichtbar wird: Die SS-Schergen, die die Villa bewachen müssen, trinken oft und gerne mehr, als ihnen guttut. Normalerweise sind Murr diese Gelage gleichgültig, er wohnt ja schließlich abseits, will die grobschlächtigen Männer irgendwie bei Laune halten. Doch an jenem besagten Abend hat er offizielle Gäste, ist selbst zugegen, erlebt aus nächster Nähe, wie sich sein Leibwächter Karl Reißing hemmungslos besäuft, ihn plötzlich vor allen Anwesenden duzt und »Wilhelm« nennt. Murr weist den SA-Mann, dem er tatsächlich nahesteht, zurecht – Reißing wird hinausgedrängt, die Sache scheint erledigt.

Doch als Murr am folgenden Morgen, begleitet von dem Polizeibeamten Schlösser, seinen Dienstsitz wieder betritt, steht »sein« Reißing plötzlich wieder da, immer noch nicht nüchtern, mit gezogener Pistole. Während der Wachtmeister versucht, Murr zu schützen, und den betrunkenen Quälgeist zur Seite schiebt, feuert Karl Reißing auf ihn aus nächster Nähe. Der Polizeibeamte ist sofort tot. Wenig später wird der Täter zum Tod durch Enthaupten verurteilt. Der Herr Gauleiter könnte dafür sorgen, dass sein Leibwächter »nur« lebenslänglich bekommt – doch er rührt für den Mann, der lange Zeit seine Sicherheit garantiert hat, keinen Finger. Dieser Reißing kann für ihn gefährlich werden. Der Versuch, die peinliche Geschichte möglichst unter Verschluss zu halten, misslingt – zu viele in der Stadt wissen davon, aber niemand muckt auf. Kein Wunder, denn hier herrscht akute Lebensgefahr!

In diesen Jahren bis zum Kriegsbeginn 1939 steht Wilhelm Murr auf der Höhe seiner Macht. Immer wieder einmal lädt Hitlers Statthalter in

Württemberg Gäste auf seinen Dienstsitz ein, lässt – wie Kurt Gayer in den achtziger Jahren schreibt – »feenhafte Sommernachtsbeleuchtung erstrahlen, Musik von Mozart erklingen und die jungen Damen vom Theaterballett in Kostümen aus dem Rokoko schweben«. 1936, so ist es überliefert, besucht Reichsmarschall Hermann Göring eine eigens für ihn ausgerichtete Fete und wird in den Annalen mit dem Satz zitiert: »Ihr habt es ja herrlich hier, wenn ich einmal genug habe von Berlin, komme ich zu euch nach Stuttgart!«

Daraus wird bekanntlich nichts, auch nichts aus der Selbstherrlichkeit und dem Größenwahn, dem Wilhelm Murr mehr und mehr verfällt: Immer wieder spricht er in Berlin vor, schafft es, für Stuttgart den nachrangigen und merkwürdigen Ehrentitel »Stadt der Auslandsdeutschen« zu bekommen, was in Wahrheit auf eine Idee des ihm verhassten Kabinettskollegen Mergenthaler zurückgeht, holt mit Hilfe des Stuttgarter Oberbürgermeisters Karl Strölin die Reichsgartenschau in den ehemaligen Steinbruch auf dem Killesberg, wo sie am 22. April 1939 eröffnet wird. Wenig später werden vom Killesberg aus Tausende jüdischer Bürger aus Württemberg in den Osten deportiert, in Riga und anderen Vernichtungslagern schändlich ermordet. Nur wenige überleben, nur wenige kehren nach 1945 nach Stuttgart zurück.

Auf den Straßenschildern rund um die Villa Reitzenstein lässt es sich ablesen: 1933 befiehlt Reichsstatthalter Wilhelm Murr, dass aus der Heinrich-Heine-Straße unverzüglich die Richard-Wagner-Straße wird. Einen jüdischen Namensgeber duldet Murr nicht. Später kommt keiner auf die Idee, die Umbenennung rückgängig zu machen. Allerdings gibt es wieder eine Heinrich-Heine-Straße – im Stadtbezirk Degerloch.

Schicksalhafte Jahre | 135

Im sogenannten Gobelinsaal und im Foyer des ersten Stockes hängen Tapisserien. Ihre Motive zeigen idyllische ländliche Szenen.

Murrs ambivalentes Verhältnis zu seinem NSDAP-Parteifreund Karl Strölin ist übrigens ein Kapitel für sich. Beide Männer wetteifern um ihr Ansehen in ihrer Partei, beide versuchen, reichsweit Aufmerksamkeit und Bedeutung zu erlangen. Immerhin lässt Hitler seinen Statthalter Murr aus Stuttgart am 1. April 1938 bis zu sich vor, damit der ihm die großspurigen Pläne und Modelle zur Umgestaltung der Stuttgarter Innenstadt im Sinne des selbsternannten Architekten Adolf Hitler erläutern kann. Später sehen die Berliner Regierungskreise in Wilhelm Murr nur noch einen lästigen Besserwisser, der sich wichtigmachen möchte. Vom Sommer 1944 an kommen OB Strölin mehr und mehr Zweifel daran, dass der so fanatisch propagierte »Endsieg« angesichts der Nachrichten von den Fronten und des Bombenkrieges daheim überhaupt noch zu erreichen ist. Immerhin handelt es sich bei Karl Strölin um einen Verwaltungsfachmann, der bereits Geschäftsführer des Verbandes der württembergischen Gaswerke war.

Apropos Wichtigmachen. Eine Episode in der langen Geschichte des britischen Königshauses spielt sich am 20. Oktober 1937 in der Villa Reitzenstein ab: Der Herzog von Windsor, als König Eduard VIII. zurückgetreten, weil er auf die Liebe zu seiner amerikanischen Frau Wallis Simpson nicht verzichten möchte – Eduard also und seine Frau besuchen Stuttgart, werden von Wilhelm Murr auf der Gänsheide empfangen. Längst weiß man, dass dieser Herzog so eitel und naiv ist, sich von den Nationalsozialisten für ihre Propagandazwecke missbrauchen zu lassen. Mit ihm weht quasi ein Zipfel der Weltgeschichte in die Villa Reitzenstein hinein.

Der Reichsstatthalter mag zwar ein skrupelloser Fanatiker sein, der auch bei der Verfolgung und der Deportation tausender Juden aus Württemberg seine Finger im Spiel hat, ebenso bei der Ermordung von

zehntausend behinderten und kranken Menschen – dumm jedoch ist dieser erfahrene Soldat des Ersten Weltkriegs keineswegs: Als Hitler ihn nach Kriegsbeginn 1939 zum »Reichsverteidigungskommissar für den Gau Württemberg« ernennt, kümmert sich der Herr der Villa Reitzenstein mit Nachdruck um seine eigene Sicherheit: Kriegsgefangene und versierte Bergleute aus dem Ruhrgebiet werden dazu herangekarrt, einen bis zu fünfzehn Meter tief liegenden Stollen unter dem Gebäudekomplex zu graben: ein Luftschutzbunker, der zweihundert Menschen Platz bietet.

Was die meisten Leute, die im Laufe des Bombenkrieges dort unten Schutz finden, gar nicht wissen: Geheime Stollen, die Murr anlegen lässt, führen an zwei Stellen ins Freie. Der abgeschlagene Murr wittert die Gefahr, eines Tages womöglich in der Falle zu sitzen – das soll ihm nicht passieren. Rechnet man die alten Keller der Witwe von Reitzenstein und die murrschen Stollen zusammen, so ergeben sich unterirdische Gänge von mehr als einhundert Metern.

Über Jahrzehnte hinweg wirkt der sogenannte Gobelinsaal in der Villa Reitzenstein, rundherum holzvertäfelt, eher düster und schwer. Das hat man jetzt geändert: Eine neue Kassettendecke mit moderner LED-Beleuchtung taucht den Saal in helles Licht – sofort ändert sich die Atmosphäre völlig.

Schicksalhafte Jahre | 137

Als Hitler am 1. September 1939 den Zweiten Weltkrieg vom Zaun bricht, macht sich Wilhelm Murr auf der Gänsheide zum alleinigen Machthaber: Die Landesregierung tagt nicht mehr, der Beamtenapparat des Staatsministeriums wird mehr und mehr abgebaut. Murr sieht sich als Diktator für Württemberg, der Demokratie und gewählte Volksvertreter verachtet.

1943, mitten im Krieg, gelangt ein »Ukas« aus Berlin in die Villa Reitzenstein: »Die Büromöbel sind in Sicherheit zu bringen.« Das Staatsministerium reagiert, weiß man doch nur zu genau, dass viele Gemälde, die hier auf Geheiß des Reichsstatthalters hängen, aus den Beständen der Staatsgalerie stammen. Alle Kunst lässt man vorsorglich in die Saline Kochendorf bei Bad Friedrichshall bringen, darunter fünf Kisten Tafelsilber und das Porträt »Bismarck« von Franz von Lenbach. Insgesamt, so lässt sich heute ermitteln, gehen 1943/44 an die 350 Kisten wertvollster Kunstgegenstände aller Art von der Gänsheide in das Salzbergwerk bei Kochendorf, nur 39 von ihnen kehren im Juni 1948 aus dem »Collecting Center« der US-Restitutionsbehörde in Wiesbaden nach Stuttgart zurück.

Das jämmerliche Ende

Mit dem Kriegsausbruch am 1. September 1939 wird der Reichsstatthalter zusätzlich Reichsverteidigungskommissar – der mit Abstand mächtigste Mann in Württemberg. Die finstersten Kapitel der Politik in jenen Jahren, die Verfolgung und massenhafte Ermordung der jüdischen Bevölkerung, aber auch die sogenannte Euthanasie, die Ermordung von behinderten Menschen auf Schloss Grafeneck bei Münsingen, ebenso die Ermordung von Sinti und Roma, von Homosexuellen, von politischen Gegnern und Andersdenkenden – all dies geschieht auf Murrs Befehl und unter seiner Mitwirkung. Die Hände mag er sich selbst nicht schmutzig machen, seine Unterschrift, auch sein grünes »M«, finden sich auf vielen Dokumenten. Selbst als sich Wilfried Murr, sein einziger Sohn, Angehöriger der Waffen-SS, im Januar 1944 in Belgien erschießt, weil er einen Prozess wegen Vergewaltigung fürchten muss, bleibt der Vater unbeirrt, will im Dezember 1944 die komplette Stuttgarter Bevölkerung nach Osten führen, um ihre Stadt vollständig zu zerstören, damit sie nicht die Hände des Feindes fällt.

Apropos Zerstörung. Am 26. Juli 1944 ist Stuttgart das Ziel der alliierten Bomber – der 22. Luftangriff, den der Zeitzeuge Heinz Bardua so penibel, wie es ihm nur möglich ist, schildert, ja fast protokolliert, wozu er auch die Augenzeugenberichte anderer verwendet. In dieser Nacht dauert das Bombardement von 1.38 Uhr bis 2.35 Uhr. Bardua schreibt vom »Untergang des alten Stuttgart.« Sein Gewährsmann ist für diese Nacht der Redakteur Hermann Werner, der schreibt: »Geht man oben die Gerokstraße aufwärts, so sind auch hier starke Zerstörungen. Besonders gegen den Aufstieg der Wagenburgstraße sind die Häuser alle zerstört. Man sieht herunter auf die starken Zerstörungen die Uhlandstraße herauf und drüben in der Stafflenbergstraße, wo das Millersche Altenheim betroffen wurde und die Häuser den Berg herauf – in Richtung Villa Reitzenstein – schwer mitgenommen sind ...« Aber der Zufall will es, dass die Villa unversehrt bleibt, während die Innenstadt zu achtzig Prozent in Schutt und Asche sinkt. Als man für den Wiederaufbau lange Listen erstellt, in denen die Verluste aller wichtigen Gebäude verzeichnet sind, heißt es hinter der Villa Reitzenstein »nicht beschädigt«.

Noch am 10. April 1945 befiehlt der Gauleiter die Verteidigung Stuttgarts »bis zum Äußersten«. In einer Bekanntmachung vom 13. April, veröffentlicht im »NS-Kurier«, heißt es wörtlich, von Murr unterzeichnet: »Jeder Versuch, die Schließung einer Panzersperre zu verhindern oder eine geschlossene Panzersperre wieder zu öffnen, wird auf der Stelle mit dem Tode bestraft. Ebenso wird mit dem Tode bestraft, wer die weiße Fahne zeigt.« Tage später ordnet er die Vernichtung der Villa Reitzenstein an sowie des Hauses in der Nachbarschaft, in dem er mit seiner Frau wohnt. Es ist der sogenannte »Nero-Befehl« – in Anlehnung an den römischen Kaiser Nero, der im Sommer des Jahres 64 nach Christus seine Stadt Rom anzünden lässt, um sie neu erschaffen zu können. (Ob Nero wirklich der Brandstifter war, ist historisch zumindest umstritten.) In Hitlers Nero-Befehl vom 6. Mai 1945 heißt es: »Alle militärischen Verkehrs-, Nachrichten-, Industrie- und Versorgungsanlagen sowie Sachwerte innerhalb des Reichsgebietes, die sich der Feind zur Fortsetzung seines Kampfes irgendwie sofort oder in absehbarer Zeit nutzbar machen kann, sind zu zerstören.«

Der Murr-Biograf Paul Sauer zitiert dazu den Zeitzeugen Karl Ströhle: »In allen Räumen und Gängen waren Benzinkanister verteilt. Ein in der Villa stationiertes SS-Kommando hätte das Zerstörungswerk besorgen sollen. Ministerpräsident Mergenthaler und Innenminister Schmid haben diesen Plan jedoch vereitelt.« Und Hermann Reiff, lange Jahre Amtschef im Staatsministerium, ergänzt in seinen Erinnerungen:»Zwei Brüsseler Gobelins, die Wilhelm Murr mitgenommen hatte, entdeckte Karl Ströhle nach einiger Zeit im Kloster Urspring bei Ulm und brachte sie in die Villa zurück.«

Am 19. April 1945 flieht Wilhelm Murr mit seiner Frau und einigen Begleitern unter falschem Namen in Richtung Allgäu, Bodensee und Walsertal. Am 13. Mai wird die Gruppe von der französischen Armee auf einer Almhütte oberhalb des Ortes Schröcken verhaftet. Das Ehepaar Murr nennt sich»Walter Müller und Frau«, gibt an, seine Papiere in den Wirren unterwegs verloren zu haben. Beide begehen am 14. Mai im österreichischen Egg, einer Ortschaft im Bregenzer Wald, Selbstmord durch Giftampullen mit Zyankali, die sie bei sich tragen: erst Murrs Frau Lina, angesichts ihrer Leiche auch er.

Die wahre Identität des Ehepaars bleibt lange unerkannt, auf dem Grabstein in Egg wird auf die»ehrsamen Ehegatten Walter und Luise Müller« verwiesen,»beide gestorben am 14. Mai 1945«. Darunter die drei Großbuchstaben»R. I. P.« – also das lateinische»Requiescat in pace«, ruhe in Frieden. Eine Blasphemie. Erst am 16. April 1946 klärt sich nach langwierigen Recherchen der Behörden und der Öffnung des Grabes, um wen es sich hier in Wahrheit handelt. Vor der Geschichte steht Wilhelm Murr auf der Liste der schlimmsten Kriegsverbrecher.

Neuanfang in Trümmern

Die Landespolitik kehrt in die Villa Reitzenstein zurück

Erst besetzen die Franzosen Stuttgart im April 1945, dann kommen die Amerikaner. Die Militärs beschlagnahmen die Villa Reitzenstein. Sie wird zum Schauplatz des politischen Wandels von der schändlichen Diktatur zur neuen Demokratie.

Im Frühjahr 1945 erlebt die Welt die lang ersehnte Zeitenwende. Die Alliierten rücken immer weiter vor, besetzen Deutschland, das schließlich kapitulieren muss. Auch im deutschen Südwesten überschlagen sich die Ereignisse: Wilhelm Murr und seine Helfer sind am 19. April Hals über Kopf geflohen. Am 22. April, einem Sonntag, übergibt Murrs alter Weggefährte Karl Strölin, der inzwischen geläuterte Oberbürgermeister, seine Stadt kampflos an die französische Armee: um 11 Uhr im Gasthaus »Ritter« am Albplatz in Degerloch. Das Fachwerkhaus gibt es übrigens noch.

Tags darauf, 23. April, schlägt Strölin auf Befehl des französischen Militärgouverneurs Jacques Schwartz einen ihm geeignet erscheinenden Nachfolger als OB vor: den Rechtsanwalt Dr. Arnulf Klett, einen Nazigegner, der selbst Monate in Schutzhaft gesessen hat. Die schlichte Zeremonie seiner Ernennung findet an diesem Montag gegen 17 Uhr statt – im Haus Richard-Wagner-Straße 39, von dem noch die Rede sein wird. Dort drücken die Franzosen dem Nazigegner Arnulf Klett einen einfachen Zettel in die Hand, auf dem geschrieben steht, er sei hiermit zum neuen Oberbürgermeister ernannt.

Klett berichtet später über seine erste, recht frostige Begegnung mit dem französischen Stadtkommandanten, Fregattenkapitän Raoul Mercadier, in der Villa Reitzenstein: »In dem Verhör war es allen Beteiligten klar geworden, dass ich politisch unbelastet bin. Die französischen Offiziere entfernten sich mit der Erklärung, sie würden in einiger Zeit wiederkommen. Dann überreichten sie mir mit wenigen Worten einen Zettel, auf dem geschrieben stand, dass ich Oberbürgermeister von Stuttgart sei.« Am 24. April beginnt Arnulf Klett, kurz nach seinem 40. Geburtstag am 8. April, seine Amtsgeschäfte; die erste Amtsstube liegt nicht etwa in der Villa Reitzenstein, sondern es ist ein kleines Zimmer im städtischen Entbindungsheim an der Schönleinstraße, nur einen Steinwurf entfernt. Während in Stuttgart der furchtbare Krieg endlich vorüber ist, die ungewisse Nachkriegszeit anbricht, tobt noch immer die Schlacht um Berlin. Am 30. April begeht Adolf Hitler Selbstmord in der Reichskanzlei. Am 7. Mai unterzeichnet Generaloberst Alfred Jodl im Auftrag von Hitlers Stellvertreter Admiral Karl Dönitz im französischen Reims die Kapitulationsurkunde, am 8. Mai um 23.01 Uhr tritt das Dokument über die deutsche Niederlage in Kraft.

Gegenüberliegende Seite: Die Stuttgarter Innenstadt kurz vor Kriegsende – das katastrophale Resultat des »Tausendjährigen Reiches«: Mehr als fünfzig Luftangriffe hat die Stadt erlitten, dabei tausende Tote und zehntausende Verletzte zu beklagen. Mehr als 4000 jüdische Mitbürger sind von Stuttgart aus in die Konzentrationslager deportiert worden.

Manche Historiker nennen diese Nacht »die Stunde null« – am Beispiel Stuttgarts zeigt sich jedoch, dass es hier wie anderswo diese »Stunde null« gar nicht gibt. Niemand will Stillstand, alles fließt, die Vernünftigen krempeln die Arme hoch. Arnulf Klett, unterstützt von den spärlichen Resten der Stadtverwaltung, von namhaften Bürgern und Organisationen, die noch einigermaßen arbeitsfähig sind, stemmt sich seit zwei Wochen gegen Hungersnot, Wohnungsnot, Seuchengefahr. Die Stadt bietet ein Bild des Jammers. Auf vielen der alten Fotos aus jenen Tagen lässt sich gar nicht erkennen, um welche Trümmerwüste es sich da wirklich handelt. Fast alle deutschen Städte sehen sich im Mai 1945 auf schauerliche Weise gleich.

Die »Villa Clay«

Jetzt rückt unvermittelt das Wohnhaus Richard-Wagner-Straße 39 ins historische Blickfeld. Die einzige Bedeutung des privaten Anwesens ist bis dato seine unmittelbare Nachbarschaft zur Villa Reitzenstein. Seine Geschichte beginnt im Sommer 1915, mitten im Ersten Weltkrieg: Friedrich Georg Wilhelm Fühner, ein Fabrikant aus Pforzheim, erhält von der Stadt Stuttgart die Erlaubnis, neben der Villa Reitzenstein ein Wohnhaus zu bauen; die Pläne dazu stammen von den renommierten Architekten

Neuanfang in Trümmern | 143

Ludwig Eisenlohr und Oskar Pfennig. Die endgültige Bauerlaubnis wird allerdings erst im August 1918 erteilt – der Fabrikant Fühner ist bereits im Frühjahr 1916 gestorben.

Erst zu Beginn der zwanziger Jahre verkauft Fühners Witwe Anna das unbebaute Grundstück an den Stuttgarter Geschäftsmann Emil Albert Zarges. Der wiederum wendet sich an einen der Stuttgarter Architekturstars jener Jahre: Albert Eitel, Jahrgang 1866, also etwas jünger als seine beiden Kollegen Schlösser und Weirether, von denen die deutlich größere Villa Reitzenstein stammt. Eitel zählt, länger und stärker als diese beiden, zur Architekturprominenz seiner Zeit, hat er doch 1907 den Kleinen Kursaal in Cannstatt gebaut, 1909 das Karl-Olga-Krankenhaus im Osten und das Alte Schauspielhaus an der Kleinen Königstraße, 1910 die Villa Gemmingen im Süden sowie an die einhundert weitere Privathäuser, einige davon auf der Gänsheide. Eitels Aufträge reichen sogar bis Chicago. 1925 beteiligt er sich an den Plänen für den UFA-Palast an der heutigen Bolzstraße, später am Hindenburgbau gegenüber dem Hauptbahnhof.

In ihrer Architekturgeschichte über die Stuttgarter Villen und Landhäuser hat Christine Breig auch diese stattliche Villa, die noch heute ihr markantes Selbstbewusstsein ausstrahlt, treffend charakterisiert: »Es ist ein in Fassade wie im Grundriss sichtlich auf Repräsentation angelegtes Gebäude. Durch die Symmetrie an der Gartenfassade, dem halb

In der 1921/22 erbauten Villa des Konsuls Emil Zarges, unmittelbar neben der Villa Reitzenstein gelegen, beginnt in der ersten Zeit nach 1945 eine neue Epoche: Der US-Militärgouverneur Lucius D. Clay leitet von hier aus die Demokratisierung der amerikanischen Besatzungszone ein. Das Anwesen, das inzwischen dem Land Baden-Württemberg gehört, trägt den Namen »Villa Clay«.

geöffneten Innenhof, den Säulenkolonnaden und den hohen Bogenfenstern entsteht erkennbar dieser Eindruck.« Was am Grundriss nach wie vor verblüfft und besticht: Er ist nicht etwa quadratisch oder rechteckig, sondern verbirgt hinter einer auffälligen, zur Stadt hin ausgerichteten Vorderseite einen rückwärtig liegenden Anbau für die Küche und die Garage. Christine Breig schreibt: »Es ist ein eineinhalbgeschossiges Haus mit Mansardenwalmdach. Die Hauptfassade ist fast symmetrisch mit Mittelbetonung durch eine geradläufige Freitreppe, einem Zwerchhaus mit Dreiecksgiebel und Balkon im ersten Obergeschoss. Zusätzlich lebt die Fassade von den verschiedenen Fensterformen und -größen und im Erdgeschoss von vier hohen, stehenden Rundbogenfenstertüren und rechteckigen Fensterausschnitten, die von profilierten Säulen gestützt werden.« Aus der Vogelperspektive besitzt Zarges' Villa einen selbstbewusst anmutenden Hauptflügel, der sich zur Stadt hin orientiert, dazu einen Seitenflügel mit Küche, Stall, Garage und Heuboden. Dazu gesellt sich ein Gartenhaus und natürlich der kunstvoll angelegte Garten selbst, die Auffahrt von der Richard-Wagner-Straße her signalisiert jedermann, dass hier das wohlhabende gehobene Bürgertum zuhause ist.

Die Villen dieser Zeit und dieses Charakters firmieren in der Architekturgeschichte als »Stuttgarter Schule« – durchaus ein Ehrentitel, wenn man an die andere »Stuttgarter Schule« denkt, die der Maler und Hochschullehrer Adolf Hölzel von 1906 an in der hiesigen Kunstakademie am Killesberg begründet und zu der Größen wie Willy Baumeister und Oskar Schlemmer, Ida Kerkovius und Max Ackermann, Johannes Itten und Hermann Stenner gehören.

Neuanfang in Trümmern | 145

In den dreißiger und vierziger Jahren erlebt die einstige Villa Zarges eine wechselvolle Geschichte: 1934 zieht die Familie Zarges in die Heusteigstraße 42, verkauft ihre Villa für 175 000 Reichsmark an die Deutsche Wehrmacht, die es ihrem General der Infanterie, Hermann Geyer, als Wohnhaus zuweist. Geyer, so ist es dokumentiert, muss am 8. Mai 1939 ausziehen, Platz machen für seinen Kollegen Karl Richard Ruoff, ebenfalls General der Infanterie. Im Sommer 1943 scheidet General Ruoff aus dem aktiven Militärdienst aus – bleibt aber wohnen im Haus Richard-Wagner-Straße 39, bis ihn die Franzosen im April/Mai 1945 hinauskomplimentieren.

Dieses geschichtsträchtige Privathaus und sein Grundstück werden wie die Villa Reitzenstein im Frühjahr 1945 zunächst von den Franzosen, später von den Amerikanern beschlagnahmt. Der amerikanische Militärgouverneur Lucius D. Clay, in der Rückschau eine legendäre Figur im deutsch-amerikanischen Verhältnis der Nachkriegszeit, drückt in den folgenden Monaten und Jahren beiden Häusern seinen Stempel auf, namentlich der »Villa Clay«, wie sie bis heute heißt und auf diese Weise an diesen Militär und Diplomaten erinnert.

Lucius Dubignon Clay, Jahrgang 1897, stammt aus dem US-Bundesstaat Georgia, ist Berufssoldat aus der Eliteakademie von West Point, einer der ranghöchsten US-Generäle des Zweiten Weltkriegs. Im Mai 1945 ist Clay der Stellvertreter von Dwight D. Eisenhower, dem späteren US-Präsidenten, und zunächst stellvertretender Militärgouverneur in der amerikanischen Besatzungszone, von 1947 bis 1949 dann selbst Militärgouverneur. Zur weltbekannten Legende wird Clay als Verantwortlicher für die Luftbrücke, die vom 24. Juni 1948 bis in den August 1949 die von der sowjetischen Besatzungsmacht blockierte ehemalige Reichshauptstadt mit Lebensmitteln und Kohlen versorgt: Die Berliner nennen ihn »Vater der Luftbrücke« und küren ihn zum Ehrenbürger. 1978 stirbt Clay und wird auf dem Militärfriedhof in West Point beigesetzt.

Während die Villa Reitzenstein immer im Besitz des Landes bleibt, wird die Villa Clay Eigentum der Bundesrepublik Deutschland, die sie den Amerikanern jahrzehntelang überlässt als Residenz ihrer Oberbefehlshaber der in und um Stuttgart stationierten Streitkräfte. Das erweist sich einerseits als praktisch, ist andererseits politisch gewollt, denn beide Anwesen bilden eine Einheit in Sachen Sicherheit. Außerdem unterstreicht die Landespolitik mit dieser Nachbarschaft zwischen den Befehlshabern der Besatzungsmacht, später Partner und Verbündete, sowie dem demokratisch gewählten ersten Bürger des Landes

146 | Neuanfang in Trümmern

und seiner Staatskanzlei die Bedeutung ihrer engen Zusammenarbeit. Der letzte Bewohner des »Clay-Hauses« ist der Viersternegeneral William E. Ward, Kommandeur des US African Command. Im Frühjahr 2011 verlässt er Stuttgart, geht in den Ruhestand.

Im Frühjahr 2012 verkauft die Bundesrepublik Deutschland das im Laufe der Zeit mehrmals modernisierte und umgebaute Haus auf Bitten der neuen grün-roten Landesregierung an das Land Baden-Württemberg – ein praktischer Schritt: Als die Villa Reitzenstein zum ersten Mal in ihrer gut hundertjährigen Geschichte von Grund auf baulich saniert und technisch modernisiert wird, weichen Ministerpräsident Winfried Kretschmann und seine engsten Mitarbeiter in das »Clay-Haus« aus.

Ein symbolträchtiges Foto vom Oktober 1945. Unter dem Vorsitz von Lucius D. Clay tagt der »Länderrat«, die Ministerpräsidenten der US-Besatzungszone. Für Württemberg-Baden sitzt der Liberale Reinhold Maier mit am Tisch, von der Besatzungsmacht zum ersten Staatspräsidenten ernannt.

Auch in Zukunft bleibt das einstige Domizil des Konsuls Erwin Zarges und zweier deutscher Weltkriegsgeneräle als Verwaltungsgebäude im Besitz des Landes. Kaufanfragen zwecklos – wenngleich zu hören ist, dass mancher wohlhabende Stuttgarter von heute gerade dieses Anwesen liebend gerne erworben hätte. Man höre und staune! Es heißt, das Land habe der Vermögensverwaltung des Bundes 2012 rund fünf Millionen Euro für das »Clay-Haus« bezahlt. Dieser Preis wird von offizieller Seite weder bestätigt noch dementiert.

Um es der Vollständigkeit halber anzufügen: Die Villa Clay ist nicht das einzige Gebäude neben der Villa Reitzenstein, das dem Land Baden-Württemberg gehört, um die stetig gewachsene Zahl der Mitarbeiter des Staatsministeriums in allernächster Nähe unterzubringen. Die Dienstgebäude, annähernd ein Dutzend, bilden so etwas wie einen Kranz um den eigentlichen Sitz des Ministerpräsidenten.

Neuanfang in Trümmern | 147

Die Amerikaner holen Reinhold Maier zurück

Mit einem Zeitsprung zurück in den Sommer 1945. Franzosen und Amerikaner rangeln heftig um die prestigeträchtige Hoheit über Stuttgart. Eigentlich sollten die US-Truppen die Stadt besetzen, aber der ehrgeizige General Jean de Lattre de Tassigny beeilt sich mit seinen Soldaten, den Befehl seines obersten Chefs, General Charles de Gaulle, auszuführen – er kommt der alliierten Konkurrenz zuvor. In Stuttgart nehmen sich die Franzosen das Sagen, der handfeste Streit mit der US-Army ist da, eskaliert um Haaresbreite. Schließlich setzen sich die Amerikaner durch, denn ihr General Eisenhower droht damit, der französischen Armee die Kohlelieferungen zu streichen. General Charles de Gaulle, später der Präsident der Grande Nation, gibt am Ende nach.

Am 8. Juli 1945, mittags um 12 Uhr, wird von der Kuppel der Villa Reitzenstein die Trikolore eingeholt und das Sternenbanner aufgezogen. Wieder ein Symbol von historischem Ausmaß: Die Machtzentrale der NS-Schergen beherbergt von Stund an die Befehlshaber der demokratisch verfassten Siegermacht USA. Die Deutschen lernen nun, was Demokratie bedeutet und was man unter einem mündigen Bürger versteht. So schnell, wie sich das hier liest, geht es in der Realität natürlich nicht. Die Menschen wollen etwas zu essen und ein Dach über dem Kopf, von der Politik haben die allermeisten die Nase voll.

Gegenüberliegende Seite: Der Stuttgarter Künstler August Köhler (1881–1964) porträtiert 1950 den Schorndorfer Reinhold Maier. Er gilt als einer der Architekten des Südweststaates. Links im Hintergrund des Gemäldes deutet der Künstler das Porträt von Eugen Bolz an, den Maier besonders verehrt.

Was die militärisch wie politisch verantwortlichen US-Behörden in diesem Sommer 1945 suchen wie kleine Nadeln im riesigen Heuhaufen, das sind profilierte und erfahrene deutsche Politiker und Verwaltungsleute, die nichts mit dem NS-Regime zu tun hatten, keinen Dreck am Stecken und keine Leichen im Keller. Der Kreis ist klein, die Suche richtet sich logischerweise auf die politisch und/oder religiös Verfolgten, auf Liberale, Sozialdemokraten, unbelastete Zentrumsleute und, nebenbei bemerkt, auch auf die Kommunisten, die unter Hitler schwer zu leiden und viele Opfer zu beklagen hatten.

Die Franzosen setzen im April mit der Nominierung von Arnulf Klett zum Oberbürgermeister von Stuttgart ein beachtliches Zeichen – er ist der richtige Mann zur richtigen Zeit am richtigen Platz! Die Amerikaner tun es ihnen nach: Am 7. und 8. August bieten sie dem Liberalen Reinhold Maier

das Amt des Ministerpräsidenten von Nord-Württemberg/Nord-Baden an. Der akzeptiert und setzt eine Kabinettsliste auf. Dann muss er sich gedulden, ehe General Eisenhower am 10./11. September ihn und seine »Mannschaft« akzeptiert.

Welch eine Wende binnen weniger Monate: Noch im März 1945 geriet Reinhold Maier in akute Lebensgefahr, denn die Gestapo, die Geheime Staatspolizei, lud ihn schriftlich vor. Maier ahnte, was ihm drohte, tauchte sofort unter, versteckte sich in einer alten Mühle im Jagsttal. Am 8. Mai spürten ihn die US-Truppen in dieser Mühle auf; mit immerhin schon 66 Jahren steht er vor einem persönlichen wie politischen Neubeginn.

Wir erinnern uns: Reinhold Maier, 1889 in Schorndorf geboren, hat als aufstrebender junger Anwalt und Politiker zu Beginn der zwanziger Jahre den Verkauf der Villa Reitzenstein an das Land eingefädelt, die Freifrau Helene von Reitzenstein mit dem damaligen Staatspräsidenten Johannes von Hieber an einen Tisch gebracht. Seither ist fast ein Vierteljahrhundert vergangen, in dem Reinhold Maier zunächst politisch erfolgreich war, dann politisch verfolgt: Von 1930 bis 1933 sehen wir ihn noch als Wirtschaftsminister im Kabinett von Eugen Bolz; 1932/33 gehört er dem hiesigen Landtag an, zugleich dem Reichstag in Berlin, wo er 1933 – mit seinem Freund und Kollegen Theodor Heuss – dem Ermächtigungsgesetz zustimmt, was ihm wie auch Heuss später harsche Kritik einbringt:»Im Interesse von Volk und Vaterland und in der Erwartung einer gesetzmäßigen Entwicklung werden wir unsere ernsten Bedenken zurückstellen und dem Ermächtigungsgesetz zustimmen.« So formuliert es Maier in seiner Rede für die vierköpfige Fraktion der Liberalen vor dem Reichstag.

Doch diese Hoffnung trügt bekanntlich auf furchtbare Weise, denn von»gesetzmäßiger Entwicklung« kann überhaupt keine Rede sein, im Gegenteil: Im Juli 1933 verliert Maier sein Reichstagsmandat, bereits am 15. März hat er sein Ministeramt eingebüßt, bald auch seinen Landtagssitz. Was aber weitaus schwerer für ihn wiegt, ist die Verfolgung seiner Familie, denn Reinhold Maiers Frau Gerta, geborene Goldschmidt, stammt aus einer jüdischen Familie. Am 28. Juli 1938 flieht er mit seiner Frau und den Kindern zunächst in die Schweiz; Wochen später emigrieren seine Liebsten nach England, während Maier in seine Heimat zurückkehrt. Unter dem massiven Druck der NS-Justiz lässt er sich im Sommer 1943 von seiner jüdischen Frau scheiden – als sie nach Kriegsende aus dem Exil zurückkommt, heiraten beide am 18. Januar 1946 wieder, werden auf dem Standesamt in Stuttgart ein zweites Mal rechtsgültig getraut.

In diesen bewegten Wochen des Sommers 1945 ist fast jeder Tag ein historischer, auch der 19. September: General Eisenhower gibt in seiner Proklamation Nummer zwei die Bildung der Länder Württemberg-Baden, Bayern und Groß-Hessen bekannt, Reinhold Maier wird als Ministerpräsident eingesetzt und am 24. September vereidigt. Der einstige Vermittler in der Immobiliensache Villa Reitzenstein kehrt jetzt, fast ein Vierteljahrhundert später, als neuer Ministerpräsident zurück – Ironie der Geschichte!

Gleich am Eingang in den sogenannten Gobelinsaal hängt dieses Erinnerungsbild: »In dankbarer Erinnerung an General Lucius D. Clay, der als stellvertretender amerikanischer Militärgouverneur 1945 nach Deutschland kam. Am 17. Oktober 1945 versammelte er die Ministerpräsidenten von Bayern, Hessen und Württemberg-Baden in Stuttgart, um den Länderrat zu gründen. Dieser koordinierte unter der Aufsicht der Militärregierung die Politik der neuen deutschen Länder in der amerikanischen Zone und trug zum Neuaufbau Deutschlands auf demokratischer und rechtlicher Grundlage bei. Der Länderrat hatte bis zu seiner Auflösung im Oktober 1949 seinen Sitz in der Villa Reitzenstein in diesem Raum.«

Neuanfang in Trümmern | 151

Über diesen 24. September 1945, den Höhepunkt seiner politischen Karriere, schreibt Reinhold Maier in seinen Erinnerungen:»Zwei Möglichkeiten stehen zur Wahl: ein feierlicher öffentlicher Akt im Theater mit Kamera und Blitzlicht und ein einfacher in den Amtsräumen in Anwesenheit von 50 bis 60 Personen. Ich entschied mich für die schlichtere Form. Unsere Vorgänger, sagt ich Oberst Dawson, hätten mit Aufmachung und Gepränge, mit Theaterdonner und echtem Donner so ausgiebig gearbeitet, dass wir auf lange Zeit genug davon hätten.«

Am 17. Oktober 1945 kommt es auf der Gänsheide zur ersten historischen Begegnung nach dem Zweiten Weltkrieg: Lucius D. Clay beruft den »Länderrat« ein – die nur wenige Tage in ihren Ämtern stehenden Ministerpräsidenten der US-Besatzungszone, nämlich aus Bayern, Bremen, Großhessen und Württemberg-Baden. Die heute fast vergessenen Namen: Dr. Wilhelm Hoegner für Bayern, Professor Dr. Karl Geiler für Hessen, Bremens Bürgermeister Wilhelm Kaisen und eben Reinhold Maier für Württemberg-Baden. Was gibt es zu bereden? In den zwei Stunden, die man zusammensitzt, geht es ums Kennenlernen, um neues Vertrauen nach der Katastrophe, aber auch um Banales wie das Statut des Länderrates und seine nächsten Termine.

In seinen Erinnerungen»Ende und Wende« berichtet Reinhold Maier über diesen Tag und zitiert dabei ausführlich Lucius D. Clay:»Eine Koordination Ihrer vier Länder zu schaffen, ist notwendig. Sie zu schaffen ist Ihre Aufgabe. Sie werden ein permanentes Sekretariat in Stuttgart einrichten. Ein kleiner amerikanischer Stab wird geschaffen, um diesem Sekretariat helfend zur Seite zu stehen, seine Aufgaben zu bestätigen. Wir wollen Ihnen behilflich sein, die Ihnen übertragenen Aufgaben auszuführen. Aber die Verantwortlichkeit liegt bei Ihnen. Wir werden nie diktieren, wenn unsere Richtlinien beachtet werden.«

Das Treffen findet im»Gobelinsaal« der Villa Reitzenstein statt, der heißt zu dieser Zeit immer noch so, obgleich die wertvollen Wandteppiche fehlen, die Wilhelm Murr hat mitgehen lassen. Erst 1948 werden sie aus dem Kloster bei Schelklingen, bei Urspring, unweit von Ulm, zurückgebracht.

Die Villa Reitzenstein avanciert jedoch zunächst zum Sitz des Militärgouverneurs Lucius D. Clay, seines Stabes und des Länderrats. Das neuformierte Staatsministerium und sein Chef Reinhold Maier müssen sich mit kleinen und bescheidenen Räumlichkeiten im Gebäude Olgastraße 7 zufriedengeben. Harte Arbeit ist angesagt, von unangemessener Repräsentation, gar von Pomp und Protz wie zur NS-Zeit, keine Spur. Dafür sorgt allein schon der spartanisch sparsame Ministerpräsident. Einmal im Monat trifft sich der Länderrat auf der Gänsheide.

Unter dem Titel »Ende und Wende« veröffentlicht Reinhold Maier bereits 1948 seine damals wie heute höchst lesenswerten »Briefe und Tagebuchaufzeichnungen von 1944 bis 1946«. In einem Brief an seine Frau vom 18. November 1945 heißt es:

Langsam bekomme ich wieder Fühlung mit Stuttgart. Seit der Übernahme des Amtes im September hatte sich mein Aufenthalt in Stuttgart eigentlich auf die Häuser Olgastraße 7 (Staatsministerium) und Olgastraße 11 und 13 (Militärregierung Württemberg-Baden) beschränkt. Olgastraße 7 ist ein sehr einfaches Amtsgebäude. Im Vergleich zu der einstigen Pracht der Villa Reitzenstein, die erhalten ist, aber den Amerikanern als Casino dient, sieht man, wie wir heruntergekommen sind. Das Gebäude und die Räume sind mehr als bescheiden. Aber ich bin froh, dass ich meinen Kopf gegen Wünsche nach größerer Repräsentation durchgesetzt habe.

In einem Brief vom 7. Dezember 1945 charakterisiert Maier den Generalleutnant Lucius D. Clay, mit dem er nun häufig zu tun hat:

Es mag ein schlechter Vergleich sein, und doch ist es so: Er wirkt wie einer der ausgezeichneten Typen, welche der deutsche Generalstab in seinen besten, unantastbaren Persönlichkeiten immer wieder hervorgebracht hat, keineswegs der Haudegentyp einer früheren Zeit, sondern kultiviert, straff, für gewöhnlich eher wortkarg, auf seinem ureigensten Fachgebiet jedoch wortgewandt und von geschliffener Klarheit.

Zweierlei wird aus diesen wenigen Briefstellen klar: Reinhold Maier zieht es nicht in die Villa Reitzenstein, die er vom Keller bis zum Dach bestens kennt, denn als Minister in den dreißiger Jahren ist er regelmäßig auf der Gänsheide gewesen. Sein Drang, dort oben zu residieren, wo bis vor einem halben Jahr noch seine Peiniger und Verfolger, die Mörder seines politischen Freundes Eugen Bolz geherrscht haben – das hat für ihn überhaupt keine Eile.

Fast anekdotisch wird darüber berichtet, dass damals jedermann ohne Mühe, ohne jegliche Kontrolle den Ministerpräsidenten in seinem Büro an der Olgastraße aufsuchen kann: Wenn dort jemand anklopft, ruft Maier »Herein!« – ein Vorzimmer oder gar Wachleute gibt es nicht. Welch ein krasser Gegensatz zu heute: Seit den Terroranschlägen der RAF (Rote

Armee Fraktion) in den siebziger Jahren sind die Villa Reitzenstein und die Villa Clay durch Mauern, sogenannten Nato-Draht, Überwachungskameras und Sicherheitsleute geschützt. Daran wird sich auch in Zukunft nichts ändern.

Auf dem Weg in den Südweststaat

Man stelle sich das vor in jenen ersten Nachkriegsjahren: Der Ministerpräsident wohnt in Schwäbisch Gmünd, fährt Tag für Tag von dort mit dem Zug nach Stuttgart, abends wieder nach Hause. Einen Chauffeur, der ihm die Wege einfacher macht, steht ihm nicht zur Verfügung, eine Wohnung oder auch nur ein einfaches Zimmer in Stuttgart hat er nicht. Erst im September 1948, Lucius D. Clay hat Stuttgart endgültig verlassen, der Länderrat existiert nicht mehr, übergeben die Amerikaner die Villa Reitzenstein an das Land Württemberg-Baden; die beengten Verhältnisse im Staatsministerium an der Olgastraße lassen mittlerweile keinen vernünftigen Amtsbetrieb mehr zu. Reinhold Maier sieht nach drei Jahren als Ministerpräsident jetzt doch die Notwendigkeit, seine Arbeitsbedingungen und die seiner engsten Mitarbeiter zu verbessern, effizienter zu organisieren. Seine Regierung braucht, selbst wenn es ihm persönlich kaum behagt, Räumlichkeiten zur Repräsentation. Die Zeit ist reif, dass die Villa Reitzenstein an der Richard-Wagner-Straße endgültig der Dienstsitz der Ministerpräsidenten wird – die Familie von Reinhold Maier verlässt kurz darauf Schwäbisch Gmünd, zieht in eine bescheidene Wohnung an der vom Dienstsitz nicht allzu weit entfernten Olgastraße am südöstlichen Rand der Innenstadt.

Apropos bescheiden. In einem Brief vom Februar 1948, der sich in den Archiven erhalten hat, schreibt der Staatspräsident Reinhold Maier an »Lucius D. Clay, US-Militärregierung Berlin«:

Mein, des Ministerpräsidenten eigenes Arbeitszimmer, mangelhaft belichtet, eng und von hässlichen Hintergebäuden überhöht, hat wohl nicht seinesgleichen irgendwo in unserem jetzigen verwüsteten Deutschland. Deshalb bitte ich um die Rückgabe der Villa Reitzenstein, die im Besitz unseres Landes steht. Diese Bitte möchte ich namens der Landesregierung Württemberg-Badens aussprechen in dem Bewusstsein, dass wir bisher vorbildliche Beschei-

Ministerpräsident Reinhold Maier (stehend) und sein Ministerrat, einfach gesagt sein Kabinett. Die Runde tagt regelmäßig im Gobelinsaal. Es geht um die Anfänge einer neuen, politisch frei und selbst verantworteten Landespolitik für Baden-Württemberg.

denheit geübt haben, dass aber der Gedanke der Demokratie, den wir unserem Volk auch in seiner Größe und Würde vor Augen führen müssen, da auch notleidet, wenn er auf die Länge gar zu kümmerlich vertreten wird.

Im Übrigen wollen in diesen ersten Nachkriegsjahren die Probleme kein Ende nehmen. Das Arbeitspensum für Männer wie Reinhold Maier oder Oberbürgermeister Arnulf Klett, die ein kollegiales Verhältnis pflegen, erscheint im Nachhinein fast übermenschlich. Klett beispielsweise, der 1974 im Amt stirbt, wird man in den ehrenvollen Nachrufen ein »Leben für Stuttgart« bescheinigen. Die Älteren erinnern sich bis heute mit Grausen daran: Im Hungerwinter 1947 sterben hunderte Menschen im Land an Unterernährung und Erfrierungen. Stuttgart wird zwar als erste Großstadt »trümmerfrei« gemeldet, doch der Wiederaufbau läuft langsam an, das vielzitierte Wirtschaftswunder ist noch weit. Vor allem eine Frage, deren Lösung durch die Bürgerschaft man heute zu

Neuanfang in Trümmern | 155

Recht als Glücksfall bezeichnet, beschäftigt die Politik. Der Landeskundler Paul Sauer schildert die Ausgangslage mit einfachen Worten:»Südwestdeutschland ist 1945 in zwei Besatzungszonen aufgeteilt: Nordbaden und Nordwürttemberg haben die Amerikaner, Südbaden und Südwürttemberg mit Hohenzollern die Franzosen besetzt. Im September bilden die Amerikaner aus ihren Landesteilen das Land Württemberg-Baden, die Franzosen bilden zwei Länder: Südbaden und Südwürttemberg-Hohenzollern.«

Gegen Ende der vierziger Jahre scheint die Zeit reif, die alte Idee des von den Nazis ermordeten Staatspräsidenten Eugen Bolz neu zu erörtern, nämlich den Zusammenschluss von Baden, Württemberg und Hohenzollern zu einem Land mit einem Landtag und einer Regierung. Wohlgemerkt, 1948 wird durch die Währungsreform die »Deutsche Mark« eingeführt, 1949 gibt sich die neu gegründete Bundesrepublik Deutschland ihr Grundgesetz. Im Südwesten aber wird vor allem gestritten: Wohlgemerkt, Reinhold Maier ist »nur« der Ministerpräsident von Württemberg-Baden, der Altbadener Leo Wohleb ist der südbadische Staatspräsident, er möchte mit Macht sein unabhängiges Baden wiederhergestellt wissen, während der Landtag von Württemberg-Hohenzollern am 13. August 1948 den gerade 48-jährigen Gebhard Müller zu seinem Staatspräsidenten gewählt hat. Reinhold Maier feiert 1949 seinen 60. Geburtstag, Leo Wohleb ist Jahrgang 1888 – diese drei, die keineswegs ein Trio sind, wie man meinen könnte, stehen bis zum Beginn der fünfziger Jahre im Zentrum des Ringens um den besten Weg für die Neugliederung des Südwestens.

Dabei wäre noch eine Fußnote der Stuttgarter Stadtgeschichte anzufügen: Als 1949 das Grundgesetz in Kraft tritt, als der liberale Schwabe Theodor Heuss erster Bundespräsident wird, kommt der knitze Oberbürgermeister Arnulf Klett auf die Idee, für sein Stuttgart die Hand zu heben, als der Bund eine neue Bundeshauptstadt sucht. Stuttgart hat alles, was es dazu braucht! Das behauptet Klett, bietet kurzerhand auch Gebäude, die ihm bzw. der Stadt gar nicht gehören, dem Bund zur Nutzung an. So vermerkt es die Stadtchronik der Jahre zwischen 1949 und 1953. Die von manchen erhobene Behauptung, auch die Villa Reitzenstein sei von Klett damals als Kanzleramt oder Sitz des Bundespräsidenten ins Gespräch gebracht worden, wird von der Chronik allerdings nicht gedeckt. Dass Konrad Adenauer, der erste Bundeskanzler, die Stadt Bonn am Rhein durchsetzt, weil der im nahen Örtchen Rhöndorf wohnt, macht Stuttgarter Blütenträume bald zunichte.

Sagen wir es einmal so: Für alle drei, für Reinhold Maier, Gebhard Müller und Leo Wohleb wird die Villa Reitzenstein zum Schicksalsort, nicht persönlich, wohl aber politisch. Maier und Müller möchten die Neuordnung an der Spitze maßgeblich gestalten, wollen von der Gänsheide aus das Land in eine gute Zukunft führen. Leo Wohleb indessen weigert sich beharrlich, möchte sein Badener Land nicht im Stich lassen, fürchtet regelrecht dessen Unterdrückung, hat mit der Stuttgarter Halbhöhenlage nicht das Geringste im Sinn. Der Verfassungsstreit zieht sich hin, droht im Kleinklein stecken zu bleiben. Nicht zu vergessen: Alle drei sind nicht nur den Bürgern verpflichtet, den Wählern also, die noch immer skeptisch auf die Herrschenden schauen – auch ihre im Aufbau befindlichen Parteien achten streng darauf, dass sie nicht zu kurz kommen. Die Machtfrage ist virulent.

Zwei weitere historische Daten müssen hervorgehoben werden: der 9. Dezember 1951 und der 25. April 1952. Kurz vor Weihnachten 1951 haben die Bürger im Südwesten die Qual der Wahl, auf ihren Stimmzetteln bietet sich diese eine Alternative: »1. Ich wünsche die Vereinigung der drei Länder Baden, Württemberg-Baden und Württemberg-Hohenzollern zu einem Bundesland (Südweststaat).« Oder: »2. Ich wünsche die Wiederherstellung des alten Landes Württemberg einschließlich Hohenzollern.«

Die Volksabstimmung endet mit 69,7 Prozent zugunsten eines neuen Südweststaats, 30,3 Prozent votieren dagegen; im Südbadischen überwiegen zwar die Nein-Stimmen, können aber am Gesamtentscheid nichts ändern. Reinhold Maier behauptet seine Führungsrolle und wird am 25. April 1952 von der Verfassunggebenden Landesversammlung, die im Eduard-Pfeiffer-Haus an der Stuttgarter Heusteigstraße tagt, zum Ministerpräsidenten gewählt. Maier bekommt 64 Stimmen, weil ihn auch die SPD und der Block der Heimatvertriebenen und Entrechteten (BHE, eine rechtskonservative Partei, die in den sechziger Jahren ihre Basis verliert) unterstützen – Gebhard Müller, der Kandidat der CDU, erhält nur 50 Stimmen, zieht den Kürzeren, ist enttäuscht, ja persönlich verbittert, wird später sogar sagen, dies sei »die schwärzeste Stunde meiner politischen Laufbahn gewesen«. Zu allem Überfluss liegen in der Wahlurne auch noch sechs ungültige Stimmzettel, was für geraume Zeit Misstrauen sät im Landtag.

Reinhold Maier, der mit seinem altväterlichen Schnauzbart stets so gemütlich dreinschaut und aussieht, als könnte er kein Wässerchen trüben – in Wahrheit ist er ein Schlitzohr, bleibt vorerst der Hausherr der

Neuanfang in Trümmern | 157

Der greise Reinhold Maier trifft in der Villa Reitzenstein den neuen Ministerpräsident Hans Filbinger; ein Bild aus der Mitte der sechziger Jahre.

Villa Reitzenstein, bis heute der einzige Ministerpräsident eines Bundeslandes, den die FDP jemals gestellt hat. Noch im Vorfeld der denkwürdigen Wahlen lässt er Gebhard Müller in dem festen Glauben, die FDP in eine Koalition mit der CDU führen zu wollen, doch als er die Chance wittert, selbst die Spitze des Staates zu erklimmen, quasi eine historische Rolle zu spielen, handelt er nach dem alten schwäbischen Politikerwort: »Was goht mi mei saudomms Gschwätz von geschtern ah?« (Auf Hochdeutsch: Was geht mich heute mein saudummes Gerede von gestern an?)

158 | Neuanfang in Trümmern

Taschenuhr und Glockenschlag

An diesem 25. April 1952 macht Reinhold Maier tatsächlich Geschichte, zieht, am Rednerpult stehend, um 12.30 Uhr plötzlich seine goldene Taschenuhr hervor und ruft:»Mit dieser Erklärung sind die Länder Baden, Württemberg-Baden und Württemberg-Hohenzollern zu einem Bundesland vereint. Gott schütze das neue Bundesland!« Auf den Namen »Baden-Württemberg« einigt man sich erst später.

Lange mochten sich die Südbadener mit dem Votum von 1951 nicht abfinden. Kaum jemand weiß heute noch, dass es im Juni 1970 (!) im badischen Landesteil zu einer neuerlichen Volksabstimmung kommt, bei der sich überwältigende 81,9 Prozent für den Verbleib im »Musterländle« aussprechen. Da ist Leo Wohleb, 1955 plötzlich gestorben, bereits Legende.

Reinhold Maiers 1952 so rasch gebildete Regierung aus seiner FDP/DVP, der SPD und dem BHE – die CDU muss als stärkste Fraktion schimpfend und zähneknirschend in die Opposition –, also dieses ziemlich gewagte parteipolitische Konstrukt hält nur gut ein Jahr: Bei der Bundestagswahl am 6. September 1953 erobern die Christdemokraten in Baden-Württemberg die absolute Mehrheit, Maier zieht die politische Konsequenz, tritt Ende September zurück, macht den Weg frei für Gebhard Müller, der am 7. Oktober 1953 neuer Ministerpräsident wird.

Damit ist Maiers durchaus bemerkenswerte Karriere in der Landespolitik vorerst beendet, er geht nach Bonn, wo er ein Bundestagsmandat innehat, kommt an die Spitze der FDP, muss aber mehr und mehr erkennen, dass die bundespolitische Entwicklung der fünfziger und sechziger Jahre über ihn hinweggeht. 1961 wird er noch einmal in den Landtag gewählt, scheidet im Mai 1964 dann endgültig aus. Über die Jahre wird er innerhalb der Liberalen zunehmend in die konservative Ecke der verdienten, aber unmodernen Altväter gedrängt, riskiert ein ums andere Mal den Streit mit den Parteioberen. 1969 ernennt ihn der Stuttgarter Gemeinderat zum Ehrenbürger. Am 19. August 1971 stirbt Maier, wird in seiner Heimatstadt Schorndorf begraben.

Bescheidenheit ist eine Zier ...

Die Villa Reitzenstein unter Gebhard Müller und Kurt Georg Kiesinger

Ein rechtschaffener Jurist führt das neuformierte Baden-Württemberg in die fünfziger Jahre. Und ein brillanter Redner mit Sinn und Gespür für das Repräsentative des Staates wird erst Ministerpräsident in Stuttgart, später Bundeskanzler der Großen Koalition aus CDU und SPD in Bonn.

Der 30. September 1953, ein denkwürdiger Mittwoch, markiert für Gebhard Müller den Tag seiner tiefsten persönlichen Genugtuung: Eine Große Koalition aus seiner CDU, aus SPD, FDP und BHE, die er selbst »geschmiedet« hat, wählt ihn mit 79 von 110 Stimmen zum neuen Ministerpräsidenten. Seit 1947, seit seinem Einzug in den Landtag von Württemberg-Hohenzollern, seit August 1948, als er dort das Amt des Staatspräsidenten übernehmen konnte, hat sich Müller für nichts so sehr eingesetzt, ja geradezu verkämpft, wie für die Gründung des Südweststaates. Jetzt wähnt er sich am Ziel, will von der Villa Reitzenstein aus das neue Bundesland in eine gute Zukunft führen, als ehrlicher Makler die tiefen Gräben zuschütten und überwinden, die zwischen den Altbadenern und den Schwaben aufgebrochen sind. Viele Jahre später, im Mai 1980, wird Gebhard Müller in einem Gespräch mit dem SDR-Intendanten Hans Bausch sagen: »Reinhold Maier hatte diese Bundestagswahl gleichsam als Testwahl für seine Bundespolitik, nämlich für seine Anti-Adenauer-Politik, erklärt und damit eine entscheidende Niederlage im Land erlitten.«

Gebhard Müller schafft es tatsächlich, binnen weniger Jahre als »Vater des Südweststaates« in die Landesgeschichte einzugehen. Aber seine

Der Stuttgarter Künstler Peter Jakob Schober (1897–1983) porträtiert 1959 den Ministerpräsidenten Gebhard Müller, der von 1953 bis 1958 Hausherr auf der Villa Reitzenstein gewesen ist. Müller gilt als »Baumeister des Südweststaates«.

Amtszeit währt nur fünf Jahre bis 1958, seine Biografen werden später sagen und schreiben: Gebhard Müller hat das Wohl des Landes, quasi die Staatsraison und den Primat des Rechts, über das Parteiengezänk und den Machthunger einzelner Spitzenpolitiker gestellt! Den Ränkespielen im politischen Tagesgeschäft war er mit zunehmender Dauer immer weniger gewachsen, ihrer bald überdrüssig. Ihm mangelte es an persönlichem Charisma und Redetalent, ein Manko in der beginnenden Medien-

Bescheidenheit ist eine Zier ... | 161

demokratie. Sein größtes Verdienst besteht darin, als absolut integrer, souveräner Landesvater die beiden Landesteile Baden und Württemberg untrennbar zusammengefügt zu haben. Nach Gebhard Müller gab es in dieser Frage kein Zurück mehr.« Das ist nicht wenig für einen Mann des Jahrgangs 1900, der im Dezember 1958 für viele unerwartet vom Amt des Ministerpräsidenten zurücktritt, um im Februar 1959 sein neues Amt als Präsident des Bundesverfassungsgerichts in Karlsruhe anzutreten.

Gebhard Müller liebt es bescheiden

Der Volksschullehrer Johannes Müller und seine Frau Josefa führen im streng katholisch geprägten Dorf Füramoos im alten Oberamt Biberach eine gottesfürchtige Musterehe. Am 17. April 1900 wird dort als fünftes Kind dieser oberschwäbischen Familie der kleine Gebhard geboren. Weil der Vater seine Stelle wechseln muss, wachsen die Kinder in Ludwigsburg auf; der junge Gebhard besucht das Progymnasium in Rottenburg am Neckar, dem Sitz des Bischofs, soll Geistlicher werden, geht aufs Gymnasium nach Rottweil. Noch 1918, das Ende des Ersten Weltkriegs naht, muss der junge Mann in Ludwigsburg zum Militär, schafft das Notabitur, wird Kanonier, verdient sich als Privatlehrer ein karges Zubrot, geht dann als junger Student nach Tübingen, um dort Theologie, Philosophie und Geschichte zu hören.

Die Zeiten sind auch im damals noch recht verschlafenen Südwesten turbulent. Gebhard Müller ändert plötzlich seine beruflichen Pläne, studiert fortan Jura und Staatswissenschaft, geht deshalb 1923 nach Berlin, hört Vorlesungen beim weltberühmten Albert Einstein und verfolgt von der Tribüne aus viele Debatten im Reichstag. Der junge Mann aus dem katholischen Württemberg wird mehr und mehr politisiert – von der Theologie ist keine Rede mehr. Bald erleben wir ihn wieder als Student in Tübingen, 1926 als Referendar an verschiedenen Gerichten, als Mitarbeiter in Kanzleien. 1929 wird Gebhard Müller in Tübingen »magna cum laude« promoviert. Am Beginn der dreißiger Jahre tritt er in die konservative Zentrumspartei ein, wird 1932 deren Bezirksvorsitzender in Rottenburg. Die Politik lässt ihn nicht los.

Was dann geschieht, mag heute verwundern, ist jedoch der für viele Zeitgenossen schwierigen Orientierung jener Jahre geschuldet: Einer-

162 | Bescheidenheit ist eine Zier ...

seits geht Müller nicht in die NSDAP, andererseits wird er»förderndes Mitglied« der SS und Mitglied des Bundes Nationalsozialistischer Deutscher Juristen. Am 9. November 1938 zeigt er den Mut des Unerschrockenen: Als in Göppingen, wo er jetzt als Amtsrichter arbeitet, die jüdische Synagoge brennt, die Polizei, die Feuerwehr und der Landrat tatenlos dabei zuschauen, erstattet Müller»Anzeige gegen unbekannt wegen unterlassener Hilfeleistung«. Prompt wird er strafversetzt – nach Stuttgart. Im Nachhinein erweist sich diese»Strafe«als richtungsweisender Glücksfall, denn in der Metropole des Landes stößt er auf Zentrumspolitiker wie den von den Nazis verfolgten Eugen Bolz, knüpft erste Kontakte zu Politikern wie dem Liberalen Reinhold Maier.

1939 muss Gebhard Müller als Soldat in den Frankreich-Feldzug, kehrt ein Jahr später zurück, heiratet im Herbst 1940 Marianne Lutz; beide wohnen an der Stuttgarter Charlottenstraße. Nun arbeitet er als Richter am Landgericht, muss 1944 erneut als Soldat an die Front, zunächst als Flakhelfer in Rottweil, später an die Ostfront. Im Mai 1945 wird er aus französischer Gefangenschaft entlassen, denn er kann seine Kontakte zum hingerichteten Nazi-Opfer Eugen Bolz belegen und nachweisen, dass er kein Mitglied in Hitlers NSDAP gewesen ist.

Im Herbst 1945 beginnt für Gebhard Müller seine Laufbahn als Jurist in den Diensten der sich neu formierenden Landesteile in Tübingen, 1946 ist er an maßgeblicher Stelle dabei, als dort die erste CDU-Ortsgruppe gegründet wird; die alte Zentrumspartei hat sich Ende der dreißiger Jahre unter dem Druck der Nationalsozialisten aufgelöst, eine Neugründung kommt nicht in Frage. Im Frühjahr 1947 wird er an die Spitze der neuen CDU Württemberg-Hohenzollern gewählt, im Mai folgt für ihn als CDU-Spitzenkandidat der Einzug in den ersten Landtag. Dort jedoch scheitert er im Kloster Bebenhausen vor den Toren von Tübingen bei der Wahl zum Staatspräsidenten»von Württemberg-Hohenzollern gegen seinen Parteifreund und Widersacher Lorenz Bock. Müller hadert schwer mit der Niederlage, wird immerhin CDU-Fraktionschef. Als Bock im Sommer 1948 unerwartet stirbt, ist für ihn der Weg frei zum Staatspräsidenten.

Alles Weitere ist bekannt, auch einiges, was uns heute merkwürdig anmutet und doch typisch ist für diese Generation: Gebhard Müller kommt nämlich nicht im Traum auf die Idee, mehr Zeit als irgend notwendig in seiner Dienstvilla auf der Gänsheide zu verbringen. Er nimmt für sich und seine Familie ganz selbstverständlich eine bescheidene Dienstwohnung an der Schorndorfer Straße in Ludwigsburg: Genau dort steht

Bescheidenheit ist eine Zier ... | 163

Prominenter Besuch in der Villa Reitzenstein im Januar 1954: Der Schwabe Theodor Heuss, erster Bundespräsident der noch jungen Bundesrepublik, besucht ganz offiziell das Land und seinen Ministerpräsidenten Gebhard Müller (rechts). Eine Garde in historischen Uniformen verabschiedet das Staatsoberhaupt mit Fanfarenklängen.

die Strafvollzugsanstalt! Darin wohnt der Ministerpräsident Tür an Tür mit anderen Bediensteten des Landes. Müller möchte offenbar Geld sparen für ein eigenes Häusle, das er sich 1958 auf dem Stuttgarter Killesberg leisten kann. Allermeistens, so ist es von Zeitgenossen überliefert, kommt er mit der Straßenbahnlinie 10 auf die Gänsheide gefahren, geht die wenigen Schritte von der Haltestelle »Bubenbad« zu Fuß zur Villa Reitzenstein. Damit bedient der Ministerpräsident das Klischee vom sparsamen Schwaben, der ja, wie jeder weiß, »ein wegen übertriebener Sparsamkeit des Landes verwiesener Schotte« sein soll.

Aber auch das ist Gebhard Müller: Als der große Thomas Mann, Nobelpreisträger für Literatur des Jahres 1929, am 9. Mai 1955 nach Stuttgart kommt, um am 150. Todestag des Dichtergenies aus Marbach am Neckar die zu diesem Datum übliche »Schiller-Rede« zu halten, muss der Ministerpräsident zwar wegen des Protokolls zum Auftritt des Schriftstellers ins Große Haus – ein Empfang Thomas Manns auf der Villa Reitzenstein kommt für Müller aber nicht in Betracht. Er verübelt Thomas Mann – wie damals viele Deutsche – dessen kritische Haltung gegenüber dem Dirigenten Wilhelm Furtwängler, dem er 1945 zu wenig Distanz zum Nazireich vorgehalten hat. Überhaupt, so denkt man in der noch jungen Bundesrepublik, hatten ja alle diejenigen leicht reden, die (rechtzeitig) geflohen waren und den Krieg aus sicherer Entfernung beobachtet hatten. Wobei zum besseren Verständnis für die Nachgeborenen angemerkt sei, dass man in den fünfziger Jahren vielen Emigranten, die vor Hitler geflohen waren und nun wieder in ihre Heimat zurückkehren, ernsthaft übelnimmt, dass sie aus sicherer Warte die Verstrickungen des Volkes in die NS-Zeit kritisieren. Mancher nennt sie gar Verräter.

164 | Bescheidenheit ist eine Zier ...

Diese Sichtweise wandelt sich im Grunde erst durch die Rede von Bundespräsident Richard von Weizsäcker zum 50. Jahrestag des Kriegsendes am 8. Mai 1985 im Bonner Bundestag. Er nennt diesen 8. Mai 1945 »Tag der Befreiung« – bis dahin gilt er vielen in Deutschland als Tag des Zusammenbruchs und der Kapitulation vor den Alliierten. Als Gebhard Müller im April 1980 seinen 80. Geburtstag feiern kann, äußert er sich erstmals zu den Gründen für das Ende seiner politischen Laufbahn anno 1958: »Alle Spekulationen waren falsch: Der einzige Grund, warum ich weggegangen bin, war ein rein gesundheitlicher: Ich habe aus dem Krieg ein schweres Magenleiden mitgebracht, das mir immer wieder kolossale Schmerzen bereitet hat. Die Ärzte haben mir erklärt: Wenn Sie sich dem Stress des Ministerpräsidenten weiter aussetzen, gibt es unter keinen Umständen eine Besserung.«

Vom Februar 1959 bis Ende 1971 ist Gebhard Müller der Präsident des Bundesverfassungsgerichts in Karlsruhe. Er stirbt, hochgeehrt von Universitäten, von seiner Partei, von Bund und Land, von verschiedenen Institutionen im Ausland, am 7. August 1990 in Stuttgart. Die Stadt widmet ihrem Ehrenbürger ein Ehrengrab auf dem Waldfriedhof in Degerloch, unweit von Walter Hallstein, dem einstigen Berater Adenauers, unweit auch vom SPD-geprägten Ehepaar Erwin und Helene Schoettle und nicht allzu weit entfernt von Arnulf Klett, Theodor Heuss und Robert Bosch.

Ein weltgewandter Import aus Bonn

Als Gebhard Müller Ende 1958 die Villa Reitzenstein binnen weniger Tage verlässt, ist für seine politischen Freunde, ist für die gesamte CDU Baden-Württembergs guter Rat teuer. Wer soll das vakante Amt übernehmen? Wo gibt es einen Politiker aus den eigenen Reihen, der zwei Jahre vor der nächsten Landtagswahl kraftvoll und selbstbewusst den Hut in den Ring wirft mit Aussicht auf Erfolg, schließlich möchte man die Vormachtstellung der Konservativen im Südwesten keinesfalls aufs Spiel setzen.

Wie es genau gelaufen ist, wer wann welche Ideen äußert, erste Kontakte knüpft, die entscheidenden Fragen stellt – das alles lässt sich im Nachhinein nicht mehr exakt rekonstruieren. Es heißt, die CDU-Landtagsfraktion habe ihre Fühler in die damalige Bundeshauptstadt Bonn

am Rhein ausgestreckt, um ein gestandenes Eigengewächs nach Stuttgart und in die Villa Reitzenstein zu locken: Kurt Georg Kiesinger. Der Eins-neunzig-Mann von der Schwäbischen Alb, 1904 in Ebingen geboren, gehört seit 1949, also seit der historisch ersten Stunde, dem Bundestag an, besitzt als außenpolitischer Sprecher seiner Fraktion einen guten Namen, gilt als glänzender Redner mit großer Zukunft. Allerdings hat ihm der Kanzler Konrad Adenauer 1957 eine »bittere Pille« verpasst: kein Ministeramt nach der erfolgreichen Bundestagswahl vom 15. September, bei der die CDU mit 50,2 Prozent die absolute Mehrheit erringt, die SPD mit 31,7 Prozent abschneidet und die Liberalen mit 7,7. Die Wahlbeteiligung beträgt übrigens 88,2 Prozent, ein Wert, von dem die politische Klasse und die demokratische Kultur heute nur träumen können. Nur am Rande erwähnt: Über die Landesliste der SPD zieht 1957 Helmut Bazille in den Bonner Bundestag ein, der Sohn des umstrittenen Staatspräsidenten aus den zwanziger und frühen dreißiger Jahren, Wilhelm Bazille. Sein Sohn ist ein redlicher Demokrat.

In dieser für ihn so misslichen Lage kommen für Kurt Georg Kiesinger die Offerten aus seiner schwäbischen Heimat gerade recht. Später wird er ehrlich einräumen:»Es war mir nicht ganz wohl in meiner Haut. Ich habe viel, viel aufgegeben in Bonn, und ich fragte mich tatsächlich, ob die Entscheidung, die ich getroffen hatte, richtig sei. Als entscheidendes Argument hatte ich Adenauer mitgeteilt, dass ich endlich einmal regieren möchte!« Der Alte, wie die eigenen Leute den Kanzler nennen, bedauert Kiesingers Weggang nun plötzlich – erst hatte er den Württemberger, den man später »Häuptling Silberzunge« nennen wird, nach Kräften protegiert, dann aber kompromittiert, als der sich erlaubte, andere Ansichten zu äußern als Adenauer, der als Bundeskanzler klar, bisweilen stur und eigensinnig die Richtlinien der Politik bestimmt.

Nur wenige Tage vor Weihnachten, am 17. Dezember 1958, wählt der Landtag in Stuttgart Kurt Georg Kiesinger zum neuen Ministerpräsidenten. Die Landesverfassung macht das möglich, wenngleich der neue Herr auf der Gänsheide kein Landtagsmandat besitzt – noch kein Mandat: 1960 gewinnt er die von seiner Partei mit Spannung erwartete dritte Landtagswahl im noch recht jungen Südweststaat mit 39,5 Prozent, was drei Prozent Verlust bedeutet gegenüber den erstarkten Sozialdemokraten mit 35,5 Prozent. Kiesinger selbst zieht erstmals in den Landtag ein, kann aus der bisherigen Allparteienkoalition eine Kleine Koalition mit den Liberalen eingehen. Am 23. Juni 1960 steht die neue Regierung, wird Kiesinger als Ministerpräsidenten im Amt bestätigt.

Der politische Journalist Gerhard Konzelmann charakterisiert Kiesingers Einzug in die Villa Reitzenstein als den Beginn einer neuen Ära auf der Gänsheide mit treffenden Worten:»Zum ersten Mal in seiner Geschichte wurde in dem prächtigen Bau wirklich Hof gehalten: Die Empfänge waren aufwendiger, vor allem aber würdiger. Waren die Gäste bisher zumeist Politiker aus dem Land gewesen, die Ausnahmen waren

Gegenüberliegende Seite: Dieses offizielle Porträt Kiesingers, das wie alle anderen in der Villa Reitzenstein hängt, ist eine Besonderheit: Ruth T. Heppel hat es geschaffen, die Gattin des damaligen britischen Generalkonsuls in Stuttgart. Kiesinger legt in seinen Amtsjahren großen Wert auf die Repräsentation, macht seinen Amtssitz zu einem Ort nobler Treffen und Empfänge.

selten, so wurden jetzt Künstler und Wissenschaftler geladen. Kiesinger liebte das Gespräch mit den Intellektuellen: mit Gelehrten, mit Theaterintendanten, mit Schauspielern, mit Sängern, Dichtern und Schriftstellern. Sie trafen sich in der Empfangshalle, in der Bibliothek, im Gobelinzimmer.«

Der Nachfolger von Gebhard Müller pflegt in der Tat einen offenen Regierungsstil, der bewusst auf Repräsentation abzielt. Der Staat, wie er ihn versteht, darf sich durchaus inszenieren, darf herzeigen, auf welche demokratische Weise er sich unterscheidet von allem, was früher einmal war. Dabei kommen Kiesinger die Villa Reitzenstein und das wieder aufgebaute Neue Schloss (1958–1964), der neue Landtag von 1961 im Oberen Schlossgarten und auch der Stuttgarter Fernsehturm von 1956 gerade recht.

Ein symbolträchtiges Foto aus dem Jahr 1959 bestätigt dies: Der Landesvater übergibt am 27. Januar in der Villa Reitzenstein gleich mehrere Große Bundesverdienstkreuze an die Elite aus Kultur, Publizistik und Politik – allesamt Männer. Auf dem historischen Bild sieht man den Hausherrn auf der Treppe zur Bibliothek, die hochgeehrten Herren halten fast unmerklich einen kleinen Abstand zu ihm. Alle schauen ziemlich ernst drein: der Maler Otto Dix, Hermann Reutter, der Direktor der Stuttgarter Musikhochschule, der Schriftsteller Ernst Jünger, Josef Eberle, der Chefredakteur und Herausgeber der »Stuttgarter Zeitung«, Staatstheaterintendant Walter Erich Schäfer.

Kuriosum am Rande: Im umfänglichen Nachlass von Ernst Jünger, der auf der Marbacher Schillerhöhe verwahrt wird – wo man, nebenbei bemerkt, die Gründung des Literaturarchivs dem mäzenatischen Josef Eberle verdankt, der das legendäre Cotta-Archiv erwirbt und für Marbach stiftet –, bei Jünger also findet sich, geschrieben am 6. Februar 1959, ein Brief von Jünger an Otto Dix:»Erst durch die Zeitungen habe ich erfahren, dass ich am 27. Januar in der Villa Reitzenstein neben Ihnen gesessen habe. Ich hatte bei der Vorstellung Ihren Namen nicht verstanden, wie überhaupt kaum einen der anwesenden Herren. Dass ich in dieser Unkenntnis neben Ihnen gesessen habe, bedaure ich umso mehr, als ich seit langem Ihr Werk schätze.« Hörte Ernst Jünger so schlecht? Oder missachtete dieser selbstsichere Geistesmensch einfach die anderen Ordensträger? Otto Dix jedenfalls nimmt die Sache gelassen, schreibt am 7. Februar 1959 an Jünger:»Ich fand es auch schade, dass ich mich mit Ihnen nicht unterhalten konnte. Das liegt wohl auch in unserem beiderseitig ähnlichen Temperament.«

168 | Bescheidenheit ist eine Zier …

Die berühmt gewordene Ordensverleihung vom 27. Januar 1959. In der Bibliothek überreicht der Ministerpräsident (Mitte) acht Männern die höchsten Orden des Staates. Von links: der Maler Otto Dix, Hermann Reutter, Direktor der Musikhochschule, der Schriftsteller Ernst Jünger (vorne), Richard Kuhn (dahinter), Chemie-Nobelpreisträger von 1938, Oskar Farny (hinten), Minister für Bundesangelegenheiten, Oberbürgermeister Arnulf Klett, Josef Eberle, Herausgeber der »Stuttgarter Zeitung«, Generalintendant Walter Erich Schäfer sowie Generalmusikdirektor Ferdinand Leitner.

Im Mai 1962 kommt es zu einem peinlichen Zwischenfall, der anschaulich dokumentiert, dass die Villa Reitzenstein ausgerechnet in einer Phase, in der sie lebhaft genutzt wird, nicht mehr auf der Höhe der Zeit ist: »Technik und Elektrik sind häufig überlastet. Ausgerechnet bei einem Empfang kommt es zu einem Kurzschluss, der den Alarm der Sicherheitsanlage auslöst. Das Eintreffen des Überfallkommandos während des Empfangs wurde als besonders misslich empfunden.« Wohlgemerkt, »Überfallkommando« nannte man damals die mit Martinshorn ausgerüs-

Bescheidenheit ist eine Zier ... | 169

Das Kabinett von Kurt Georg Kiesinger tagt nicht mehr im Erdgeschoss der Villa Reitzenstein, sondern im eigentlichen Kabinettssaal im ersten Stock, wo bis heute die Landesregierungen tagen. Rechts neben dem Ministerpräsidenten der Innenminister Hans Filbinger, der 1966 Kiesingers Nachfolger wird.

teten großen Wagen der Kriminalpolizei. Wem der fragliche Empfang galt, ist (leider) nicht überliefert.

Der persönliche Arbeitsstil des neuen Ministerpräsidenten macht landauf, landab rasch die Runde: Das Aktenstudium ist ihm geradezu verhasst, anders als seinem eher spröden Vorgänger Gebhard Müller. Montags kommt Kiesinger grundsätzlich nicht ins Büro, wandert lieber durch den Schönbuch, den er so liebt und wo er die Dinge gedanklich durchdringt. Nicht selten müssen seine engsten Mitarbeiter mit ihm wandern. Prinzipiell möchte er in Tübingen wohnen bleiben, wo seine Familie seit langem lebt. Nur manchmal muss er in der ersten Zeit mit einer möblierten Dachstube in der Villa Reitzenstein vorliebnehmen. Von seinen Mitarbeitern erwartet er täglich Geistesblitze – und Widerspruch, der ihn reizt und anstachelt.

Apropos Mitarbeiter: Kurt Georg Kiesinger ist es, der in der Villa Reitzenstein nicht nur das Zentrum der politischen Macht in Baden-

Württemberg sieht – ungeachtet des Landtags, den er, wenn es sich schadlos machen lässt, ein ums andere Mal übergeht. Nein, dieser in der Bonner Bundespolitik geschulte Politiker sieht mitten im süddeutschen Wiederaufbau und Wirtschaftswunder die Villa Reitzenstein als sein Instrument, als seine Kaderschmiede für den talentierten und befähigten Nachwuchs der Landesbeamten – mit dem CDU-Parteibuch, versteht sich. Fortan dient das Haus an der Richard-Wagner-Straße regelrecht als CDU-Bastion, als ein Magnet für die ehrgeizigen Jungpolitiker. Das »Stami«, so die stramme Kurzform für das Staatsministerium, lockt alle, die etwas werden möchten im Südweststaat. Die »Grundsatzabteilung« ist quasi ein Talentschuppen. Hier zeigt sich, lange Jahre über die Ära Kiesinger hinaus, die Selbstsicht und die Selbstsicherheit der CDU Baden-Württembergs: Das Land sind wir! So könnte man das selbstgewisse, durchaus auch etwas selbstgerechte Motto der Partei nennen. Dass sie (erst) nach 58 Jahren, im März 2011, tatsächlich die Macht verliert, die Villa Reitzenstein schweren Herzens räumen muss – darüber später mehr.

Der »Entprovinzialisierer« wird Bundeskanzler

Leicht haben es die jungen Leute im »Stami« an der Seite von Kurt Georg Kiesinger am Ende der politisch behäbigen fünfziger Jahre allerdings nicht. Ganz im Gegenteil. Ihre Redeentwürfe weist der Ministerpräsident grundsätzlich zurück, so penibel und in sich schlüssig sie auch sein mögen. Kein Geringerer als Manfred Rommel, später der hochverehrte Oberbürgermeister von Stuttgart, hat uns dies authentisch überliefert: »Auf Gebhard Müller folgte Kurt Georg Kiesinger, brillanter Jurist, überdurchschnittlich gescheit, von beachtlicher geisteswissenschaftlicher Bildung, ein bedeutender Redner und Schriftsteller, der noch bedeutender hätte werden können, wenn ihm nicht sein stilistischer Perfektionsdrang im Wege gestanden hätte. Diesem erlag er oft, wenn er nicht am Rednerpult stand, sondern am Schreibtisch saß.« Mit leichter Feder skizziert Manfred Rommel auch gleich die politischen Projekte, durch die sein einstiger Chef unvergesslich in die Landesgeschichte eingeht: »Kiesingers neue Hochschulprojekte – die Gründung in Konstanz, der Ausbau in Ulm und Mannheim – befanden sich alle in der Nähe der Landesgrenze, also an der Peripherie und nicht in der Landesmitte. Kiesinger verfolgte eine

Ein ganz großer Tag für das Land und seine Landeshauptstadt: Am 24. Mai 1965 besuchen Königin Elizabeth II. und ihr Mann Prinz Philip, Herzog von Edinburgh, Stuttgart. Alle Kinder bekommen schulfrei und Zehntausende drängen sich in der Innenstadt. Ministerpräsident Kurt Georg Kiesinger genießt den königlichen Besuch – der protokollarische Höhepunkt seiner Amtszeit. Die Queen wird auf dem Fernsehturm empfangen, die Villa Reitzenstein spielt an diesem Tag keine Rolle.

Politik der sogenannten Entprovinzialisierung. Das heißt, die einzelnen Teilräume des Landes (heute würden wir von Regionen sprechen) sollten einen besseren Standard und eine höhere Lebensqualität erhalten.«

Diese »Entprovinzialisierung« – welch ein sperriger Begriff – muss man in der historischen Rückschau wohl als Kiesingers größtes Verdienst herausstreichen: In seiner Ära entdeckt er die Notwendigkeiten des Umweltschutzes, wendet sich mit Nachdruck und Erfolg gegen den technisch für möglich erachteten Ausbau des schiffbaren Oberrheins bis hinüber zum Bodensee. Welche konservative Weltläufigkeit dieser Mann besitzt, zeigt sich bei den Staatsbesuchen von Königin Elizabeth II. und des französischen Staatspräsidenten Charles de Gaulle in den frühen sechziger Jahren. Ein nicht ernst gemeintes Bonmot unterstreicht dies mit schwäbischem Kolorit: Als Kiesinger im offenen Wagen mit Königin Elizabeth II. durch Stuttgart fährt, Tausende am Straßenrand jubeln, fragt eine ältere Dame:»Wer isch denn die jonge Frau do neba onserem Minischterpräsident?« (Auf Hochdeutsch: Wer ist denn die junge Frau dort neben unserem Ministerpräsidenten?)

Dann kommt das Jahr 1964: Am 26. April gewinnen Kiesinger und seine CDU die Landtagswahl mit 46,2 Prozent vor der SPD mit 37,3 Prozent und 13,1 Prozent für die FDP. Am 11. Juni wird er zum dritten Male zum Ministerpräsidenten gewählt, setzt die Kleine Koalition mit den Liberalen um Wolfgang Haußmann fort und macht seinen bisherigen Innenminister Hans Filbinger zu seinem Stellvertreter. Manfred Rommel wiederum verdanken wir tiefe Einblicke in das persönliche Verhältnis dieser beiden Männer: Der nicht eben uneitle Kiesinger, so berichtet es Rommel, habe sich bei den Kabinettssitzungen auf der Villa Reitzenstein öfter als einmal einen Spaß daraus gemacht, seinen äußerst korrekten Kollegen aus dem badischen Landesteil unter Druck zu setzen, ja regelrecht nervös zu machen: Hinterlistige Fragen nach irgendeinem vermeintlich wichtigen Detail hätten Filbinger ins Schwitzen gebracht, hektisch habe der seine mitgebrachten Unterlagen durchstöbert, meistens ohne Erfolg. Kiesinger habe sich hinterher köstlich amüsiert und Rommel ehrlich gestanden, er habe halt nicht anders gekonnt, als Filbinger immer wieder mal zu reizen. Der boshafte Kiesinger.

Während also der Ministerpräsident seiner Heimat Baden-Württemberg das Provinzielle auszutreiben sucht, regiert in Bonn, seiner alten Wirkungsstätte, seit 1963 Bundeskanzler Ludwig Erhard, der als»Vater des Wirtschaftswunders« und»Vater der D-Mark« in die bundesdeutsche Geschichte eingehen wird. Doch Konrad Adenauer, Erhards Vorgänger im Kanzleramt, sieht es mit rheinischer Klarheit voraus:»Dr Erhard, der kann et nit!« Der Kabarettist Dieter Hildebrandt höhnt später:»Der größte Erfolg in der Ära Erhard, das war unser 5 : 0-Erfolg über die Schweiz!«

Im Herbst 1966 spitzt sich die Regierungskrise in Bonn dramatisch zu. Am 27. Oktober treten die vier FDP-Minister aus der Regierung Erhard zurück, weil im Kabinett der Streit über den nächsten Bundeshaushalt eskaliert, denn die CDU möchte mitten in der Rezession die Steuern erhöhen, die Liberalen natürlich nicht. Die CDU gerät schwerstens unter

Druck, denn Ludwig Erhard, Jahrgang 1897, ist nicht nur Kanzler, sondern auch ihr Parteivorsitzender. Der»Mann mit der Zigarre« verkörpert wie kein anderer die Erfolgsgeschichte der sozialen Marktwirtschaft unter seinem eingängigen Motto»Wohlstand für alle«. Ludwig Erhard zählt, nebenbei bemerkt, zu den wenigen, die von 1949 bis zu ihrem Lebensende dem Bundestag angehören; Erhard stirbt im Mai 1977.

Der November 1966 wird zum Trauma für die Christdemokraten – und zur Sternstunde für Kurt Georg Kiesinger. In der Villa Scheufelen, oberhalb des Olgaecks am Rande der Stuttgarter Innenstadt, kommt es zu Geheimgesprächen mit dem Ministerpräsidenten und den württembergischen CDU-Granden um den Papierfabrikanten Klaus Scheufelen aus Oberlenningen am Fuß der Schwäbischen Alb. Als Ministerpräsident hat Kiesinger immer wieder selbstbewusste Ausflüge in die Außenpolitik unternommen, jetzt drängen ihn seine politischen Freunde dazu, mit einem Paukenschlag auf die Bonner Bühne zurückzukehren: Er soll nach der Kanzlerschaft greifen, die Nachfolge des glücklosen Ludwig Erhard antreten. Kiesinger ist 62 Jahre alt.

In ihrem Buch über»Die vergessene Regierung – Die Große Koalition 1966–1969« beschreiben Reinhard Schmoeckel und Bruno Kaiser die damals aktuelle Situation so:»Die Tage bis zur verfassungsmäßigen neuen Bundesregierung am 1. Dezember 1966 waren für die beteiligten Politiker ein ungeheurer Stress. Die Bonner Parlamentsjournalisten kamen kaum mit, um die vielen ›Sensationen‹ über Verhandlungen, Vorentscheidungen, Rückschläge, parteiinterne Querelen, Winkelzüge, falsche und richtige Behauptungen und ›Geheimtreffen‹ zu berichten.«

Am 10. November 1966 kommt es auf der CDU-Fraktionssitzung in Bonn zu dem, was man heute, ein halbes Jahrhundert später, neudeutsch als»Showdown« bezeichnen würde: Gleich fünf angesehene Christdemokraten möchten zum Kanzlerkandidaten gekürt, später im Parlament zum Kanzler gewählt werden. Da sind Gerhard Schröder, der amtierende Außenminister, Jahrgang 1910, ein CDU-Urgestein, sowie Rainer Barzel, der amtierende CDU-Fraktionschef, Jahrgang 1924 – und eben Kurt Georg Kiesinger, der Ministerpräsident aus Stuttgart, den Konrad Adenauer auch jetzt wieder gerne verhindern würde. Nicht zu vergessen: Eugen Gerstenmaier, der amtierende Bundestagspräsident, Jahrgang 1906, ebenfalls ein Schwabe, verzichtet schließlich zu Kiesingers Gunsten auf eine Kandidatur. Im zweiten Wahlgang tritt plötzlich ein weiterer Stuttgarter in den Ring um die Kanzlerkandidatur: Walter Hallstein, Jahrgang 1901, Vorsitzender der EWG-Kommission (Europäische Wirtschaftsgemein-

174 | Bescheidenheit ist eine Zier ...

schaft) und davor außenpolitischer Berater Konrad Adenauers (und, am Rande bemerkt, auf dem Stuttgarter Waldfriedhof begraben). Ein heilloses Durcheinander in ziemlich gereizter Stimmung. Erst im dritten, geheimen Wahlgang macht Kiesinger endlich das Rennen, erhält die notwendige absolute Mehrheit der 244 anwesenden Abgeordneten von CDU und CSU. Um Haaresbreite gerät die turbulente Sitzung zum Desaster. In einem Interview kurz danach gesteht der designierte Bundeskanzler: »So wohl wird mir nie wieder in meiner Haut sein wie in Stuttgart.« Da meint er wohl auch die Villa Reitzenstein.

Schmoeckel und Kaiser sehen im Nachhinein einen gewichtigen Pluspunkt für Kiesinger in diesen dramatischen Tagen des Herbstes 1966: »Der früher so erfolgreiche Außenpolitiker der CDU/CSU-Bundestagsfraktion, der seit 1958 ein sehr beliebter und angesehener Ministerpräsident seines Heimatlandes war, hatte gegenüber den anderen Bewerbern um die Kandidatur den Vorteil, dass ihm keiner nachsagen konnte, sich an den vorangegangenen Querschüssen gegen Bundeskanzler Ludwig Erhard beteiligt zu haben.«

Die gut überschaubare Welt der Villa Reitzenstein tauscht der machtbewusste Kiesinger jetzt gerne mit dem Bonner Haifischbecken und einer Rolle auf der Weltbühne der Politik, er wird am 1. Dezember 1966 im Bundestag mit 340 gegen 109 Stimmen (23 Enthaltungen) zum dritten Kanzler der Bundesrepublik Deutschland gewählt; Ludwig Erhard ist am 30. November zurückgetreten. Kiesinger führt nach schwierigen, aber konstruktiven Verhandlungen mit der SPD die erste Große Koalition der Nachkriegszeit. Kleines politisches Kuriosum: Als er 1958 Ministerpräsident wird, besitzt er im Landtag kein Mandat, auch jetzt wieder, als Bundeskanzler, ist er zwar Mitglied des

»Auf den Kanzler kommt es an« – die Verkürzung der Wahlaussagen auf den Spitzenkandidaten ist ein altbekanntes Rezept der Parteistrategen, das allerdings nicht in jedem Fall zum gewünschten Erfolg führt. Nach der Bundestagswahl im September 1969 verliert Kurt Georg Kiesinger die Kanzlerschaft an die sozialliberale Koalition mit Willy Brandt und Walter Scheel.

Bescheidenheit ist eine Zier ... | 175

Parlaments, darf teilnehmen und reden, aber nicht abstimmen, denn ihm fehlt wiederum das Mandat. Die Jahre als Kanzler werden für Kiesinger weitaus schwerer, als von allen gedacht.

Eine Ohrfeige für den »Mitläufer«

Als Kurt Georg Kiesinger am 6. April 1904 im württembergischen Ebingen auf der Schwäbischen Alb zur Welt kommt, arbeitet sein Vater Christian als kleiner Angestellter in einer örtlichen Textilfabrik, die Mutter stirbt wenige Monate nach seiner Geburt. Der Bub wächst unter den Fittichen seiner Großmutter auf, geht nach einer durchwachsenen Schulzeit auf das Lehrerseminar nach Rottweil. Als die Inflation der frühen zwanziger Jahre finanzielle Not für viele Familien bedeutet, arbeitet Kiesinger in einer Textilfabrik, wird von deren Besitzer Friedrich Haux unterstützt und gefördert, darf in Tübingen zunächst Pädagogik studieren, holt 1926 an einem Tübinger Gymnasium das Abitur nach. Noch im selben Jahr geht der junge Student nach Berlin, schreibt sich dort in Rechts- und Staatswissenschaft ein – lässt dafür die Pädagogik sausen.

Wie Eugen Bolz und Gebhard Müller, wie überhaupt vielen politisch interessierten jungen Männern jener Jahre, wirkt Berlin, die Reichshauptstadt, auf sie wie elektrisierend – weckt ihre Neugier auf das, was man schon damals das politische Geschäft nennt. 1927 begegnet Kurt Georg Kiesinger als führendes Mitglied einer Studentenverbindung dem Oberbürgermeister von Köln, Konrad Adenauer. Weitaus stärker beeindruckt und beeinflusst ihn damals der rechtskonservative Geschichtsprofessor Martin Spahn, welcher der Deutschnationalen Volkspartei angehört, in der es antisemitische und nationalsozialistische Tendenzen gibt. Historiker nennen Spahn später einen »Brückenbauer vom Katholizismus zum Nationalsozialismus«. Kiesinger lässt sich von Spahns Thesen und dessen Indoktrination hinreißen, tritt bereits im Februar 1933, also nur wenige Tage nach der Machtübergabe an Hitler am 30. Januar, der NSDAP bei – ein Schritt, der ihm zeitlebens nachhängt, vorgehalten und heftig angekreidet wird. Seine spätere Behauptung, er habe »Exzesse verhüten, die Ideologie verändern und der Rassenpropaganda entgegen wirken wollen«, werten politische Gegner und Kritiker, aber auch Historiker als Ausflucht.

176 | Bescheidenheit ist eine Zier ...

Kiesingers beruflicher Weg während des »tausendjährigen Reiches« – so sieht Hitler selbst die Zukunft seines Staates nach dem »Endsieg« – hier nur in Stichworten: 1934 lässt er sich in Berlin als Rechtsanwalt nieder, lehnt ein Angebot aus dem Staatsdienst ab, ebenso die Mitgliedschaft im Bund Nationalsozialistischer Juristen. 1940 tritt er in die Dienste des Reichsaußenministeriums, um nicht als Soldat dienen zu müssen, wird im Pressebereich führender Mitarbeiter der »Rundfunkpolitischen Abteilung«. Später beteuert er immer wieder, er sei »nicht aus Überzeugung und nicht aus Opportunismus« ein Förderer und Mitarbeiter der NS-Propaganda gewesen. Den Hass auf die Juden habe er »nicht geteilt, aber auch nicht als ernsthafte Gefahr betrachtet«. 1944 wird er von Mitarbeitern des Reichssicherheitshauptamtes höheren Ortes denunziert, weil er »nachweislich eine antijüdische Aktion gehemmt habe«. Die alten Dokumente entlasten ihn, als es in Bonn um die Kanzlerschaft geht.

Nach Kriegsende, im Mai 1945, wird Kiesinger in Oberschwaben verhaftet, muss 18 Monate lang in Internierungslagern verbringen, ist erst Mitte September 1946 ein freier Mann. Im Entnazifizierungsverfahren, dem sich alle erwachsenen Deutschen unterwerfen müssen, wird Kiesinger als »Mitläufer« eingestuft, 1948 in einem sogenannten Spruchkammerverfahren vollständig entlastet. In dieser Zeit arbeitet er erneut als Rechtsanwalt, wird 1947 Landesgeschäftsführer der neugegründeten CDU in Württemberg-Hohenzollern. Am 14. August 1949, die allererste Bundestagswahl steht an, erringt der 45-Jährige im oberschwäbischen Wahlkreis Ravensburg-Tettnang-Wangen 75,2 Prozent der Stimmen – das drittbeste Ergebnis aller CDU-Kandidaten in der jungen Bundesrepublik.

Nun also, im Winter 1966/67, zieht das Ehepaar Kiesinger ein zweites Mal nach Bonn, aber die Welt schaut erstaunt und kritisch auf die Bundesrepublik: Der neue Kanzler war Mitglied der NSDAP, der SPD-Politiker Willy Brandt, jetzt Außenminister und Vizekanzler, war im norwegischen Exil ein Hitler-Gegner, sein SPD-Fraktionschef Herbert Wehner hat eine politische Vergangenheit in der Kommunistischen Partei und lebte jahrelang in Moskau. In seiner ersten Weihnachtsansprache sagt Kanzler Kiesinger dazu: »Mein neues Kabinett ist ein Bündnis von Politikern, deren Schicksal in den vergangenen Jahrzehnten durch das allgemeine Schicksal unseres Volkes auf ganz verschiedene Weise gestaltet worden ist.« Damit wirbt der Nachfolger von Konrad Adenauer, welcher als erklärter und hartnäckiger Gegner des NS-Regimes in die deutsche Geschichte eingeht, um Verständnis für seinen eigenen politischen Weg – doch die kritischen Stimmen im In- und Ausland verstummen nicht, im Gegenteil. Medien und Intellektuelle, etwa die Schriftsteller Günter Grass und Heinrich Böll, machen Front gegen den Kanzler. Dessen Biograf Philipp Gassert charakterisiert Kiesinger in seiner damaligen Situation so: »Verletzt und verletzbar, weniger abgebrüht als mancher andere, sich selbst Vorwürfe machend ob der Kompromisse, die er vor 1945 hatte schließen müssen, hat sich Kiesinger nie so recht gegen die meist haltlosen Beschuldigungen zur Wehr setzen können.«

Auf dem CDU-Bundesparteitag 1968 in Berlin geht die deutschfranzösische Journalistin Beate Klarsfeld aufs Podium, wo Kiesinger als CDU-Vorsitzender sitzt – und schlägt dem Kanzler von hinten mit dem Handrücken ins Gesicht. Diese Ohrfeige, von Klarsfeld gründlich geplant als ein symbolischer Akt gegen alle Politiker mit NS-Vergangenheit, löst weltweit Aufsehen aus, verfehlt ihre symbolische Wirkung nicht, bleibt mit Kiesingers Vita untrennbar verbunden. Klarsfeld wird umgehend zu einem Jahr Gefängnis verurteilt, später reduziert ein Gericht die Strafe auf vier Monate zur Bewährung. Klarsfelds Vorwurf gegen Kiesinger: »Er hat von den Morden an den Juden gewusst, hat antisemitische Propaganda und Kriegshetze gefördert.« Kiesinger verzichtet darauf, Klarsfeld zu verklagen; sie und ihr Mann, der französische Jude Serge Klarsfeld, bringen in jenen Jahren eine Reihe der schlimmsten NS-Täter vor Gericht, unter anderem Klaus Barbie, den »Schlächter von Lyon«. Aber auch dies gehört zur historischen Wahrheit: Günter Grass, der Literaturnobelpreisträger von 1999, bekennt 2006, lange nach Kiesingers Tod am 9. März 1988, dass er in jungen Jahren ein Mitglied der Waffen-SS gewesen ist.

Nach nur drei Jahren endet Kurt Georg Kiesingers Kanzlerschaft – bis heute die kürzeste in der Geschichte der Bundesrepublik. Sein Kalkül wird ihm politisch zum Verhängnis: Durch die Große Koalition mit der SPD – gleichzeitig steht Gustav Heinemann als erster Bundespräsident aus der Sozialdemokratie an der Spitze des Staates – schwächt er unabsichtlich das eigene, konservative Lager. Bei der Bundestagswahl vom September 1969 bleibt seine CDU mit 46,1 Prozent zwar stärkste Kraft – aber die SPD (42,7) und die FDP (5,8) bilden eine sozial-liberale Koalition, Willy Brandt wird Bundeskanzler und leitet die historisch bedeutsame Ostpolitik ein. Kiesinger schmäht enttäuscht die Liberalen unter Führung von Walter Scheel, kündigt an, die CDU werde »alles daransetzen, diese Partei aus allen Landtagen herauszukatapultieren«. Dieses Vorhaben misslingt, Kiesingers recht kurze Kanzlerschaft geht als Zeit des politischen Übergangs in die bundesdeutsche Geschichte ein.

Nicht ohne Bitterkeit verlässt Kiesinger das Kanzleramt, zieht zurück nach Tübingen, bleibt aber auf der Bonner Bühne. Sein Biograf Philipp Gassert schreibt zum 100. Geburtstag im Jahr 2004: »Es liegt ein Stück tragische Ironie in der Tatsache, dass Kiesinger, der sich als Politiker wie keine andere Gestalt in der Geschichte der Bundesrepublik als ein Vermittler verstand und stets für die Überwindung innerer und äußerer Gegensätze kämpfte, in der Erinnerung wie kein anderer Bundeskanzler polarisiert.«

Bliebe aus der Rückschau anzumerken, dass Kiesingers Wirken als Ministerpräsident und Herr auf der Villa Reitzenstein heute in weit besserem Licht erscheint als seine im Ganzen glücklose Kanzlerschaft. Er bleibt bis 1971 Bundesvorsitzender der CDU, bis 1980 Mitglied des Bundestages, wird 1971 Ehrenvorsitzender seiner Partei. Am 9. März 1988 stirbt Kiesinger in Tübingen, wo er – und seine Frau Marie-Luise – auf dem Stadtfriedhof begraben liegen. Ein legendärer Friedhof übrigens, wo unter anderem der Dichter Friedrich Hölderlin und der Dichter/Politiker Ludwig Uhland ihre letzte Ruhestätte haben.

Die Schatten der Vergangenheit

Auf der Gänsheide herrscht der Mann mit den zwei Gesichtern

Die Zeitzeugen, die mit Hans Filbinger gearbeitet haben, rühmen das Gespür dieses Ministerpräsidenten für kluge Personalpolitik und sein Fördern von Talenten. Unter seiner Ägide wird die Villa Reitzenstein renoviert und die Anlage erweitert. Am Ende jedoch werden Filbinger seine mangelnde Selbstkritik und das strikte Leugnen seines Handelns im Dritten Reich zum Verhängnis: Der Dramatiker Rolf Hochhuth weist ihm nach, dass er als Marinerichter an Todesurteilen beteiligt war – Filbinger bleibt nur der Rücktritt.

Unter dem Druck der politischen Ereignisse in Bonn und innerhalb der CDU verlässt Kurt Georg Kiesinger im Spätherbst 1966 binnen weniger Wochen die Villa Reitzenstein. Während er in Bonn die Kanzlerschaft erringt, geht es in Stuttgart unter Zeitdruck um die Frage: Wer wird sein Nachfolger, und wer wird neuer Landesvorsitzender der CDU? Wieder einmal ist die Landtagsfraktion gefragt, muss die personalpolitischen Weichen stellen, damit die Krise im beherrschbaren Rahmen bleibt. Sie wählt am 5. Dezember Hans Filbinger, den amtierenden Innenminister und bisherigen Stellvertreter des Ministerpräsidenten, zu ihrem Kandidaten. Filbinger erhält 34 Stimmen, sein Gegenkandidat, der Kultusminister Wilhelm Hahn, bekommt 25 Stimmen. Damit können beide gut leben, auch der angesehene Wilhelm Hahn ist nicht beschädigt. Am 16. Dezember wird Hans Filbinger im Landtag zum

Der Stuttgarter Maler Peter Jakob Schober (1897–1983) ist als einziger Künstler mit zwei Porträts ehemaliger Ministerpräsidenten in der Galerie der Villa Reitzenstein vertreten: Nach Gebhard Müller 1959 malt er im Stil des expressiven Realismus auch Hans Filbinger.

neuen Ministerpräsidenten gewählt. Er ist gerade 53 Jahre alt. Nach Bonner Vorbild, Kanzler Kiesinger hat es vorgemacht, schmiedet Filbinger binnen kurzem in Stuttgart eine Große Koalition mit den Sozialdemokraten, die erste in der Geschichte des Südweststaates.

Die NS-Vergangenheit holt Filbinger ein

Am 15. September 1913 kommt Hans Karl Filbinger in Mannheim zur Welt. Sein Vater, der aus der Oberpfalz stammt, arbeitet dort bei einer Bank, die Mutter kommt aus dem badischen Sasbach. 1914, der Erste Weltkrieg ist ausgebrochen, zieht die Familie auf den Bauernhof der Großeltern in Sasbach, der Vater ist im Krieg. Als Hans fünf Jahre alt ist, stirbt seine Mutter. Die familiären Lebensverhältnisse sind mehr als bescheiden. Filbinger geht in Mannheim aufs Realgymnasium, macht 1933 sein Abitur.

Bereits als Schüler ist er in den »Katholischen Bund Neudeutschland« eingetreten, fortan studiert er Jura und Volkswirtschaft in Freiburg, später in München. Der junge Mann schwankt offenkundig: Einerseits warnt er seine Kommilitonen vor überstürzter Kritik am neuen NS-Regime, andererseits erhält er in Freiburg kein Stipendium, was er aus finanziellen Gründen dringend bräuchte, weil er den Parteigängern, die darüber entscheiden, zu religiös geprägt erscheint, ihr Urteil lautet: »Die grundsätzlichen Ansichten des jungen Mannes verraten einen ausgesprochen religiösen und konfessionellen Weltanschauungshorizont.« Filbinger bleibt sein Leben lang ein strenggläubiger Katholik. 1937 tritt er in die NSDAP ein, zwei Jahre später wird er an der Universität Freiburg promoviert. Danach bleibt er in Freiburg, arbeitet an der juristischen Fakultät, gehört auch anderen Vereinigungen an, die auf die Ideologie der Nationalsozialisten ausgerichtet sind.

Was vier Jahrzehnte später wichtig, ja im negativen Sinne entscheidend sein wird für den unausweichlichen Rücktritt als Ministerpräsident am 7. August 1978, das beginnt im Kriegsjahr 1940: Hans Filbinger meldet sich als freiwilliger Soldat zur Marine, wird 1943 Oberfähnrich zur See, lässt sich im März 1943 vom Kriegsdienst freistellen, um fortan als sogenannter Marinerichter tätig zu sein. Einfach ausgedrückt: Vor dieses Gericht kommen deutsche Soldaten, die sich nicht gesetzestreu verhalten – das gilt nicht nur für die reine Kriminalität, sondern vor allem für Äußerungen und/oder Handlungen, die im Gegensatz zu den Gesetzen des Dritten Reiches stehen, etwa die Fahnenflucht.

Als »Marinehilfskriegsgerichtsrat«, so seine Amtsbezeichnung, arbeitet Filbinger in den folgenden Kriegsjahren in Cuxhaven und Westerland auf Sylt, später in Kirkenes an der norwegischen Polarküste, in Tromsø und bei Kriegsende in Oslo. Auch in britischer Gefangenschaft bleibt er 1945 in der Militärgerichtsbarkeit, weil die Briten sie gegen deutsche Soldaten weiterführen lässt.

Nach einer in den siebziger und achtziger Jahren erstellten Statistik auf der Basis damals entdeckter und ausgewerteter Dokumente ist Hans Filbinger als Marinerichter an 234 Strafverfahren beteiligt, 169-mal als Richter, 63-mal als Ankläger. In vier Fällen, so diese Bilanz, sei es dabei um Todesstrafen gegangen, die er selbst beantragt oder fällt.

Als der Schriftsteller und Dramatiker Rolf Hochhuth Anfang 1978 dem Ministerpräsidenten dies in der Hamburger Wochenzeitung »Die Zeit« öffentlich vorwirft und ihn dabei als »furchtbaren Juristen« brandmarkt, antwortet dieser mit einem Satz, der viele empört: »Was damals rechtens war, kann heute nicht Unrecht sein!«

Über Monate zieht sich der öffentliche Streit um Filbingers Rolle während der Nazizeit hin, von beiden Seiten werden mehrmals die Gerichte bemüht – Filbinger beharrt darauf, er habe nicht nach freiem Ermessen, sondern stets unter strikter Weisung höherer Justizstellen gehandelt, habe zwei Todesurteile verhindert, habe sich wegen seiner damaligen Rolle nichts vorzuwerfen. Und er bestreitet, den zitierten Satz von Recht und Unrecht exakt so gesagt zu haben; später sagt er, diesen Satz habe er auf den Tatbestand der »Fahnenflucht im Felde« bezogen, nicht auf die Untaten der Nationalsozialisten.

Für die deutschen und die internationalen Medien ist das zu wenig, Filbingers Haltung wird als starrsinnig, ja als peinlich kritisiert, sein Ruf in der Öffentlichkeit ist binnen kürzester Zeit völlig ruiniert – auch seine eigene Partei, die CDU, rückt mehr und mehr von ihm ab. Filbinger ist nicht mehr zu halten, einen Ausweg gibt es für den Ministerpräsidenten und CDU-Landesvorsitzenden nicht: Anfang August 1978 legen ihm die eigenen Leute ultimativ den Rücktritt nahe, eine Alternative bleibt ihm nicht. Seine Vergangenheit holt ihn ein, wie auch seinen Vorgänger, wenngleich beide unterschiedliche Rollen zwischen 1933 und 1945 spielen, die sich im Nachhinein nicht vergleichen, nicht in einen Topf werfen lassen.

Im Rückblick auf die Nachkriegszeit zeigt sich gerade am Beispiel der Villa Reitzenstein und derjenigen, die auf der Gänsheide das Sagen haben, die tiefgreifende Nachwirkung der NS-Herrschaft. Seit den Studentenprotesten des Jahres 1968, seit den unnachgiebigen Fragen der damals jungen und politisch wachen Generation an ihre Väter und Großväter, nämlich: »Wo wart ihr während der Nazizeit?« – seit den scharfen Konflikten stürzen nicht nur Politiker wie Hans Filbinger.

Höhen und Tiefen

Blenden wir das unrühmliche Ende der politischen Karriere von Hans Filbinger für einen Moment aus, so zeigen sich in seinen zwölf Jahren als Ministerpräsident durchaus bemerkenswerte Höhen und Tiefen in seiner landespolitischen Laufbahn. 1951 tritt er in die CDU ein, beginnt als Stadtrat in Freiburg, arbeitet als selbständiger Rechtsanwalt. 1958 holt ihn der Ministerpräsident Gebhard Müller als ehrenamtlich tätigen Staatsrat in seine Regierung, wo Filbinger im jungen Südweststaat die südbadischen Interessen vertreten soll. 1960 zieht er in den Landtag ein, scheidet erst 1980 wieder aus. Als er zur Jahreswende 1966/67 Herr auf der Villa Reitzenstein wird, stärkt er seine Stabsstelle mit politischen Jungtalenten: Manfred Rommel, der als Mitarbeiter des Bundeskanzlers Kiesinger aus Bonn zurück nach Stuttgart geflohen war, weil er die Arbeitsumstände am Rhein nicht mochte, leitet bis 1971 die Grundsatzabteilung. Gerhard Mayer-Vorfelder wird Persönlicher Referent des MP.

Ein politischer Höhepunkt, der bis heute positiv wie negativ nachwirkt, ist die baden-württembergische Verwaltungs- und Gebietsreform aus der ersten Hälfte der siebziger Jahre: Der Sozialdemokrat Walter Krause, Innenminister der Großen Koalition, entwirft und verantwortet diese historische Reform und Zäsur, die die Zahl der selbständigen Gemeinden zwischen Mannheim und dem Bodensee, zwischen Karlsruhe und Hohenlohe von mehr als 3000 auf ein Drittel verringert, die Zahl der Landkreise von 63 auf 35. Kunstworte wie »Weinstadt« oder »Filderstadt« stammen aus jenen Jahren der Verwaltungsreform – die zwangsweise Zusammenlegung des badischen Villingen und des württembergischen Schwenningen zu einer Stadt mit Doppelnamen ist bis heute umstritten und vor Ort immer noch ein Zankapfel.

Unter der unvergessenen Parole »Leo darf nicht sterben!« kämpft man in Leonberg bei Stuttgart mit Händen und Füßen dagegen, im ungeliebten Landkreis Böblingen aufzugehen. Die Landespolitik agiert darüber hinweg. Dass es die Autokennzeichen mit den drei Großbuchstaben »LEO« fortan nicht mehr gibt, wird in der Stadt als bitterste Schmach empfunden. Doch wie die Geschichte mitunter so geht: Nichts bleibt ewig! 2013 entscheidet die erste grün-rote Landesregierung unter dem Ministerpräsidenten Winfried Kretschmann, dass die alten Kennzeichen wieder ein-

Ministerpräsident Hans Filbinger (links) und sein Kabinett am großen ovalen Tisch im ersten Stock der Villa Reitzenstein. In der Wahlperiode von 1968 bis 1972 führt Filbinger eine Große Koalition mit der SPD, in deren Ministerriege Walter Krause (1912–2000) als Innenminister die prägende Persönlichkeit ist.

geführt werden dürfen – tausende Leonberger säumen nicht, sich ihr geliebtes »LEO« sofort wieder ans Auto zu klemmen. Apropos Zankapfel. Die Regierung Filbinger scheitert Mitte der siebziger Jahre mit dem von ihm vehement forcierten Bau eines Kernkraftwerkes im südbadischen Örtchen Wyhl am Kaiserstuhl – ein Meilenstein der Anti-Atomkraft-Bewegung in Deutschland, letztlich der Gründungsfunke für die Partei Die Grünen. Filbinger sagt 1975 den berühmt gewordenen Satz: »Ohne das Kernkraftwerk Wyhl gehen bis zum Ende des Jahrzehnts in Baden-Württemberg die ersten Lichter aus.« Damit stachelt er den massiven Widerstand der Kernkraftgegner vor Ort nur noch weiter an, die Lage auf der Baustelle, aber auch bei Demonstrationen in Stuttgart und anderswo, wird immer bedrohlicher. Die Polizei geht mit Wasserwerfern gegen die Demonstranten vor – die aber geben nicht nach. Auch die Hochschulpolitik ruft mehr und mehr die Studenten auf den Plan und auf die Straße. Lothar Späth, Filbingers Nachfolger, stellt sich als CDU-Fraktionschef im Landtag zunächst mutig den Kernkraftgegnern am Oberrhein, begräbt in den achtziger

Die Schatten der Vergangenheit | 185

Im Frühjahr 1978 sorgt Hans Filbinger für bundesweite Schlagzeilen, als er in der Villa Reitzenstein den blonden Schlagersänger Heino (Mitte) und dessen Produzenten Ralf Bendix (rechts) empfängt. Beide haben in seinem Auftrag das Deutschlandlied aufgenommen – alle drei Strophen! Die Schallplatte soll in allen Schulen Baden-Württembergs verteilt werden. Ein Aufschrei geht durch die deutsche und die internationale Presse. Ein Jahr später stürzt Filbinger über seine Vergangenheit als Marinerichter im Dritten Reich.

Jahren schließlich das Projekt in Wyhl, weil er erkennt, dass es nicht durchsetzbar ist.

Späth erweist sich als Realist, Filbinger indessen sieht sich durchaus als Obrigkeit, mag nicht zur Kenntnis nehmen, dass die Politik in die Krise gerät, wenn sie mit ihren Zielen nicht überzeugen kann. In seiner Tages- und Landespolitik ist und bleibt Hans Filbinger das, was man einen Erzkonservativen nennt. Unter der populistischen Wahlparole »Freiheit statt Sozialismus« gewinnt er 1976 die Landtagswahl mit 56,7 Prozent der abgegebenen Stimmen für die CDU. Das ist der Höhepunkt seiner politischen Karriere – doch von da an geht es bergab: Im Frühjahr 1978 präsentiert Filbinger in der Villa Reitzenstein den Sänger Heino und dessen neueste Schallplatte: das Deutschlandlied mit allen drei Strophen!

186 | Die Schatten der Vergangenheit

Es soll an den Schulen des Landes verteilt werden. Das öffentliche Echo ist entsetzt, denn die als reaktionär verschriene erste Strophe »Von der Maas bis an die Memel, von der Etsch bis an den Belt ...« ist auf Heinos Platte mit drauf, gilt zu Recht als revanchistisch und als Hymne der Ewiggestrigen. Der Plattenproduzent Ralf Bendix wäscht sich die Hände in Unschuld, verweist mit Schulterzucken auf Filbingers Wünsche. Einmal mehr stellt die deutsche Presse diesen Ministerpräsidenten an den Pranger und tief in die rechte Ecke.

In der Villa wird es zu eng

Dass es um die Villa Reitzenstein zu dieser Zeit nicht mehr zum Besten steht, skizziert im Sommer 1970 ein kurzer Artikel im »Schwarzwälder Boten«, der die lange Zeit versteckten räumlichen Probleme des Staatsministeriums auf der Gänsheide aufgreift. Unter der Überschrift »Ein Klageruf aus der Staatskanzlei« lesen wir da Folgendes:

Einen wohl artikulierten Hilferuf lässt das Stuttgarter Staatsministerium in seinem gestern veröffentlichten Geschäftsbericht vernehmen: Ministerpräsident Filbingers Kanzlei möchte nicht nur zur rein bürokratischen Registratur herabsinken, sondern fortlaufend schwierige und weittragende Regierungsentscheidungen, die im Haus zu treffen sind, mit durchdenken und zur Beschlussreife fördern. Der Erfüllung solcher Pflichten stehen aber einige Hemmnisse entgegen: Der Mangel an Personal und der Mangel an Platz.

Es sei nicht mehr möglich gewesen, die vermehrten Aufgaben mit der derzeitigen Personalbesetzung in der erforderlichen Art und Weise und in dem gebotenen Umfang wahrzunehmen, wehklagt das Ministerium in schönstem Kanzleideutsch. Das Haus sei durch abgeordnete Beamte zwar verstärkt worden, aber: Gleichwohl können die derzeitigen Aufgaben nur in laufender Überzeitarbeit bewältigt werden.

Bei solcher Arbeitsfülle sind die Bediensteten des Hauses besonderen Gefährdungen ihres leiblichen Wohles unterworfen: Eine Kantine, die heute in jedem mittleren und kleinen Betrieb selbstverständlich ist, fehlt ganz. Und: Die Räume in der Villa Reitzenstein sind überbelegt. Ein Teil der Dienstzimmer ist – vor allem wegen schlechter Beleuchtungsverhältnisse – sozial schlechterdings unzumutbar.

In der Tat: Das Haus, das sich eine reiche Generalswitwe 1910 für 2,8 Millionen Mark in schwäbischem Barockstil hatte erbauen lassen, entspricht trotz seiner 61 Zimmer nur in bescheidenem Umfang den Erfordernissen moderner Verwaltungs- und Bürotechnik. Obwohl es bereits 1922 dem württembergischen Staatspräsidenten Dr. von Hieber als Amtssitz diente, hat es den Charakter eines repräsentativen Wohnsitzes noch nicht ganz verloren. Erst in diesem Sommer brachten Installateure mit einer Klimaanlage für den Kabinettsaal Andeutungen neuzeitlichen Komforts in den Bau. Und gleichzeitig werden endlich jene Ledersofas aus dem Allerheiligsten der Landespolitik entfernt, deren zerfetzte Sitze allzu deutlich von Stuttgarter Sparsamkeit kündeten.

Dass die Flure in Arbeitsräume umfunktioniert wurden, hat seine Ursache in der Aufblähung des Apparates. Von dieser uralten Behörden-Krankheit wurde das Stuttgarter Staatsministerium von dem Augenblick an ergriffen, als der sparsame Regierungschef Gebhard Müller nach Karlsruhe umgezogen war und mit Kurt Georg Kiesinger ein aufwendigerer Arbeitsstil Einzug hielt: Ende der fünfziger Jahre war man im Staatsministerium noch mit rund 150 Leuten ausgekommen – jetzt, ein Jahrzehnt später, ist man bereits bei der Aufstockung von 232 auf 268 Bedienstete.

Wie es mit dem Projekt weitergeht, entnehmen wir einem Eintrag in der »Chronik der Stadt Stuttgart« vom 10. Februar 1971:

Ministerpräsident Filbinger legt der Landespresse die baureifen Pläne für die Erweiterung der Villa Reitzenstein in voraussichtlicher Kostenhöhe von 2,3 Millionen D-Mark vor. Der mehrgeschossige Flachbau wird zwischen der Gröberstraße und dem Südwestflügel der Villa errichtet. Er soll 49 Bediensteten des Staatsministeriums Platz bieten, außerdem ist eine Kantine für die Staatskanzlei vorgesehen. Der Bau soll bis Sommer 1972 bezugsreif sein.

Das alles ist gut gemeint, aber so schnell schießen die Preußen nun mal nicht. Zunächst gilt es, im September 1971 ein akutes Problem zu lösen: »Auf den Treppen der Villa Reitzenstein häufen sich die Stürze, weil die alten Linoleumbeläge zu stark gewachst werden.« Per Rundbrief wird das Reinigungspersonal dazu aufgefordert, weniger stark zu wachsen und zu bohnern! So entschärft man im Schwäbischen die Gefahrenherde. Und außerdem möchte auch hier gut Ding Weile haben oder was derlei Volksweisheiten mehr sind. Die Debatten über das Für und Wider, über die Kosten und die Größe des Neubaus ziehen sich über Jahre hin. Im Sommer

1972 rückt man sogar der Villa planerisch zu Leibe – mit kuriosen Ideen: »So viel steht fest, dass nämlich der Ausbau des Gobelinsaales nur vier Zimmer ergeben würde.« Das findet sich in einer erhalten gebliebenen Protokollnotiz. Man stelle sich das einmal vor: Die historischen Räume der Reitzenstein hätte man aufgegeben, um schnöde Büros einzubauen. Nicht auszudenken! Immerhin entschließt man sich schweren Herzens dazu, für die kaum mehr arbeitsfähige Pressestelle zwei Baracken in den Park zu stellen. Ein rein pragmatischer Frevel sozusagen.

Es dauert also, ehe die Staatliche Hochbauverwaltung, damals geführt von dem Architekten und Stadtplaner Peter Conradi (SPD), ihre Pläne fertig hat. Der Blick in die Chronik sagt uns am 5. Februar 1973, dass es nun endlich losgeht:

Für die Erweiterung des Staatsministeriums in der Villa Reitzenstein wird mit der Einrichtung der Baustelle begonnen. Zu diesem Zweck müssen im angrenzenden Park etliche der alten Bäume gefällt werden. Die Erweiterung besteht aus einem mehrgeschossigen Flachbau, in dem 50 Bedienstete des Staatsministeriums untergebracht werden. Die Baukosten betragen 2,3 Millionen D-Mark.

Bemerkenswert ist, dass weitere Zeitangeben fehlen, während die Kosten binnen zwei Jahren offenbar um keinen Pfennig ansteigen. Bereits am 29. Juni 1973 kann man das Richtfest feiern. Hausherr Filbinger sagt bei dieser Gelegenheit:»Jeder, der die Villa von innen kennt, weiß um die große Raumnot, die mit der Integration und Konsolidierung des neuen Bundeslandes und der damit verbundenen Aufgaben immer akuter wurde.«

Über den weiteren Fortgang der baulichen Dinge auf der Gänsheide schweigt die Stuttgarter Chronik – der Bürotrakt neben der Villa scheint niemanden zu interessieren. Ein plausibler Grund dafür lässt sich leicht finden: Im Frühjahr und Sommer 1973 erschüttert die weltweite Ölkrise zum ersten Male die Industrienationen. Als Reaktion darauf, dass die ölproduzierenden Länder ihre Quellen und Raffinerien stoppen, der Rohstoff knapp wird, antwortet man hierzulande mit den»autofreien Sonntagen«. Wenn kümmert da schon die Tatsache, dass sich das Staatsministerium in Stuttgart einen Anbau leistet, um arbeitsfähig zu bleiben – besser gesagt: Das Land muss sparen, seinen angespannten Haushalt konsolidieren, also nimmt man den Bürotrakt im Frühjahr 1974 einfach so in Betrieb, streicht kurzerhand die geplante öffentliche Einweihung, mag keine schlafenden

Die Minister der Großen Koalition (1968 bis 1972) dynamischen Schrittes vor der Villa Reitzenstein: Von links die Minister Walter Hirrlinger, Rudolf Schieler, Hans-Otto Schwarz, Ministerpräsident Hans Filbinger, Walter Krause, Adalbert Seifriz, Robert Gleichauf, Wilhelm Hahn und Friedrich Brünner.

Hunde wecken. 34 Büros auf 660 Quadratmetern sind entstanden, eine Kantine mit fünfzig Plätzen. Kostenpunkt 3,5 Millionen D-Mark. Rechnet man den Bau von Garagen und die Sanierung der Villa Reitzenstein dazu, gibt das Land damals unterm Strich 8,3 Millionen D-Mark aus.

Dass man seinerzeit, dem aktuellen Stand der Bautechnik folgend, in derlei Bürogebäuden – übrigens auch in Schulen und vielen anderen öffentlichen Bauten – den Werkstoff Asbest verwendet, regt niemanden auf. Denn noch weiß keiner, dass sich genau dieser Spitzasbest später als gesundheitsschädlich, ja als krebserregend entpuppen wird.

Genau wie sein Vorgänger nutzt Hans Filbinger die Villa Reitzenstein als Ort der Repräsentation, empfängt dort unter anderem den Schah von Persien und den Kaiser von Äthiopien und andere Persönlichkeiten der Zeitgeschichte, denkt aber nicht im Traum daran, dort auch zu wohnen: Eine alte Scheune auf der Stuttgarter Solitude, nur einen Steinwurf vom legendären Lust- und Jagdschloss des

Herzogs Carl Eugen entfernt, wird zur privaten Residenz des Ministerpräsidenten ausgebaut und aufgewertet, Tag und Nacht bewacht von Polizeibeamten, die sich in einem kleinen Häusle an der Zufahrt aufhalten.

Wie erwähnt lässt Filbinger 1974/75 auch in die Villa Reitzenstein investieren, Aufzüge einbauen, um den 63 Bediensteten, die dort tätig sind, die Arbeit zu erleichtern – erst 1975 ist alles fertig. Hermann Reiff, damals der Amtschef im »Stami«, schreibt 1985 in etwas verklärter Rückschau: »Ich arbeitete gerne in der Villa mit ihren Erinnerungen, ihrer zeitlosen Eleganz, ihrer Stille, ihrem bezaubernden Park mit seinen Rondellen und Bassins und dem herrlichen Blick auf die sich im Tal ausbreitende, an den Gegenhängen aufsteigende Stadt. Und ich genoss meinen weiten, lichten, ganz im ursprünglichen Empire der Einrichtung des Hauses gehaltenen Arbeitsraum mit den alten Veduten, Uhren und Fayencen. Wenn es wahr ist, dass jeder Meister seinen besten Werken ein Stück seines höheren Wesens mitgibt, dann durfte ich mich dreizehn Jahre hindurch von den freundlichsten Geistern umgeben fühlen.« Eine Hymne an den eigenen Arbeitsplatz.

Hermann Reiff betrachtet seine Arbeit im Dienst der Landesregierung als ein persönliches Privileg. Er fühlt sich vom historischen Ambiente der Villa berührt und geradezu beflü-

Der Mannheimer Walter Krause ist Innenminister des Landes von 1966 bis 1972. In die Landesgeschichte eingegangen ist dieser konservative Sozialdemokrat als »Vater der Verwaltungsreform«, die am Beginn der siebziger Jahre im ganzen Land hohe Wellen schlägt und mancherorts bis heute nachwirkt. Historisch betrachtet, gilt sie jedoch als ein mutiger und notwendiger Schritt auf dem Weg zu einem modernen Gemeinwesen.

Die Schatten der Vergangenheit | 191

gelt, während er an anderer Stelle sehr wohl auch darüber berichtet, dass es bei den Sitzungen im edlen Kabinettsaal ein ums andere Mal recht laut, ja ruppig und polemisch hergehen konnte. Könnte es sein, dass die Villa Reitzenstein diejenigen, die dort als Beamte oder Angestellte ihre sicheren und dauerhaften Arbeitsplätze besaßen, eher geformt hat als die »nur« auf Zeit gewählten Politiker der unterschiedlichsten Couleur?

Später, während der dramatischen Hochzeit des RAF-Terrors, lässt der Ministerpräsident nach und nach die Nachbarhäuser an der Gröber- und der Schönleinstraße aufkaufen – sie bilden quasi eine Art Schutzschild um die Villa. Seit dieser Zeit umgibt der sogenannte Natodraht das gesamte Anwesen, diverse Kameras dienen der Überwachung rund um die Uhr. Daran wird sich auch künftig nichts ändern. Der Natodraht bleibt, die Videoüberwachung des Areals ist – leider, darf man sagen – auch anno 2015 noch immer unverzichtbar.

Der Unbeugsame

Im August 1978 endet Hans Filbingers politische Karriere, für den jetzt 64-Jährigen eine Schmach, die er nicht verwinden kann. Unbeugsam und uneinsichtig bleibt er bis zu seinem Tod am 1. April 2007, sieht sich als Opfer linker Kreise und schwacher Christdemokraten, die nach seiner Ansicht kein politisches Rückgrat besitzen. Mit dem »Studienzentrum Weikersheim«, einer Stiftung im Schloss von Weikersheim im Hohenlohischen, schafft Filbinger 1979 einen Treffpunkt für die Nationalkonservativen, für den rechten Flügel der CDU. An seinen runden Geburtstagen flammt die Kritik an seiner Rolle im Dritten Reich immer wieder auf. Ein Wort des Bedauerns, etwa für sein Todesurteil gegen den Soldaten Walter Gröger, kommt ihm nicht über die Lippen.

Als es am 11. April 2007 im Freiburger Münster ein Requiem und einen Staatsakt gibt für den kurz zuvor verstorbenen Hans Filbinger, löst der amtierende Ministerpräsident Günther Oettinger einen politischen Skandal aus, indem er Filbinger als »Gegner des NS-Regimes« einstuft und würdigt. Auf Drängen der Bundeskanzlerin Angela Merkel nimmt Oettinger seine historisch nicht haltbare Einordnung zurück. Oettinger ist blamiert. Filbinger indessen bleibt im Gedächtnis als halsstarrig und uneinsichtig, als politische Belastung für seine Partei.

Der Chef der »Baden-Württemberg AG«

Mit Lothar Späth zieht ein lockerer Stil in die Villa Reitzenstein ein

Mit Lothar Späth hält 1978 ein neuer Typus von Ministerpräsident Einzug auf der Gänsheide. Als moderner Manager aus der Kommunalpolitik führt er das »Musterländle« wie eine weltweit vernetzte Baden-Württemberg AG. Doch auf der Villa Reitzenstein alias »Monrepos« herrscht in diesen Jahren auch »die Kälte der Macht«. Späths Nähe zur Wirtschaft kostet ihn 1991 das Amt.

Wenn Matthias Kleinert aus seinem Büro an der steilen Panoramastraße im Stuttgarter Norden auf die andere Stadtseite hinüberschaut, wo er die Villa Reitzenstein, seinen ehemaligen Arbeitsplatz, leicht erkennen kann, dann gerät er, mehr als ein Vierteljahrhundert danach, regelrecht ins Schwärmen: »Das war eine spannende, großartige Zeit. Wir haben Politik gemacht, Politik gestaltet voller Empathie – wirklich für die Bürger. Wir haben mit einer Kommunikation begonnen, die es bis dato so noch nicht gegeben hatte.«

Immer wenn der gebürtige Berliner, Jahrgang 1938, »wir« sagt, meint er natürlich Lothar Späth und sich selbst. Elf Jahre lang, von 1978 bis 1987, arbeiten beide auf das Engste zusammen, gelten als politische und persönliche Freunde, als kreative, unerschrockene und machtbewusste »Macher« – ein Etikett, hinter dem sich Respekt verbirgt, aber auch der Eindruck, dass mit zwei Männern dieses Kalibers nicht gut Kirschen

essen ist. Na ja, räumt Matthias Kleinert etwas nachdenklich ein: »Als Lothar Späth am 30. August 1978 die Nachfolge von Hans Filbinger antrat und wir beide auf die Villa Reitzenstein kamen, trafen wir auf einen sehr sach- und fachkundigen Beamtenapparat, aber ein bissle verstaubt waren die schon.« Den einen oder anderen habe man seinerzeit »halt gut versetzt«, gesteht Matthias Kleinert und zuckt, im Nachhinein um Verständnis heischend, mit den Schultern. Das habe sich nun mal nicht vermeiden lassen.

Was folgt, das ist »Matt« Kleinerts Hommage an die Villa Reitzenstein: »Zunächst einmal, das muss ich ehrlich bekennen, hat dieser Ort selbst für Lothar Späth und mich keine große Rolle gespielt. Man darf ja nicht vergessen, wie turbulent, ja hektisch dieses Jahr 1978 für die ganze CDU Baden-Württembergs gewesen ist.«

In der Tat: Der Radioreporter Matthias Kleinert vom Rias in Berlin arbeitet seit 1972 für die CDU-Landtagsfraktion, ist deren Pressesprecher. »Erich Ganzenmüller, damals noch der Fraktionschef, hatte mich nach Stuttgart geholt. Er verlor jedoch nach den Landtagswahlen vom 23. April 1972 seinen Vorsitz. Lothar Späth wurde neuer Fraktionschef und sagte gleich zu mir: ›Bleiben Sie halt erst mal hier: Wenn Sie dreimal Mist gebaut haben, kann ich Sie ja immer noch hinauswerfen.‹«

Von Rausschmiss ist fortan keine Rede mehr, im Gegenteil. Zwischen diesen beiden Männern stimmt die Chemie, da passt kein Blatt Papier dazwischen. Unter der CDU-Alleinregierung, die Hans Filbinger führt, bieten sich für den Fraktionschef Späth und seinen Pressesprecher Kleinert jede Menge Möglichkeiten zur Profilierung: »Matt« und sein neuer Chef sind rasch per du, mischen das Land und die Landespolitik mächtig auf, führen vom Sommer 1978 an auf der Gänsheide ein offenes Haus: »Wir haben die Bürger in die Villa und in den Park eingeladen, ich erinnere mich noch gut an unseren ersten Besuchstag für junge Leute. Die kamen in Scharen und staunten: ein lockerer Ministerpräsident zum Anfassen.« Nach und nach, so betont der einstige Regierungssprecher, »haben wir erkannt, dass wir mit dem Pfund, das dieses Haus uns bietet, wuchern müssen: Es war und ist die schönste Regierungszentrale aller Bundesländer! Deshalb waren wir sehr stolz auf die Villa und ihr Drumherum, denn dieser durchaus majestätische Ort ist nach wie vor repräsentativ für unser Land.«

Eine Episode mag den neuen lockeren Stil auf der Gänsheide unterstreichen: Im Mai 1979 landet plötzlich ein kleiner bunter Luftballon im Park der Villa Reitzenstein. Er stammt aus dem nordbadischen Mosbach, dort beim Frühlingsfest am 12. Mai von der Schülerin Michaela Wolf erwartungsfroh aufgelassen. Das Mädchen bekommt selbstverständlich ein Briefle von Lothar Späth persönlich. Aber auch das ist Alltag auf der Gänsheide: 1979 entscheidet das Staatsministerium, dass es von sofort an in der Villa keine Wahllokale für die benachbarte Bürgerschaft mehr geben kann, denn die Sicherheit des Areals geht vor. Angesichts des bun-

Gegenüberliegende Seite: 1995, vier Jahre nach seinem turbulenten Rücktritt, lässt sich Lothar Späth von dem Stuttgarter Fotorealisten Jan Peter Tripp (geb. 1945) porträtieren. Dieser ehemalige Ministerpräsident, von 1978 bis 1991 als ein machtbewusster Macher im Amt, stirbt am 18. März 2016 in Stuttgart. In den ehrenden Nachrufen heißt es, Späth habe als Visionär und rastloser Chef der »Baden-Württemberg GmbH«, als »Cleverle« in der Villa Reitzenstein aus dem behäbigen Land sein »Musterländle« geformt.

desweiten Terrors der RAF ist vertrauensvolle Bürgernähe so ohne weiteres unmöglich.

Es gibt für den pragmatischen Lothar Späth auch diese etwas andere Sicht auf die Villa – der Autor Gerhard Konzelmann berichtet es so: »Nicht immer hat Späth die Vorteile der Villa Reitzenstein so eindeutig empfunden. Oft genug fühlte er sich eingeengt, vor allem gegängelt durch den bürokratischen Rahmen, der für die Arbeit im Staatsministerium eben unumgänglich war. Späth war aber auch davon überzeugt, die Villa beeinflusse durch ihre strenge Atmosphäre die Gesprächspartner. Wenn er eine lockere Atmosphäre erzeugen wollte, verlegte er Gespräche in eine völlig andere Umgebung. Das richtige Ambiente fand er in der ›Traube‹ in Tonbach, die im Schwarzwaldtal von Baiersbronn bei Freudenstadt liegt.« Die »Traube« in Tonbach ist damals wie heute eines der mit Sternen bekränzten Vorzeigerestaurants in Deutschland. Diese »Tonbacher Gespräche« werden legendär, zu denen der Ministerpräsident Unternehmer, Wissenschaftler, Künstler und Geistesgrößen jeglicher Couleur einlädt, wobei der Unternehmer Heinrich Dräger der Gastgeber ist, Gründer der gleichnamigen Stiftung in Lübeck, gespeist von seinem weltweit agierenden Unternehmen der Medizintechnik.

Matthias Kleinert erinnert sich gut und gerne an seine Zeit mit Lothar Späth auf der Gänsheide: »Auch in die Bibliothek der Villa Reitzenstein, sicherlich der schönste und eindrucksvollste Teil des Gebäudes, haben wir damals viele Gäste eingeladen, es gab Staatsempfänge und auch Gartenpartys: Wissenschaftler und Wirtschaftler, Politiker und Künstler, natürlich viele interessante Persönlichkeiten aus aller Welt waren dort zu Gast. In dieser Bibliothek ist Politik gemacht worden! Jeder, der dieses Haus betrat, empfand sofort seine Geschichte, fühlte Respekt. Die Geschichte unseres Landes kulminiert quasi an diesem Ort. Nie im Leben wären wir auf die Idee gekommen, die Villa Reitzenstein in Jeans zu betreten! Auch daraus speist sich der Mythos, der sie umgibt.«

Allerdings handelt sich dieser Mythos im Jahr 1982 eine Rüge der Gärtner ein: Allzu viele Leute kürzen über die steile Wiese ab, wenn sie vom Eingang an der Richard-Wagner-Straße her hinaufeilen, den etwas längeren Weg auf der asphaltierten Serpentine nicht gehen wollen. Auf diese Weise entsteht ein hässlicher Trampelpfad im Grünen und bald darauf folgt die strikte Anweisung, die empfindliche Wiese zu schonen. Wo Menschen sind, gibt's halt Bequemlichkeit und Rügen. Selbst an höheren Orten.

196 | Der Chef der »Baden-Württemberg AG«

Das »Cleverle« und sein »Matt«

Am 30. August 1978, nach quälenden Wochen und Monaten für die Landespolitik im Südwesten, beginnt im Landtag eine neue Ära: Der CDU-Fraktionschef Lothar Späth, 41 Jahre jung, wird zum neuen, zum fünften und bis dato jüngsten Ministerpräsidenten von Baden-Württemberg gewählt. In seiner Fraktion hat er sich im internen Rennen gegen den populären Stuttgarter Oberbürgermeister Manfred Rommel durchgesetzt, seit 1974 im Amt. Rommel, Jahrgang 1928, entstammt zwar der politischen Schule von Kiesinger und Filbinger, verfolgt und verkörpert im größten Rathaus des Landes jedoch seinen ganz eigenen, eher sozialliberalen und von der CDU völlig unabhängigen Stil die Landeshauptstadt zu regieren.

Lothar Späth indessen, umtriebig, ungeduldig, ideenreich und mitreißend, prägt auf der Villa Reitzenstein eine neue, dynamische Landespolitik. Zweierlei befähigt ihn dazu: Späth, am 16. November 1937 in Sigmaringen geboren als Sohn eines Lagerverwalters in einer Samenhandlung, ist erst acht Jahre alt, als das Nazireich untergeht und der Zweite Weltkrieg endet. Er ist kein akademisch gebildeter und damit studentisch-elitär geprägter Politiker wie (fast) alle seine Vorgänger. Nein, dieser Lothar Späth entstammt der jungen, selbstbewusst aufstrebenden Verwaltungsbeamtenschaft. Später verspotten ihn manche als »Inspektor« – doch wer ihn derart unterschätzt, bekommt das rasch schmerzlich zu spüren.

Späth wächst im Unterland auf, in Ilsfeld und Heilbronn, verlässt mit der Mittleren Reife das Gymnasium, startet die Verwaltungslaufbahn quasi von der Pike auf in der Stuttgarter Verwaltungsschule, bei der Stadt Giengen an der Brenz und auf dem Landratsamt in Bad Mergentheim. 1960 geht er zur Kämmerei der Stadt Bietigheim, wird 1965 deren Stadtkämmerer, 1967 deren Bürgermeister. Ein kraftvoller Selfmademan, um es neudeutsch auszudrücken. Seine kommunale Praxis, die schnelle Entscheidungen fällt unmittelbar vor den Augen der Bürger, kommt sehr gut an. Dieser Lothar Späth, frei von theoretischem Ballast, erweist sich rasch als eines der großen politischen Talente der Landes-CDU, ein Hochbegabter, ein Menschenfischer, der die Leute für sich begeistern kann und der allerhand bewegen möchte. Er möchte die belastenden Debatten über die Vergangenheit seiner beiden Vorgänger hinter sich und seiner Partei lassen. Eloquent tritt er überall auf, weiß auf jede Frage blitzschnell eine Antwort, parliert munter auf Englisch mit schwäbischem Akzent.

Zwei Duzfreunde an der Spitze des Landes: Lothar Späth macht den umtriebigen Berliner Radioreporter Matthias Kleinert 1978 zum Regierungssprecher. Seine rechte Hand nennt Späth bald nur noch »Matt«. 1987 zerbricht die Freundschaft, Kleinert wird »Außenminister« des Daimler-Benz-Konzerns. Erst in Lothar Späths letzten Lebensjahren versöhnen sich die beiden Weggefährten.

Damit kein Missverständnis aufkommt: Dieser Lothar Späth ist von Ehrgeiz und Karrieredenken angetrieben, auch von dem Drang, in der Politik deutliche Zeichen zu setzen und Karriere zu machen: »Die Bürger erwarten von uns, dass wir mutig und zügig entscheiden, nicht zaudern und zögern, die Dinge auf die lange Bank schieben«, so sein frühes Credo. 1970 sehen wir ihn als Geschäftsführer der Neuen Heimat, jener gewerkschaftseigenen Wohnbaugesellschaft, später geht er an die Spitze der alteingesessenen Baufirma Baresel. 1968 zieht er für die CDU in den Landtag ein, alles verläuft im Eiltempo. 1980, 1984 und 1988 gewinnt die Landes-CDU mit und unter Lothar Späth die Landtagswahlen mit jeweils absoluter Mehrheit. Natürlich führt er die Landes-CDU, ist stellvertretender Bundesvorsitzender seiner Partei.

Unter Lothar Späth avanciert Baden-Württemberg zum »Musterländle«, vollzieht sich der technologische Strukturwandel der achtziger Jahre des vorigen Jahrhunderts. Der agile Ministerpräsident setzt auf die Förderung von Wirtschaft, Forschung und Kultur. Geradezu legendär wird das Foto, das ihn zeigt nach einer Ballettpremiere im Stuttgarter Opernhaus, wo der Ministerpräsident im »Anzügle« lässig auf dem Boden sitzt zwischen den Stars wie Marcia Haydée, Birgit Keil und Richard Cragun. Späth eröffnet 1983 selbstbewusst die Neue Staatsgalerie an der Stuttgarter Kulturmeile, entworfen von dem Engländer James Sterling – ein Projekt übrigens, dessen Ursprung noch in die Filbinger-Ära zurückreicht. Für die hochbegabte junge Geigerin Anne-Sophie Mutter aus dem südbadischen Wehr, ein Jahrhunderttalent, entdeckt durch den genialen Dirigenten Herbert von Karajan, vermittelt der Ministerpräsident mit Hilfe der landeseigenen L-Bank ein Instrument aus der weltberühmten Werkstatt des Italieners Antonio Stradivari.

Doch dieser Regierungschef blickt zugleich weit über die Grenzen seines Bundeslandes hinaus, betreibt und forciert seine eigene Außenpolitik oder was er dafür hält, erweist sich als nimmermüder erster Wirtschaftsförderer Baden-Württembergs. Nicht von ungefähr bekommt der MP auf dem Höhepunkt seiner politischen Macht den respektvollen Titel »Chef der Baden-Württemberg AG«. Im Volksmund nennt man ihn »Cleverle«, schwäbisch-liebevoll und anerkennend zugleich gemeint, mit einem Hauch von Schlitzohr dabei. Späth verkörpert den Aufbruch vom behäbigen, allzu selbstgerechten Baden-Württemberg zu dem, was man etwas später die Globalisierung nennen wird. Späth reist mit Delegationen aus der Wirtschaft seines Musterländles um die Welt, wird zum profiliertesten jungen Ministerpräsidenten jener Jahre, trifft Michael Gorbatschow und die chinesische Führung, reist nach Osteuropa und in die DDR. Anfang der achtziger Jahre – die Grünen, 1980 in Karlsruhe gegründet, formieren sich als neue links-ökologische Partei – sucht Späth im Landtag, wo die etwas chaotisch organisierten

So wie auf diesem Foto aus den achtziger Jahren sah sich Lothar Späth am liebsten: Als Ministerpräsident fördert er die Kultur wie keiner vor ihm (und keiner mehr nach ihm). Den internationalen Ballettstars wie Richard Cragun und Marcia Haydée ist er freundschaftlich verbunden, im Hintergrund die Primaballerina Birgit Keil.

Der Chef der »Baden-Württemberg AG« | 199

Gegenüberliegende Seite: Im Juni 1982, zum 30. Geburtstag des Landes, lädt Lothar Späth die weltbekannte Ordensschwester Mutter Teresa aus Kalkutta nach Stuttgart ein, empfängt sie in der Villa Reitzenstein. Später spricht Mutter Teresa vor Tausenden von Zuhörern im Hof des Stuttgarter Neuen Schlosses, fordert zur Hilfe und Solidarität mit den Armen in der Dritten Welt auf. 2016 wird Mutter Teresa vom Papst heiliggesprochen.

Alternativen seit 1980 vertreten sind, mit ihnen sogleich den Dialog – nicht gerade zur Freude seines eigenen politischen Lagers.

Die Landtagswahl vom 16. März 1980 ist auf mehrfache Weise historisch: Zum ersten Mal als amtierender Ministerpräsident und mithin als Spitzenkandidat führt Späth seine Partei und Fraktion zu 53,35 Prozent der abgegebenen Stimmen – ein persönlicher Triumph. Die Grünen, in ihren Reihen ehemalige Sozialdemokraten, schaffen bei ihrer Premiere auf dem landespolitischen Parkett mit respektablen 5,3 Prozent auf Anhieb den Einzug in den Landtag: Einer von ihnen, die mit sechs Abgeordneten noch keine Fraktion bilden, wohl aber eine Gruppe, heißt Winfried Kretschmann, Jahrgang 1948, stammt aus Spaichingen auf der Schwäbischen Alb, ein Mitbegründer der Grünen im Land, als Student zwei Jahre lang Mitglied des KBW, des Kommunistischen Bundes Westdeutschland. Von diesem Winfried Kretschmann wird man, wenn auch erst dreißig Jahre später, noch allerhand hören ...

Der anno 1980 amtierende Ministerpräsident zeigt von Anfang an keinerlei Berührungsängste gegenüber den jungen Grünen-Abgeordneten. Kritiker wie Bewunderer spüren, dieser Späth denkt in weiten Zusammenhängen über den Tag hinaus, kann mehr, will mehr, strebt – ob früher oder später – nach dem höchsten politischen Amt im Staate: dem Kanzleramt. 1987, Lothar Späth steht auf dem Höhepunkt seiner Macht, ist er den politisch interessierten Menschen bundesweit ein Begriff. Da kommt es, scheinbar unvermittelt, zum Bruch mit seinem Freund »Matt«, dem Regierungssprecher. Die Gemeinsamkeiten der beiden Senkrechtstarter in der Villa Reitzenstein sind aufgebraucht.

Der Grund für das Zerwürfnis auf der Gänsheide ist das Buch »Lothar Späth« von Heribert Schwan und Werner Filmer, das den Ministerpräsidenten nicht nur als einen kraftvollen Gestalter der Zukunft porträtiert, sondern ihn in die erste Reihe der deutschen Politiker rückt. Der Band ist eine locker-lässige Hommage an einen Könner und Draufgänger, durchaus mit kritischen Untertönen. Auch die Grünen-Politiker Fritz Kuhn und Rezzo Schlauch sind mit Beiträgen vertreten, in denen sie das »Cleverle« respektvoll belobigen und kritisieren zugleich. Das alles liest sich heute wie frühe Versuche, diese Gelegenheit zu nutzen, um auszuloten, ob es dereinst vielleicht eine Koalition zwischen den Schwarzen und den Grünen geben könnte.

Auf der Seite 210 allerdings zielen die Autoren Werner Filmer und Heribert Schwan unter der Überschrift »Der unsichere Matt« gezielt auf die rechte Hand des Ministerpräsidenten: »Kleinerts Einfluss auf Späth zeigt manchmal sogar nachteilige Folgen. Er stört Späths politische Instinkte, verstellt seine Blicke.« Und es kommt für den treuen »Matt« noch dicker: »Journalisten, die das Gespann Kleinert-Späth seit langer Zeit beobachten, glauben festgestellt zu haben, dass Kleinert hinter Späths Entwicklung hergehinkt ist, dass er dessen Tempo nicht mithalten konnte.« Kleinert wolle »wegkommen von der Rolle des Wasserträgers, will Staatssekretär sein«. Doch er gelte als »nicht ministrabel«. Dieses Buch, diese kaltschnäuzige Kritik, die ihn aus heiterem Himmel trifft, ärgert Matthias Kleinert bis in unsere Tage.

Immerhin, auch das lokale Kolorit scheint auf in dem mehr als 360 Seiten umfassenden Werk: »Wer heute zum baden-württembergischen Ministerpräsidenten will, gelangt nach polizeilicher Kontrolle zunächst in einen großzügigen Park. Der direkte Weg in die Villa führt für den Besucher über steile Treppen und Wege. Meist kommt er atemlos am Hauptgebäude an. Freundliche Herren öffnen die Tür und geleiten den Besucher zum Sekretariat des Ministerpräsidenten in den ersten Stock.«

Das Buch, kein Wunder, bedeutet den Bruch. Das war's zwischen dem »Cleverle« und seinem »Matt«. Letzterer erinnert sich: »Als ich das gelesen hatte, war mir klar, dass wir die längste Zeit zusammengearbeitet hatten.« Deshalb kommt ihm am Ende dieses schicksalhaften Jahres 1987 das attraktive Angebot des Mercedes-Benz-Chefs Werner Niefer gerade recht. Der und Konzernchef Edzard Reuter suchen dringend neue Impulse für die unattraktive Presse- und Öffentlichkeitsarbeit ihrer Weltfirma mit dem Stern, der versierte und unerschrockene Matthias Kleinert soll es richten. Und er richtet es mit internationalem Erfolg bis ins Jahr 2003; seit 1995 führt Kleinert »beim Daimler«, wie man in Stuttgart sagt, das »Direktorium für Politik und Außenbeziehungen«, ist so etwas wie der Außenminister dieses Weltkonzerns.

Die Kälte der Macht

Den Hang hinauf, die schmal gewundene Serpentine zwischen Rhododendronstauden und Tulpenbeeten entlang, Höhe gewinnend, nicht viel, vierzig oder fünfzig Meter nur, doch genug, um den Atem schneller, gepresster gehen und den Blick unsicher zwischen unten und oben schweifen zu lassen, wo sich, eben noch sichtbar, schiefergrau eingedeckte Häuschen duckten, Bedienstetenwohnungen mit schmucklosen Fassaden, während gegenüber das Fundament des Schloßgebäudes emporwuchs, von wildem Laub überwuchert, als gehörte es der Erde zu, ein ernster und strenger Körper, zu dem die lehmgelben Sandsteinquader in poröser Weichheit auffällig kontrastierten, um dann, endlich oben angekommen, mit einem einzigen Blick alles aufzusaugen – die herrisch vorspringenden Seitenflügel, das von Säulen umrundete Eingangsportal, die ebenmäßige Reihe zimmerhoher Fenster mit weißlackierten Rahmen, das weit heruntergezogene, von winzigen Gauben unterteilte Dach und in einsamer, stolzer Mitte zuoberst die stolze Kuppel mit Aussichtsplateau, zierlichem Messinggeländer und fahnenlosem Fahnenmast: so begann Bernhard Gundelach, siebenundzwanzigjährig, an einem Frühlingsmorgen des Jahres 1976 seinen Dienst in der obersten Behörde des Landes.

Mit diesem berühmt gewordenen Eingangssatz beginnt der 1996 erschienene Roman »Monrepos oder Die Kälte der Macht«, der bundesweit für

1996 sorgt Manfred Zach, der frühere Regierungssprecher von Lothar Späth, für einen Paukenschlag: »Monrepos oder die Kälte der Macht« lautet der Titel seiner in Romanform gekleideten, kritischen Beschreibung der Ära Späth. Das Buch wird ein Bestseller – Lothar Späth indessen wirft Manfred Zach illoyales Verhalten vor. 2013 kehrt Zach erstmals in den Park der Villa zurück, liest vor interessierten Bürgern im Tempietto aus seinem erfolgreichen Enthüllungsbuch.

Furore sorgt in der politisch-journalistischen Klasse. Bernhard Gundelach ist in Wahrheit Manfred Zach, Jahrgang 1947, studierter Jurist, begabter Journalist, bis 1975 Jungspund im Regierungspräsidium. Selbstredend zielt der Autor mit »Monrepos« frontal auf die Villa Reitzenstein, mit »Oskar Specht« meint er keinen Geringeren als Lothar Späth – alle, die in und um dieses »Monrepos« eine Rolle spielen, werden nicht geschont. Gerhard Mayer-Vorfelder findet sich als »Müller-Prellwitz« wieder, Erwin Teufel als »Deusel«, Manfred Bulling als »Pullendorf«, Hans Filbinger als »Breisinger«. Die Literaturkritik spricht anerkennend bis hymnisch von einem »Enthüllungsroman«, Lothar Späth indessen wechselt nie wieder ein Wort mit Manfred Zach alias Gundelach. Die Gründe liegen auf der Hand: Späth fühlt sich hintergangen, fordert von seinem engsten Stab zu allen Zeiten

Der Chef der »Baden-Württemberg AG« | 203

absolute Loyalität, ja persönliche Treue. Späth spürt, dass die Pfeile des Autors Manfred Zach zuvorderst auf ihn gerichtet sind. Kälte der Macht – dieses kritische Prädikat geht dem Ministerpräsidenten nahe, denn dieser MP betrachtet sich quasi als Mittelpunkt eines Freundeskreises, der gemeinsam durch dick und dünn geht. Offenkundig eine Fehleinschätzung.

Manfred Zach sagt im Herbst 2015: »Wenn ich an die Villa Reitzenstein denke, tue ich das mit positiven Emotionen: Die Atmosphäre dieses Regierungssitzes ist für mich bis heute etwas Besonderes. Und das vermittelt sich dort auch. Wenn Sie dort arbeiten, wenn Sie da drin sind, wird es eine andere Welt – das birgt auch die Gefahr, abzuheben, was natürlich mit der Macht zu tun hat.« Zach nennt die Villa Reitzenstein »repräsentativ, aber nicht protzig. Der nach wie vor wunderschöne Park und die Villa sind in sich stimmig. Alles hat Stil. Dagegen wirkte der Landtag damals ziemlich nüchtern.«

Zachs Anfänge auf der Gänsheide spielen sich in zwei Behelfsbaracken ab, wohlweislich hinter Bäumen und Büschen versteckt, wo die Pressestelle und die Redenschreiber untergebracht sind. Er erinnert sich gerne an »den Geist der Baracke«. Und er erinnert sich aus dem Stegreif, gerade so, als wäre es vergangenes Wochenende gewesen, an die Landtagswahl vom Frühjahr 1976, als Hans Filbinger unter dem heftig umstrittenen Slogan »Freiheit statt Sozialismus« 56,7 Prozent der Stimmen für die CDU gewinnt – ein Rekordergebnis bis heute. Nein, nein, sagt Zach, dieser damals ihm zugeschriebene Wahlslogan stamme in Wahrheit von der Strauß-geprägten CSU. Und er sagt: »Das Staatsministerium war für viele von uns ein Sprungbrett, auf dem man sich die Epauletten holen konnte für eine Karriere als Bürgermeister oder Oberbürgermeister, als Landrat, Staatssekretär oder gar Minister.« (Epauletten? Die Schulterstücke an der Uniform, die den Rang des Trägers signalisieren.)

Zwischen 1976 und 1996 liegen für Manfred Zach zwei turbulente Jahrzehnte: »Ich wurde zunächst Pressereferent, später Redenschreiber für Lothar Späth, schließlich Regierungssprecher und Leiter des Grundsatzreferates im Staatsministerium. Ich wäre gerne Staatssekretär geworden und nach Bonn gegangen – 1989 kam uns der Bremer Parteitag der CDU dazwischen, danach die deutsche Wiedervereinigung.« Mit dem Ende der Ära Späth muss auch Manfred Zach das Machtzentrum auf der Gänsheide verlassen, wird Ministerialdirigent im Ministerium für Arbeit und Soziales.

1996 dann der Paukenschlag mit dem Roman »Monrepos«, von dem der Autor gesteht: »Nein, an die Verbindung zum Schloss Monrepos in

Zum Landesjubiläum 1982 lädt Lothar Späth die Ehemaligen in die Villa Reitzenstein ein: Vorne die Ministerpräsidenten Filbinger, Späth, Müller und Kiesinger, links vorne Finanzminister Robert Gleichauf. Auf der Treppe, dicht gedrängt, viele amtierende und frühere Ministerinnen und Minister.

Ludwigsburg, das für Helene von Reitzenstein offenbar die Vorlage für ihre Villa war – daran hab ich überhaupt nicht gedacht. Ich dachte an Monrepos als vermeintliche Ruhestätte, habe damals bei der Württembergischen Hofkammer in Ludwigsburg nachgefragt, ob Carl Herzog von Württemberg womöglich etwas dagegen hätte, wenn ich diesen Begriff wählen würde. Das hat man verneint. Er hat mir später gesagt, er habe sich bei der Lektüre meines Buches köstlich amüsiert.« Das erreicht 16 Auflagen, weit mehr als hunderttausend Exemplare. Für den Autor hält sich das Vergnügen zunächst in Grenzen. Konservative Kreise versuchen, ihm eine Illoyalität anzukreiden, ihn mit Macht und Konsequenz aus dem Landesdienst zu verdrängen – ohne Erfolg. Keine leichte Zeit für Zach, der seit dieser Zeit als Schriftsteller einen guten Namen besitzt.

Dem Abstieg folgt der Ausstieg

Im Nachhinein ist man immer schlauer. Das gilt auch für die Zusammenarbeit, die Freundschaft und den Bruch zwischen diesem Ministerpräsidenten und seinem ersten Regierungssprecher. Denn wie man es auch dreht und wendet – nach Kleinerts Weggang aus der Villa Reitzenstein funktionieren Späths persönliche Antennen nicht mehr seismografisch genau und sensibel, seine Fehler und Fehleinschätzungen mehren sich. Etwa im Herbst 1989. Da scheitert er mit seinem Putschversuch gegen den Kanzler Kohl auf dem Bremer CDU-Parteitag: Heiner Geißler, Ernst Albrecht, Rita Süßmuth und eben Lothar Späth werden von Kohl und seiner CDU-Hausmacht heftig abgestraft. Ein Hamburger Nachrichtenmagazin hatte Späth »hochgeschrieben«, ihn medial als künftigen Parteichef und Kanzler in Szene gesetzt. Doch als es in Bremen zum Schwur gegen das politische Schwergewicht aus Oggersheim kommen soll, steht Späth plötzlich mutterseelenallein da, seine ängstlichen Mitstreiter haben sich in die Büsche geschlagen.

Schon kurz danach kommt es für Späth noch schlimmer: Von einem Stuttgarter Unternehmer und Konzernchef lässt er sich und seine Familie privat zu mehreren Ferienreisen einladen, verliert das Gespür dafür, was einer wie er sich schadlos leisten darf, was nicht. Der populäre Ministerpräsident fällt aus allen Wolken, fühlt sich zu Unrecht am Pranger, als er hilflos zur Kenntnis nehmen muss, wie beinhart die Medien mit ihm ins Gericht gehen. Bei Konfuzius, dem chinesischen Philosophen, heißt es weise: Die Menschen stolpern nicht über Berge, sondern über Maulwurfshügel. Der Fall geht als »Traumschiff-Affäre« in die Landesgeschichte ein.

Späth betrachtet das alles als eine Hetzjagd gegen sich, sieht den Undank seiner vermeintlichen Freunde innerhalb wie außerhalb der CDU – am 13. Januar 1991 ist für ihn das Maß voll: Auf einer Pressekonferenz in der Bibliothek der Villa Reitzenstein erklärt er seinen sofortigen Rücktritt, sagt dabei wörtlich: »Ein Lothar Späth ist nicht bestechlich!« Ende Juli 1991 scheidet er aus dem Landtag aus. Was 13 Jahre zuvor so glänzend, so dynamisch begann, endet im Jahr nach der deutschen Wiedervereinigung mit einem Katzenjammer. Lothar Späth und »seine« CDU haben sich auf Jahre hinaus nichts mehr zu sagen.

Noch bevor er sein Landtagsmandat niederlegt, steht im Juni fest, dass der jetzt 53-Jährige an die Spitze der Jenoptik in Jena berufen wird.

206 | Der Chef der »Baden-Württemberg AG«

Späth ist von nun an einer der führenden deutschen Topmanager, auf die man international blickt. Wie wird die deutsche Wirtschaft ihre Jahrhundertchance meistern, die sich durch die glückhafte Wiedervereinigung ergeben hat? Späths weiterer Weg kann hier nur in Stichworten skizziert werden: Er muss Tausende entlassen, benötigt Milliarden an Steuergeldern, um den Standort Jena zu retten. 1997 ehrt ihn diese Stadt mit der Ehrenbürgerschaft. Seine Jenoptik bringt er mit allerlei Tamtam und Turbulenzen an die Börse. 2002 erwägt er ernsthaft seine Rückkehr in die große Politik, wird Wirtschaftsminister im »Schattenkabinett« des Kanzlerkandidaten Edmund Stoiber – die Wahl am 22. September 2002 verliert die CDU, SPD und Grüne koalieren zum ersten Mal, übernehmen die Regierungsverantwortung, Gerhard Schröder wird Kanzler.

Lothar Späth verlässt 2003 die Jenoptik, übernimmt verschiedene Ehrenämter, wird Bankvorstand und Aufsichtsrat, ist gefragter Gast und Gesprächsführer im Fernsehen. Jahre später zieht er sich aus der Öffentlichkeit zurück, lebt zuletzt unter zunehmender Demenz in einem Stuttgarter Pflegeheim. Eine Gruppe seiner engsten Freunde und politischen Weggefährten hält den Kontakt zu ihm, darunter auch »Matt« Kleinert, mit dem er sich längst ausgesöhnt hat. Lothar Späth stirbt am 18. März 2016. Mit einer Fülle von Nachrufen wird sein Wirken in der Politik und der Wirtschaft gewürdigt. Ministerpräsident Winfried Kretschmann sagt: »Lothar Späth war ein Visionär im besten Sinne, weltoffen, mit Weitblick, mutig und bürgernah. Er hat den realpolitischen Weg der baden-württembergischen Grünen mitgeprägt. Wir hatten Glück, einen solchen Gegner zu haben.« Sein direkter Nachfolger im Amt, Erwin Teufel, betont: »Ich verliere einen Freund und unser Land eine großartige Persönlichkeit.« Und auch Matthias Kleinert, Freund und Weggefährte in der Villa Reitzenstein, sagt: »Er war das, was man einen Ministerpräsidenten zum Anfassen nennt. Und so hat er unser Baden-Württemberg an die Spitze der Bundesländer geführt.«

Arbeitsplatz »Gänsheide«

Erwin Teufel – der Pflichtenmensch von Spaichingen

Bis heute sehen die Bürger von Baden-Württemberg in Erwin Teufel ein Musterbeispiel von Fleiß und Integrität, von Bürgernähe und persönlichem Engagement. Erwin Teufel bohrt dicke Bretter, verkörpert das Gegenstück zu seinem rastlosen Vorgänger. Von 1991 bis zum bedrängten Amtsverzicht 2005 regiert er in nüchternem Stil auf der Villa Reitzenstein.

Für die Christdemokraten in Baden-Württemberg ist dieser 13. Januar 1991 mal wieder ein rabenschwarzer Tag: Nach dem unausweichlichen Rücktritt von Hans Filbinger im August 1978 jetzt der nicht minder schmerzliche Rücktritt seines Nachfolgers Lothar Späth. Zwei Ministerpräsidenten, zwei Rücktritte! Erneut erlebt die Villa Reitzenstein historische Tage – im Negativen. Gewiss, zwei unterschiedliche Politiker, zwei verschiedene Amtszeiten, zwei unvergleichbare Gründe für deren Demission – für die CDU, die man zu Recht als »Ministerpräsidentenpartei« betitelt, eine bittere Hypothek, ein Jahr nur vor den Landtagswahlen, die im Frühjahr 1992 anstehen.

Also macht die Partei, was sie über die Jahrzehnte seit den Fünfzigern am besten kann: Sie regelt und sichert den Machterhalt an ihrer Spitze binnen weniger Tage. Schon am 22. Januar 1991 wird Erwin Teufel, 51 Jahre alt, zum neuen Ministerpräsidenten gewählt, dem sechsten des Landes in der Nachkriegsgeschichte. Seit 13 Jahren, seit Filbingers Fall

Von 1991 bis 2005 lenkt Erwin Teufel die Geschicke des Landes. Im Jahr 2008 bittet er den Trossinger Maler Emil Kiess, Jahrgang 1930, um ein Porträt. Es zeigt den langjährigen Ministerpräsidenten im Profil nach links. Spöttische Zungen sagen, Erwin Teufel habe sich bewusst so malen lassen, um später einmal dem Porträt seines Nachfolgers Günther Oettinger den Rücken zuzukehren! Tatsächlich hängen heute die Bilder der beiden ehemaligen Hausherren im Foyer nebeneinander.

Arbeitsplatz »Gänsheide« | 209

und Späths Aufstieg zum Ministerpräsidenten, führt dieser tief katholisch und sozial geprägte Politiker aus Spaichingen am Fuß der Schwäbischen Alb die selbstbewusste Landtagsfraktion seiner Partei, von nun an soll er das Land nach turbulenten und aufreibenden Wochen in ein ruhiges Fahrwasser zurückführen. Wie gesagt, die nächste Landtagswahl liegt da lediglich fünfzehn Monate voraus. Nur gut, dass Manfred Rommel, Stuttgarts beliebter Oberbürgermeister, diesmal von vornherein auf seine Kandidatur um das Amt des Ministerpräsidenten verzichtet – eine Personaldebatte, gar eine öffentliche Zerreißprobe, liegt dem populären Stuttgarter Stadtoberhaupt fern. Rommel, der Erwin Teufel früh im Stuttgarter Rathaus empfängt, weiß: 1996 endet seine Amtszeit, weil er am 24. Dezember jenes Jahres die gesetzliche Altersgrenze von 68 Jahren erreichen wird und in Pension gehen muss.

Der wohlfeile Spruch, die Geschichte wiederhole sich nicht, klingt leicht und locker, gaukelt einen Erfahrungswert vor, ja sogar eine Gewissheit – er ist jedoch bei näherer Betrachtung unnütz und wenig hilfreich, manchmal sogar blanker Quatsch. Beispiel Erwin Teufel. Jetzt ist er der neue Herr auf der Villa Reitzenstein, knapp zwanzig Jahre nach seiner ersten Wahl zum Abgeordneten im Landtag. Und dann das: Der neue Ministerpräsident ähnelt in seinem Verhältnis zu diesem geschichtsträchtigen Ort eher dem kühlen Gebhard Müller, sieht in dem Machtzentrum auf der Gänsheide nicht mehr als seinen Arbeitsplatz und den seiner Mitarbeiter. Teufel legt keinerlei Wert auf die Inszenierung glanzvoller Auftritte, vielmehr verordnet er der Villa Reitzenstein nach den oft turbulenten Späth-Jahren eine Phase der Bescheidenheit und Nüchternheit. Erwin Teufel behält sein möbliertes Zimmer bei den Barmherzigen Schwestern von Untermarchtal, die im Stuttgarter Süden das traditionsreiche Marienhospital führen. Auf die Idee, die Dienstvilla des Ministerpräsidenten auf der Solitude zu beziehen, wo er Lothar Späth regelmäßig aufgesucht hat – für Erwin Teufel und seine Frau Edeltraud so abwegig wie nur irgendetwas. Spötter sagen über ihn, so eine »Traumschiff-Affäre« wie Lothar Späth könne dessen Nachfolger nie und nimmer passieren: »Der Erwin würde am liebsten in einer Jugendherberge übernachten und auch noch aus eigener Tasche bezahlen.«

Natürlich ist das absichtsvoll übertrieben, aber so viel stimmt denn doch: Von 1991 bis 2005 steht Erwin Teufel an der Spitze des Landes Baden-Württemberg. In diesen eineinhalb Jahrzehnten geht er als harter Sparkommissar in die Geschichte der Landespolitik ein; nach dem sprunghaften Lothar Späth, der unaufhaltsam neue Ideen und Projekte kreiert, sich auch nicht scheut, Schulden in Millionenhöhe zu machen, um das Ländle nach seinem Muster voranzubringen, tritt sein Nachfolger, wie es seinem Naturell entspricht, sogleich beinhart auf die Bremse.

Für die Villa Reitzenstein heißt das konkret: Der Bau veraltet, die fällige Modernisierung findet nicht statt, die technischen Anlagen hinken dem Stand der Technik und der vernünftigen Energieeinsparung bald hinterher. Das uralte schwäbische Motto »Des tut's no gut!« wird so etwas wie Teufels Wahlspruch. Es heißt, schon aus Prinzip lässt dieser MP für seine ohnehin recht spartanische Amtsstube nichts Neues anschaffen – rein gar nichts, was auch nur den leisesten Verdacht nähren könnte, er gehe sorglos um mit den Steuergeldern seiner Bürger.

Teufel, Palmer und »der Ort, an dem sich alles bündelt«

Bei den Recherchen zu diesem Buch, im Oktober 2015, trifft sich der Autor mit dem zu diesem Zeitpunkt 76-jährigen Erwin Teufel im Veranstaltungszentrum der Sparda-Bank am Stuttgarter Hauptbahnhof. Rückblickend erzählt der ehemalige MP, dass er die Villa Reitzenstein seit 1972 kenne. »Damals habe ich als Mitglied des CDU-Landesvorstandes an den Sitzungen teilgenommen, die man dort abgehalten hat, um dem Trubel des Landtags zu entgehen, wo die Wände Ohren haben.« Und er erinnert sich weiter: »Meine Frau war, genau genommen, früher in der Villa Reitzenstein als ich, denn Frau Filbinger hat gerne im Advent die Damen zum Kaffee eingeladen, natürlich mit sozialem Hintergrund. Ich erinnere mich, dass sie damals heimkam und mir sagte, sie habe keine einzige der geladenen Damen gekannt.«

Wer ist dieser Erwin Teufel, den die Bürger des Landes – ganz gleich welcher politischer Couleur – bis heute schätzen als grundsolide, als uneitel, verlässlich und bodenständig, arbeitsam und fromm? Dieser altmodische Leumund kommt nicht von ungefähr: Den Bauersleuten Julie und Josef Teufel, die im Bauernflecken Zimmern bei Rottweil eine mühevolle und karge Landwirtschaft betreiben, wird am 4. September 1939, drei Tage nachdem der Reichskanzler Adolf Hitler den Zweiten Weltkrieg vom Zaun gebrochen hat, ihr erstes Kind geboren, Sohn Erwin. Später folgen Bruder Albert, Schwester Irmgard, Bruder Gerold, Schwester Rosa, dann die Brüder Bruno, Konrad und Kurt. Die Schatten des furchtbaren Weltkriegs reichen bald bis Zimmern, 1944 muss der 35-jährige Landwirt und Familienvater noch Soldat werden, kehrt im September 1945 aus britischer Gefangenschaft heim auf die Alb, zumindest äußerlich unversehrt. Der grausame Krieg und seine Folgen prägen die Bauernfamilie Teufel, prägen Erwin Teufel fürs Leben, für das private wie für das politische.

Im Herbst 1945 wird der sechsjährige Erwin eingeschult, arbeitet nach dem Unterricht selbstverständlich auf dem elterlichen Hof mit. In der kleinen Volksschule von Zimmern fehlt es zunächst an vielem – am Fleiß von Erwin Teufel nicht. Der schafft den Sprung aufs Gymnasium, das damals noch fällige Schulgeld für die Geschwister können die Eltern aber nicht aufbringen. Erwin Teufel verlässt das Gymnasium in Rottweil nach der mittleren Reife, folgt den Regeln der Vernunft: Er entschließt sich, Beamter zu werden im gehobenen Verwaltungsdienst, lernt das auf der Fachschule in Haigerloch, legt dort 1961 die Staatsprüfung ab als Verwaltungswirt.

Seine nächsten Stationen in Stichworten: Schon 1964, Teufel ist erst 25 Jahre alt, sehen wir ihn als jüngsten Bürgermeister Deutschlands an der Spitze des Rathauses seines Wohnorts Spaichingen, wo er bis 1972 amtiert. Die Landtagswahl vom 23. April 1972 (absolute Mehrheit von 52,9 Prozent für die CDU unter Hans Filbinger) hat Erwin Teufel nicht unerwartet ein Mandat gebracht für seinen Wahlkreis Villingen-Schwenningen; sogleich beruft ihn der neue Innenminister Karl Schiess als politischen Staatssekretär. In der CDU seiner Heimatregion ist Teufel lange Jahre die Führungsfigur an der Spitze des Bezirksverbandes Südbaden.

1978 – Filbinger tritt zurück, Späth wird Ministerpräsident – rückt Teufel auf zum CDU-Fraktionschef im Landtag. Wer geglaubt hat, diesem stets verbindlich auftretenden Politiker fehle das, was man heute gerne das »Macht-Gen« nennt, der irrt sich gewaltig. Aus dem tief in ihm wurzelnden Pflichtbewusstsein leitet er durchaus seinen Anspruch ab, an der Spitze zu stehen. Als an diesem schicksalhaften 13. Januartag 1991 die glänzende Karriere des Lothar Späth endet, lässt sich Erwin Teufel am 22. Januar zum neuen Ministerpräsidenten wählen, wird Herr auf der Villa Reitzenstein, bleibt dies bis 2005.

Wie denkt Erwin Teufel heute über die Villa und seine Zeit auf der Gänsheide: »Auch ich habe ein emotionales Verhältnis zu diesem Haus und seinem Park – vielleicht hätte ich in den vierzehn Jahren meiner Amtszeit öfter mal in den wunderschönen Park gehen sollen, um Pause zu machen, meine Gedanken zu ordnen«, gesteht er beim Gespräch im

Denkwürdige Tage im Jahr 1978: Ministerpräsident Hans Filbinger ist zurückgetreten, Lothar Späth wird dessen Nachfolger und Erwin Teufel übernimmt den Vorsitz der CDU-Landtagsfraktion.

Herbst 2015 nachdenklich. »Dieses Haus, mit dem man wirklich Staat machen konnte, und seine Atmosphäre sind etwas Besonderes, obwohl man ja nicht jeden Tag, an dem man dort arbeitet, sich immerzu sagen kann, wie großartig das alles ist.« Oft und oft, so ist nun mal sein Wesen, seine Selbstverpflichtung, habe er das Mittagessen sausen lassen, sich nicht von der Tagesarbeit lösen können. Mit Stolz und Anerkennung berichtet er: »Meine Sekretärin Hilde Troje arbeitet seit 45 Jahren für mich, sie war die ganzen Jahre mit mir auf der Villa Reitzenstein.«

Und auch das gibt er quasi zu Protokoll: »In den vierzehn Jahren als Ministerpräsident habe ich vielleicht drei bis vier Mal in dem kleinen Appartement über meinem Dienstzimmer übernachtet, wenn es abends besonders spät war und ich frühmorgens wieder am Schreibtisch sitzen musste.« Das möblierte Zimmer im Marienhospital, so betont Erwin Teufel, habe er von einem anderen Abgeordneten übernommen und 34 Jahre

lang genutzt; zwei möblierte Zimmer hätten die Barmherzigen Schwestern damals vermietet. Doch wenn es irgend gegangen sei, »bin ich heimgefahren nach Spaichingen, um so oft wie möglich bei der Familie zu sein«.

In der landeseigenen Dienstvilla auf der Solitude habe er nicht wohnen wollen. »Ich wusste ja gar nicht, wie lange ich im Amt bleiben würde – was hätten meine Frau und ich mit unserem Haus in Spaichingen tun sollen?« Womöglich und ohne es zu sagen, geht es Erwin Teufel bei allem Fleiß und Pflichtbewusstsein auch darum, seine Heimat als Rückzugsort vom politischen Trubel zu behalten. Ein verständlicher Gedanke.

An dieser Stelle kommt ein langjähriger Vertrauter, politischer wie persönlicher Weggefährte zu Wort, Christoph Palmer: »Ich kenne die Villa Reitzenstein wohl am längsten, denn ich bin auf der Gänsheide aufgewachsen, habe als Kind mit meinen Kameraden in ihrem Park gespielt, als der noch nicht von einem unüberwindlichen Zaun umgeben war.« Dieser Christoph Palmer, Jahrgang 1962, gilt in den neunziger und den zweitausender Jahren zu Recht als eines der großen Talente der Südwest-CDU. Er mischt die Junge Union auf in der Landeshauptstadt, studiert in Tübingen Politik, Germanistik und Geschichte, wird in Hohenheim promoviert, wird parlamentarischer Berater der Landtagsfraktion, sitzt von 1989 bis 1994 im Gemeinderat. 1998 holt ihn Erwin Teufel an seine Seite in die Villa Reitzenstein – der konservativ-intellektuelle Palmer wird Staatsminister. 2001 rückt er für den Filderwahlkreis Stuttgart II in den Landtag ein, eine Karriere, die ihn bis nach ganz oben führt, scheint möglich, ja vorgezeichnet. In seine Zeit auf der Gänsheide fällt die geglückte und zu Recht vielgelobte Werbekampagne des Landes unter dem Motto »Wir können alles – außer Hochdeutsch!«

Im Herbst 2015 blicken wir mit Christoph Palmer auf diese Jahre zurück, er sagt: »Für Erwin Teufel war die Villa gewiss in erster Linie sein Arbeitsplatz. Häufig hat er in seinem Zimmer im Marienhospital übernachtet, meistens ist der morgens mit dem Zug von Spaichingen nach Stuttgart gekommen. Für mich persönlich lagen die Dinge etwas anders: Ich hab ja Geschichte studiert, lebe mit der Geschichte. Für mich war und ist die Villa Reitzenstein ein historischer Ort, wenn man etwa an Eugen Bolz denkt, aber auch an den Sozialdemokraten Wilhelm Blos, an Kiesinger und auch an Filbinger, der ein guter Ministerpräsident war, wenn man einmal vom Ende seiner Amtszeit absieht.« Die Gänsheide, so sagt es Christoph Palmer, »ist der Ort, an dem sich alles bündelt, das hat mich immer beeindruckt«. Wenn man es strikt historisch betrachte, so sei »die Villa Reitzenstein bestimmt der älteste deutsche Ort, wo Landesregierungen amtieren – außerhalb der ebenfalls historischen Rathäuser in Bremen, Hamburg und Berlin«.

Auf die Frage, weshalb man nicht schon während der Ära Teufel/Palmer die Villa an der Richard-Wagner-Straße baulich saniert und technisch modernisiert habe, antwortet Palmer: »Wir waren damals nicht mutig genug. Unsere Furcht war es, eine überkritische Presse würde uns das als Selbstherrlichkeit der CDU auslegen, frei nach dem Motto: ›Seht her, was wir für einen tollen Amtssitz haben!‹« Da sei die Ausgangslage für die grün-rote Landesregierung eine weitaus andere, ja bessere gewesen: »Die Grünen konnten das gut machen. Denen kreidet heute niemand die energetische Sanierung an. Die haben mit der Villa Reitzenstein alles richtig gemacht.«

Und seine eigene Erinnerung? Blickt dieser Christoph Palmer, der 2008 der Politik den Rücken kehrte, heute als Unternehmensberater

Gegenüberliegende Seite: Von 1996 bis zu ihrem gemeinsamen Ausscheiden arbeiten Ministerpräsident Erwin Teufel und der Stuttgarter Christdemokrat Christoph Palmer eng zusammen. Palmer ist Teufels Vertrauter, wird Staatssekretär, später Minister im Staatsministerium und die rechte Hand des Regierungschefs. Palmer gilt als größtes Talent der Südwest-CDU, doch am 25. Oktober 2004 erklären beide gemeinsam ihre Rücktritte.

Am 23. November 1995 herrscht der Ausnahmezustand auf der Gänsheide. Die Polizei ist mit einem Großaufgebot angerückt, denn für den Gast dieses Tages gilt die höchste Gefährdungsstufe: Jassir Arafat, der Palästinenserführer, erhofft sich von Baden-Württemberg Aufbauhilfe und politische Unterstützung auf dem Weg zu einem selbständigen Palästinenserstaat.

arbeitet, mit Zorn oder gar voll Bitterkeit zurück? »Keinesfalls, das ist ja inzwischen alles verjährt. Ich trauere meinem politischen Leben nicht nach, führe seit mehr als einem Jahrzehnt ein neues, unternehmerisches Leben.« Immerhin erinnert er sich gerne und genau an sein damaliges Amtszimmer im ersten Stock der Villa und an »die schönen klassizistischen Möbel aus dem Schloss in Ludwigsburg«. Und er erinnert sich gerne »an die Rituale, die der Ministerpräsident und ich damals im Park gepflegt haben: Einmal im Jahr gab's ein Sommerfest für die CDU-Landtagsfraktion, dazu ein Sommerfest für das Konsularische Corps«.

Zurück zu Erwin Teufel. Immer wieder, so berichtet er, habe er »mit großer Freude Gäste empfangen und bewirten lassen, etwa Mutter Teresa, die Wohltäterin der Armen von Kalkutta, oder den schillernden Jassir Arafat, Präsident der Palästinenser, der aus Sicherheitsgründen im Hubschrauber eingeflogen wird und als Einziger jemals unmittelbar neben der Villa Reitzenstein landen darf. Spontan erinnert er sich: »Ich bin immer wieder mal auf das Dach der Kuppel gestiegen, wo die Landesfahne hängt, um den prächtigen Ausblick zu genießen. Von dort oben hat man einen wunderbaren Blick auf unsere Landeshauptstadt.«

Aber Erwin Teufel wäre nicht Erwin Teufel, wenn ihm nicht auch dies einfiele: »Meine Motivation, überhaupt in die Politik zu gehen, hat zu tun mit meiner Mutter und mit Eugen Bolz. Meine Mutter hat mir nach dem Krieg Bücher an die Hand gegeben, in denen vom Widerstand gegen die Nazis im Dritten Reich berichtet wurde. Auch über Eugen Bolz, den ehemaligen Staatspräsidenten von Württemberg. Da habe ich mir gesagt: Den Widerstand können wir Nachgeborenen ja nicht nachholen, doch wir müssen uns für die Demokratie einsetzen, für den Rechtsstaat und die Menschenrechte.« Das wiederum sei der Grund dafür, dass er sich während seiner langen politischen Laufbahn eingesetzt habe für enge und gute Beziehungen zu Frankreich, Polen und Israel. Und dann macht er eine sehr persönliche Anmerkung: »Jedes Mal, wenn ich in die Villa Reitzenstein gegangen bin und heute gehe, halte ich auf der Treppe zum ersten Stock vor

Im Juni 1999 empfängt Erwin Teufel in seinem Amtssitz den Dalai Lama. Der Ministerpräsident wird mit dem traditionellen weißen Schal geehrt und beobachtet interessiert die symbolischen und rituellen Handreichungen seines Gastes.

Arbeitsplatz »Gänsheide« | 217

der Büste von Eugen Bolz kurz inne – zum Gedenken an ihn. Das Mahnmal zum Gedenken an Eugen Bolz am Königsbau, geschaffen von Alfred Hrdlicka, geht übrigens auf meine Initiative zurück.«

Kein Zweifel, dieser Erwin Teufel ist gewiss der ernsthafteste, durch seinen Glauben am tiefsten geprägte unter den Ministerpräsidenten von Baden-Württemberg seit 1945. Kein Historiker, wohl aber ein Mann, der in der deutschen Geschichte und der Geschichte des Südwestens lebt und denkt. Darin liegt der Grund für seine Initiative zum Bau des Hauses der Geschichte an der Stuttgarter Kulturmeile Anfang des neuen Jahrhunderts. Die politische Konkurrenz macht ihm damals den ziemlich plumpen Vorhalt, er wolle »ein Museum, in dem die Landes-CDU verherrlicht wird«. Ein totaler Schmarrn, wie man in Bayern sagen würde. Das gut besuchte Museum wird als lebendiger Ort der Landesgeschichte und der öffentlichen Debatte darüber weithin geschätzt. Ein Weiheort für die Christdemokraten findet sich dort nicht.

Das bedrängte Ende einer Ära

Politik kann grausam sein. Nicht von ungefähr kennen wir folgende, sarkastisch gemeinte Steigerung: Freund, Feind, Parteifreund! Im Blick auf die Landtagswahl im Frühling 2006 rumort es bereits zwei Jahre vorher bei den Christdemokraten. Günther Oettinger, Teufels jungdynamischer Nachfolger an der Fraktionsspitze, scharrt mit den Hufen, möchte 2006 als Spitzenkandidat in den Wahlkampf ziehen. Teufels umstrittene Reform der Landesverwaltung, die viele aus der traditionellen Beamtenschaft gegen die Villa Reitzenstein aufbringt, ist Oettinger und seinen Unterstützern ein Beleg dafür, dass es an den Urnen eng werden könnte für die CDU, die sich, je länger, je mehr, als »die Baden-Württemberg-Partei« versteht.

Das Ende von Erwin Teufels Ära als Ministerpräsident und CDU-Landesvorsitzender zählt nicht zu den leuchtenden Kapiteln der Fairness und des Anstandes in der Politik – die innerparteilichen Querelen, die Spaltung der Partei in zwei Lager, die unüberhörbaren Querschüsse aus der CDU in Berlin: Erwin Teufel resigniert schließlich, gibt an jenem denkwürdigen 25. Oktober 2004, einem Montag, seinen Rücktritt bekannt für den 19. April 2005. Im nächsten Kapitel, das Günther Oet-

11. November 1998: Auf der Freitreppe vor seinem Amtssitz präsentiert Erwin Teufel sein in der Mitte der Legislaturperiode umgebildetes Kabinett der schwarz-gelben Koalition: Links neben ihm sein Stellvertreter Walter Döring von der FDP, hinter dem Ministerpräsidenten ganz oben der junge Staatssekretär Stefan Mappus.

tinger gewidmet ist, werden die näheren Umstände dazu geschildert.

Selbstverständlich bleibt Erwin Teufel ein politischer Kopf, verlässt zwar 2006 den Landtag, ist jedoch in vielerlei Gremien und Ehrenämtern aktiv, bis heute ein gefragter Redner und Diskutant. 2015 hat ihm Ministerpräsident Winfried Kretschmann, mit dem er sich duzt, im Namen des Landes den Ehrentitel Professor verliehen. Seine Auszeichnungen aus dem In- und Ausland sind Legion. Hohen Respekt erfährt Teufel, weil er sich nach seiner Zeit auf der Villa Reitzenstein in München als »Jungstudent« der Philosophie einschreiben lässt.

Der Respekt, der Erwin Teufel entgegengebracht wird, wo immer er auftritt, nah bei den Bürgern, mitunter auch bei den politischen Gegnern von einst, gründet sich auf einen Satz aus seiner Regierungserklärung vom Juni 1996: »Macht ist keine Beute im Wettstreit der Parteien. Sie ist eine Auszeichnung und keine Nahrung für persönlichen Ehrgeiz. Macht ist schwere Bürde, ist Verantwortung, Verpflichtung und Arbeit.«

Arbeitsplatz »Gänsheide« | 219

Es beginnt mit einer Ohrfeige

Günther Oettinger – der schnelle Macher in der verwohnten Villa

Mit Günther Oettinger als Ministerpräsident beginnt 2005 auf der Gänsheide eine neue Epoche: Er ist der erste MP, dessen Biografie in der Nachkriegszeit beginnt. Nach nur fünf Jahren verhilft ihm die Bundeskanzlerin Angela Merkel zum Karrieresprung – manche sagen, sie lobt ihn weg. Er wird EU-Kommissar in Brüssel, erst für den Energiebereich, dann für Digitale Wirtschaft und Gesellschaft.

Günther Oettinger sagt es offen und ehrlich: »Die Sanierung der Villa und den Neubau des Bürotraktes – das konnten nur die Grünen anpacken und politisch durchsetzen, denn wir hatten ja unsere Sparpolitik propagiert, wollten so rasch wie möglich die Null-Verschuldung erreichen. Also hätte man uns die hohen Investitionen in die Regierungszentrale übel genommen. Also ging das nicht.« An der Notwendigkeit, die Villa Reitzenstein gründlich zu modernisieren, und, wo es nottut, auch zu restaurieren, lässt der ehemalige Ministerpräsident gar keinen Zweifel: »Während meiner Amtszeit von 2005 bis 2010 haben wir immer wieder kleinere und größere Reparaturen machen lassen: an der Heizung, an den Fenstern, am Parkett.« Mittlerweile akzeptierten selbst die kritischen Bürger, dass die gut hundert Jahre alte Staatskanzlei von Baden-Württemberg auf den aktuellen Stand der Technik gebracht werden musste. Fast könnte man sagen, der frühere MP ist froh, dass die

Günther Oettinger kehrt am 26. Januar 2016 als EU-Kommissar an den Ort seiner Amtsjahre als Ministerpräsident zurück – sein Porträt wird enthüllt, geschaffen von der Münchner Künstlerin Anke Doberauer, Jahrgang 1962. Das Gemälde zeigt, links neben Oettinger, einen Einschuss, aus dem Glas splittert. Anke Doberauer möchte das als Hinweis auf das kriegerische Jahr 2015 verstanden wissen, Oettinger selbst sagt spontan: »Tatort Baden-Württemberg!«

Es beginnt mit einer Ohrfeige | 221

Grünen in dieser durchaus wichtigen, aber politisch doch heiklen Frage die Kohlen aus dem Feuer geholt haben.

Günther Oettinger, Jahrgang 1953, in Stuttgart geboren, wächst in Ditzingen auf, wo sein Vater für die FDP Kommunalpolitik macht. Nach dem Abitur studiert er in Tübingen Jura und Volkswirtschaft, gründet bereits 1977 in Ditzingen einen Ortsverband der Jungen Union, wird sofort Vorsitzender der örtlichen CDU, zieht 1980 in den Gemeinderat ein. 1982 muss er seine erste politische Niederlage einstecken: Günther Oettinger scheitert bei der Wahl zum Oberbürgermeister von Ditzingen, aber schon zwei Jahre später wird er als Kandidat im Wahlkreis Vaihingen/Enz in den Landtag gewählt. An diese Zeit erinnert er sich gut:»Ich bin im Juni 1983 zum ersten Mal in der Villa Reitzenstein gewesen, damals zu einer Sitzung des CDU-Landesvorstandes; der hat seinerzeit dort getagt. Ich empfand hohen Respekt vor diesem Ort und seiner Geschichte, wo Männer wie Eugen Bolz und Reinhold Maier gewirkt hatten.«

Spontan fällt ihm im Gespräch dieses nette Detail ein:»Als 1961 im Oberen Schlossgarten der neue Landtag eingeweiht wurde, bin ich mit meinem Vater hingegangen. Als Achtjähriger, das weiß ich noch, hab ich mich auf den Sessel des Landtagspräsidenten gesetzt.« Durchaus ein gutes Omen für den späteren Landespolitiker, der als Ministerpräsident und Hausherr in der Villa Reitzenstein dieses verfügt:»Die Porträts von Gebhard Müller und Kurt Georg Kiesinger hab ich in den Eingangsbereich hängen lassen, denn sie sind die beiden Ministerpräsidenten, die nach ihrer Amtszeit noch etwas Höheres wurden: Gebhard Müller wurde Präsident des Bundesverfassungsgerichts, Kiesinger wurde bekanntlich Bundeskanzler.«

Ein lockerer Regierungsstil belebt die Villa Reitzenstein

Wer in der Politik etwas werden will, der muss, altmodisch gesagt, Flagge zeigen, muss für Furore sorgen, muss Schlagzeilen provozieren, selbst wenn ihm der Wind eiskalt ins Gesicht bläst: 1988 sorgt Günther Oettinger bundesweit für Aufsehen, weil er als Landesvorsitzender der Jungen Union den Rücktritt von Helmut Kohl fordert, dem Kanzler im Vorfeld der Bundestagswahl von 1990 Führungsschwäche vorhält und mangelnde Konzeption. Natürlich tritt Kohl erneut an, gewinnt und kann die schwarz-gelbe Koalition im Bund fortsetzen.

Seit 1984 sitzt Günther Oettinger im Landtag, aber natürlich will er mehr werden als nur einfacher Abgeordneter. Der Landesvorsitz bei der Jungen Union soll ihm behilflich sein und ein Ereignis, das niemand vorhersehen kann. Ende Januar 1991 wird er zum neuen Vorsitzenden der CDU-Landtagsfraktion gewählt – als Nachfolger von Erwin Teufel, dem neuen Ministerpräsidenten. Oettinger sagt in der Rückschau: »Eine politische Karriere kann man nicht planen, so vieles hängt vom Zufall ab. Wäre Lothar Späth damals nicht zurückgetreten, wäre Erwin Teufel nicht dessen Nachfolger geworden und ich auch nicht der Nachfolger von Erwin Teufel an der Fraktionsspitze.«

Blickt man auf die weiteren Ereignisse im Oberen Schlossgarten sowie auf der Gänsheide, dann zeigt sich Oettingers Hinweis auf die Zufälle im politischen Leben als nicht ganz stimmig, denn im März 2004 überlässt er nichts dem Zufall, sondern geht – zum Entsetzen vieler in der CDU – hart in die Offensive: Zur Landtagswahl im Frühjahr 2006 möchte er als Spitzenkandidat seiner Partei antreten, nach dem Wahlsieg für die CDU, der für ihn nicht in Zweifel steht, möchte er als neuer Ministerpräsident in die Villa Reitzenstein einziehen.

Wieder einmal folgen schwierige, ja turbulente Wochen und Monate für die Christdemokraten im Südwesten. Die Partei ist tief gespalten. Auf der Gänsheide verteidigen Erwin Teufel und sein Vertrauter Christoph Palmer, Staats- und Europaminister, ihre Macht und ihre Positionen. Die turnusgemäß anstehende Wahl des Oberbürgermeisters von Stuttgart im Oktober 2004 wird völlig unerwartet zu einem spektakulären Höhepunkt in der parlamentarischen Geschichte des Landes: Wolfgang Schuster, seit 1996 der Nachfolger des legendären Manfred Rommel im größten Rathaus des Landes, muss in den zweiten Wahlgang, gewinnt an jenem denkwürdigen Sonntag, 24. Oktober, die Wahl mit 53,3 Prozent der Stimmen gegen die Bundestagsabgeordnete Ute Kumpf von der SPD. Auf der CDU-Wahlparty im Ratskeller kommt es am späten Abend zum Eklat: Der CDU-Kreischef und Minister Christoph Palmer – seit Wochen höchst angespannt wegen des OB-Wahlkampfes, viel mehr noch wegen der Politik des Oettinger-Lagers gegen seinen Freund Erwin Teufel –, Palmer rastet aus, als er im Ratskeller plötzlich dem CDU-Bundestagsabgeordneten Joachim Pfeiffer aus dem Remstal gegenübersteht, diesen im Affekt ohrfeigt, weil er ihn mitverantwortlich macht für die Anti-Teufel-Politik aus den Reihen der Berliner CDU-Landesgruppe.

Da ein Reporter der »Stuttgarter Zeitung« unmittelbarer Augenzeuge der Entgleisung wird, lässt sich der Eklat nicht verheimlichen – die CDU

Es beginnt mit einer Ohrfeige | 223

steht kopf. Tags darauf, Montag, 25. Oktober, werden die Konsequenzen gezogen aus den vergangenen Wochen, Tagen und letzten Stunden: Erwin Teufel erklärt, was er schon geplant hatte, nämlich seine Ämter als CDU-Landeschef und Ministerpräsident zum 19. April 2005 abzugeben, Christoph Palmer tritt sofort zurück – das abrupte Ende einer politischen Karriere, die nach Ansicht vieler eines Tages in die erste Etage der Villa Reitzenstein, also an die Spitze des Landes, hätte führen können.

Das Teufel-Lager gibt allerdings nicht restlos klein bei: Ein Mitgliederentscheid, völlig neu für diese machtbewusste Landespartei, soll basisdemokratisch klären, wer tatsächlich zum Spitzenkandidaten für die Wahl 2006 aufrücken soll: die von Erwin Teufel heftig unterstützte Kultusministerin Annette Schavan oder eben Günther Oettinger. So entsteht für die Christdemokraten eine weitere Zerreißprobe. Schavan oder Oettinger? Die konservativ-katholisch geprägte Frau aus dem Rheinland oder der evangelisch-liberal und großstädtisch geprägte Schwabe? Beide verkörpern einen Generationswechsel der besonderen Art, denn beide sind Kinder der jungen Bundesrepublik, geboren in den fünfziger Jahren: Schavan 1955, Oettinger 1953. Am 2. Dezember 2004 steht das Ergebnis fest: 60,6 Prozent für Oettinger, 39,4 Prozent für Schavan. 70 Prozent der mehr als 79 000 CDU-Mitglieder im Land haben sich beteiligt. Die Landes-CDU wertet die Abstimmung als Erfolg. Am 21. April 2005 wählen CDU und FDP Günther Oettinger zum neuen Ministerpräsidenten.

»Ich habe die Villa Reitzenstein immer gemocht«, sagt Oettinger im Nachhinein, meint damit den Ort und das Amt gleichermaßen. Häufig habe er dort sonntags gearbeitet, allein und in aller Ruhe. »Ich mag vor allem das Blaue Zimmer, den etwas finsteren Saal im Erdgeschoss hingegen weniger.« Im Sommer habe man häufig die Kabinettssitzungen auf der Terrasse im Freien abgehalten. Gleich 2005, so erinnert er sich, hätten die Mitarbeiter der Staatlichen Schlösser und Gärten die Hände über dem Kopf zusammengeschlagen, denn als neuer MP habe er ein Kinderfest veranstaltet und tausend Kinder eingeladen. »Der Park sah danach entsprechend aus«, räumt der ehemalige Hausherr ein, »aber es hat Spaß gemacht und wir wollten das so lange Abgeschirmte etwas lockern und auflösen.«

Der neue Ministerpräsident merkt rasch, was schon Lothar Späth bemängelt hat: Die Villa ist eigentlich viel zu eng, die Raumnot wird immer drängender, in der unmittelbaren Nachbarschaft werden mehr und mehr Mitarbeiter der Staatskanzlei angesiedelt. Auf die Idee aber, den Standort auf der Gänsheide aufzugeben, kommt Oettinger nicht: »Ich hatte in der Tat die Überlegung, auf dem Gelände von Stuttgart 21 ein Regierungsviertel anzusiedeln, weil unsere Ministerien ja auf mehr als 25 Gebäude in der Stuttgarter Innenstadt verteilt lagen. Die Reitzenstein stand jedoch keinen Augenblick zur Disposition. Schließlich liegt sie ideal: nahe zur Innenstadt und nahe zum Flughafen, was beides für den Ministerpräsidenten sehr wichtig ist.«

Am 26. März 2006 feiert die schwarz-gelbe Koalition, geführt von Günther Oettinger, den erhofften Wahlsieg: 44,2 Prozent für die CDU, 10,7 Prozent für die Liberalen, 11,7 Prozent für die aufstrebenden Grünen, aber nur 25,2 Prozent für die SPD, den Wahlverlierer. Am 14. Juni 2006 wird Oettinger zum Chef der neuen Landesregierung gewählt. Turbulente Jahre nehmen ihren Lauf: Im September kündigt der MP an, mittelalterliche Bücher aus der Badischen Landesbibliothek in Karlsruhe zugunsten des Adelshauses von Baden mit Steuergeldern für das Land erwerben zu wollen. Wenig später klären die Experten diese peinliche Offerte auf – die Besitzverhältnisse liegen genau umgekehrt: Alles gehört bereits dem Land! Von Ankauf kann gar keine Rede sein.

Noch peinlicher wird's für den Ministerpräsidenten, der als Menschenfischer durchs Land zieht und die Rolle des Landesvaters annimmt,

Gegenüberliegende Seite: Der Nato-Gipfel im April 2009 in Baden-Baden: Ministerpräsident Günther Oettinger überreicht der Bundeskanzlerin Angela Merkel einen Steiff-Teddybären – das originelle Gastgeschenk des Landes für alle Gipfelteilnehmer. Im Oktober 2009 nominiert die Kanzlerin Günther Oettinger zum neuen EU-Kommissar. Der verlässt bald darauf die Villa Reitzenstein und damit die Landespolitik.

Es beginnt mit einer Ohrfeige | 225

Gegenüberliegende Seite: Ministerpräsident Winfried Kretschmann lädt ein und die Medien drängen sich in der Villa Reitzenstein: Günther Oettinger und der amtierende grüne MP offenbaren ihre enge Zusammenarbeit, erinnern an die 2006 gescheiterten Sondierungsgespräche zur Bildung einer schwarzgrünen Koalition. Beide ahnen noch nicht, dass es nur wenige Monate später zur ersten grünschwarzen Koalition in einem Bundesland kommen wird.

als am 1. April 2007 der ehemalige Ministerpräsident Hans Filbinger in Freiburg stirbt. Zum Staatsakt am 11. April im Freiburger Münster kommt Oettinger mit einer für ihn vorbereiteten Trauerrede, die er offenkundig ungeprüft vorliest:»Anders als in einigen Nachrufen zu lesen, gilt es festzuhalten: Hans Filbinger war kein Nationalsozialist. Er war ein Gegner des NS-Regimes.« Der Aufschrei ist international, Oettingers Rücktritt wird gefordert, zumindest aber seine Entschuldigung. Der MP bleibt tagelang uneinsichtig – erst am 16. April distanziert er sich von seiner Rede. Die Affäre schadet ihm schwer. Auch sein Eintreten für das Milliardenprojekt Stuttgart 21 ruft erbitterte Gegner auf den Plan. Sein holpriges Englisch, ein stark schwäbisch durchwirktes Bemühen, macht ihn zum Gespött, Kostproben davon erzielen bei »Youtube« im Internet hohe Zugriffszahlen. Viele munkeln, in Berlin wolle man frühzeitig die personellen Weichen stellen für die Landtagswahl im März 2011. Aber mit Oettinger als Spitzenkandidat, so befürchtet Angela Merkel, die Kanzlerin, könnte der Urnengang schiefgehen.

Am 29. Oktober 2009 wird es offenbar: Günther Oettinger wird mit Hilfe der Kanzlerin neuer EU-Kommissar in Brüssel. Am 10. Februar 2010 legt er sein Amt als MP nieder, tritt sogleich sein neues Amt in Brüssel an. Rasch legt sich die Kritik an seiner Person, denn der neue EU-Kommissar verschafft sich auf der europäischen Ebene bald Respekt, straft diejenigen Kritiker Lügen, die beharrlich meinen, er sei ein von Merkel Hinweg-Gelobter. Längst sieht man ihn wieder häufiger in Stuttgart, in der Region und im Ländle. Seinen neuen alten Einfluss in der Landes-CDU sollte niemand unterschätzen.

Oettinger und die Ahnengalerie

Wer Ministerpräsident von Baden-Württemberg wird, der schafft den Sprung in die Landesgeschichte, bleibt eine historische Gestalt, kommt in die Geschichtsbücher, und damit sich die Nachgeborenen im wahrsten Wortsinne ein Bild von ihm machen können, schafft ein zeitgenössischer Künstler ein Porträt, welches in der Villa Reitzenstein aufgehängt wird,

tagtäglich für jedermann sichtbar. So geschehen auch für Günther Oettinger. Das Gemälde, entstanden in den Jahren 2014/15, stammt von der Münchner Künstlerin Professor Anke Doberauer und wird am 26. Januar 2016 in einer kurzen Zeremonie vor der Presse enthüllt.

Die naheliegende Frage an den Porträtierten: Wie sind Sie auf die Malerin Anke Doberauer gekommen? Oettingers Antwort: »Ich kenne den Stuttgarter Künstler und ehemaligen Akademiedirektor Ben Willikens seit vielen Jahren, schätze seine Arbeiten unter anderem im Neuen Schloss und im Haus der Wirtschaft sehr. Ich hatte ihn gefragt, ob er mein Porträt für die Villa Reitzenstein machen könne, das lehnte er ab. Stattdessen empfahl er mir seine ehemalige Schülerin Anke Doberauer, inzwischen Professorin in München.«

Mit Würde und Heiterkeit nimmt Günther Oettinger an diesem sonnigen Freitag im Januar die Laudatio seines Duzfreundes Winfried Kretschmann entgegen, die voll des Lobes ist für den Vorgänger im Amt: »Wir sind heute zusammengekommen«, setzt der grüne Ministerpräsident an, »um Günther Oettinger in die Galerie der bedeutenden Köpfe baden-württembergischer Politik aufzunehmen. Wir tun das im Bewusstsein, dass er in dieser Reihe einen höchst respektablen Platz einnimmt. Er war ein erfolgreicher Ministerpräsident. Bei den Wahlen zum Ministerpräsident hat er im Landtag zweimal mehr Stimmen bekommen, als seine

Regierungsmehrheit Mitglieder besaß.« Besondere Verdienste habe sich Günther Oettinger in der Bildungspolitik erworben, aber auch in der historisch zu nennenden Reform des Föderalismus.

Dann wird Winfried Kretschmann regelrecht launig:»Günther Oettinger und ich haben zwar seinerzeit mal über ein schwarz-grünes Bündnis verhandelt. Aber aus einer gemeinsamen Koalition wurde nichts. Und die Zeiten, in denen Schwarz-Grün in Baden-Württemberg eine charmante historische Chance war, sind auch vorbei. Wer es verhindert hat, wird dereinst zwischen uns hängen. Doch die Idee gefällt mir, dass wir eines Tages – schätzungsweise frühestens 2021 – friedlich vereint und jahrzehntelang nahe beieinander hier in der Villa rumhängen werden.« Die Anspielung, ohne den Namen zu nennen, meint natürlich Stefan Mappus, der als CDU-Fraktionschef keinen Bund mit den Grünen schmieden mochte und dessen Porträt eines Tages an gleicher Stelle enthüllt werden wird.

Als die beige Decke vom verhüllten Gemälde niedergleitet – staunende Blicke! Ein starker silberner Doppelrahmen umschließt leuchtendes Blau, einen ernst blickenden Günther Oettinger mit der für ihn typischen Handhaltung. Aber der eigentliche Hingucker ist links oben das Einschussloch, splitterndes Glas, das auch auf die rechte Schulter des ehemaligen Ministerpräsidenten fällt. Welch ein Symbolismus! Der Porträtierte zeigt sich berührt und sagt:»Mir gefällt es sehr, ich finde es treffend. Leider hatte ich ja nicht viel Zeit, um Anke Doberauer in München Modell zu stehen.« Dann lobt er Winfried Kretschmann und die Grünen für die Restaurierung der Villa Reitzenstein:»Sie ist heute schöner als jemals zuvor!« Und er frotzelt an die Adresse des Hausherrn:»Wirklich schade wär's, wenn man jetzt ausziehen müsste ...« Selbstredend gemeint ist die Landtagswahl vom 13. März 2016. Dann kommentiert er doch noch das auffällige Einschussloch:»Es zeigt, dass in der Politik scharf geschossen wird. Tatort Baden-Württemberg.«

Die Künstlerin Anke Doberauer mag das Rätsel lieber dem Betrachter überlassen. Jeder könne sich zu dem Bild seine eigenen Gedanken machen:»Für mich ist es das Symbol des kriegerischen Jahres 2015, in dem das Bild entstanden ist. Ich sehe darin also auch ein Zeitbild. Der Einschuss hat für mich weniger zu tun mit Günther Oettinger, mehr mit der Idee der Kunst.« So viel ist sicher: Wer die Villa Reitzenstein betritt, sieht künftig nach wenigen Schritten das leuchtende Blau des Oettinger-Porträts – und auf den zweiten Blick, links davon, die Porträts von Erwin Teufel, Lothar Späth, Hans Filbinger und Kurt Georg Kiesinger. Wo Winfried Kretschmann dereinst zu sehen sein wird, bleibt vorerst offen.

Gegen die Wand

Die politisch vergiftete Ära Mappus

Mit dem Namen Stefan Mappus verbindet sich für die CDU Baden-Württembergs unauslöschlich der Machtverlust im Land nach 58 Jahren! Vom Februar 2010 bis zum Mai 2011 bleibt dem ehrgeizigen Macher nur eine kurze Amtszeit – bis heute wirkt sie nach in einer Reihe von Prozessen und in politischem Streit. Mappus sagt: »Wenn ich damals gewusst hätte, was ich heute weiß, hätte ich manches anders gemacht.«

Wie das Kapitel über Günther Oettinger endet, so beginnt das über seinen Nachfolger Stefan Mappus. Der schweigt beharrlich auf die Frage, die ihm der Staatssekretär Klaus-Peter Murawski von den Grünen 2011 aus der Staatskanzlei schriftlich stellt: Von welchem Künstler möchte sich Mappus porträtieren lassen für die »Ahnengalerie der Ministerpräsidenten« auf der Gänsheide? Denn auch diesem abgewählten MP steht selbstverständlich dieses Recht zu, trotz seiner kurzen Amtszeit, trotz seines politischen Scheiterns, trotz der Tatsache, dass er seit Jahren vor Gericht versucht, seine angeschlagene Ehre als Politiker und Person wiederherzustellen. Aber diesen Brief aus der Villa Reitzenstein hat Stefan Mappus nicht beantwortet – erstmals äußert er sich dazu Anfang Januar 2016 im Gespräch mit dem Autor: »Ich habe auf diesen Brief bewusst nicht geantwortet. Bevor die juristischen Auseinandersetzungen in Sachen Energie Baden-Württemberg nicht beendet sind, möchte ich keine Entscheidung. Grundsätzlich bin ich bereit, mich porträtieren zu lassen, und durchaus daran interessiert, dass auch mein Porträtbild eines Tages in der Villa Reitzenstein hängt. Dann möchte

ich aber auch wissen, wo genau es hängen wird.« Und um es hier nicht zu verschweigen: Der Ex-Ministerpräsident und der Grüne Klaus-Peter Murawski schätzen sich nicht sonderlich, werden auf dieser Welt keine Freunde mehr werden.

Die Vita von Stefan Mappus in Stichworten. Geboren am 4. April 1966 in Pforzheim, ist er als der Sohn eines Schuhmachers aus Mühlacker an der Enz das, was man einen sozialen Aufsteiger nennen kann. Intelligent und ehrgeizig, studiert er nach dem Abitur an der Uni Stuttgart-Hohenheim Wirtschafts- und Sozialwissenschaft, hat da bereits eine Ausbildung zum Industriekaufmann abgeschlossen, wird von 1993 bis 1995 wissenschaftlicher Mitarbeiter am Uni-Lehrstuhl für Politische Wissenschaft. 1983 ist er in die Junge Union eigetreten, wird deren Kreisvorsitzender im Enzkreis und Mitglied im Landesvorstand. 1989 zieht er in den Gemeinderat von Mühlacker ein, schafft 1996 als CDU-Direktkandidat für den Wahlkreis Pforzheim erstmals den Sprung in den Landtag. Es entwickelt sich eine politische Karriere wie an der Schnur gezogen, jedenfalls klar durchdacht und äußerst strebsam in die Tat umgesetzt. 1998 wird Mappus politischer Staatssekretär im Umwelt- und Verkehrsministerium, 2004 macht ihn Erwin Teufel zum Minister dieses Ressorts. Ein steiler Aufstieg.

Am 21. April 2005 gewinnt Mappus gegen den amtierenden Peter Hauk die heftig diskutierte Kampfabstimmung um den Vorsitz der CDU-Landtagsfraktion. Damit ist wieder eine Weiche gestellt. Noch ahnt niemand, wohin Stefan Mappus dieser Weg führt, er selbst freilich weiß, dass alle Fraktionschefs im Landtag einmal Ministerpräsident werden (könnten) – der eine früher, der andere später. Als Angela Merkel am 25. Oktober 2009 völlig unerwartet Günther Oettinger als neuen deutschen EU-Kommissar in Brüssel nominiert, schlägt die Stunde des Stefan Mappus: Er meldet sofort seine Anwartschaft auf die Nachfolge an, wird zwei Tage später von Präsidium und Vorstand der Landes-CDU zum Spitzenkandidaten für die Landtagswahl im Frühjahr 2011 ausgerufen, am 20. November 2010 wählen ihn die Delegierten zum neuen CDU-Landeschef. Und am 10. Februar 2010 wählt ihn der Landtag mit 83 von 137 Stimmen zum neuen Ministerpräsidenten. Heute sagt er über diese Zeit: »Wenige Tage bevor die Kanzlerin die Nominierung von Günther Oettinger öffentlich erklärt hat, bin ich durch einen Anruf aus Berlin darüber informiert worden. Ich wollte Ministerpräsident werden, habe alles darangesetzt, dieses Ziel zu erreichen – dazu stehe ich. Ich wollte die Macht, um politisch zu gestalten. Ich misstraue den Leuten, die sagen, so ein Amt müsse zum Mann kommen, nicht umgekehrt, und sie hätten noch nie irgendein Amt angestrebt.«

Auf dem Höhepunkt seiner Karriere zieht Stefan Mappus in die Villa Reitzenstein ein, schart Vertraute um sich wie etwa Tanja Gönner, Abgeordnete aus Sigmaringen, die er zur Umwelt- und Verkehrsministerin ernennt. Er besetzt die Spitze des Staatsministeriums bald neu, löst zügig die Oettinger-Getreuen ab. Der neue Chef auf der Gänsheide zieht die Zügel fest an, weiß, dass ihm wenig Zeit bleibt bis zur Landtagswahl im März 2011. Die politische Gleichung liegt auf der Hand: Ministerpräsident zu werden als Nachrücker ist gut – Ministerpräsident zu werden als Wahlsieger ist besser! In der Rückschau sagt Mappus: »Auf der Gänsheide atmet die Geschichte seit mehr als hundert Jahren. Für mich ist und bleibt die Villa Reitzenstein etwas ganz Besonderes, die schönste Staatskanzlei der Republik. Der Mythos, der dieses Haus umgibt, liegt für mich in der geschichtlichen Entwicklung unseres Landes: durch eine extrem dunkle Zeit wie das Dritte Reich, hin zu einer Erfolgsgeschichte,

Sieht man einmal davon ab, dass Edmund Rau in den zwanziger Jahren nur wenige Wochen Staatspräsident und damit Hausherr auf der Villa Reitzenstein gewesen ist, so geht Stefan Mappus, MP vom Februar 2010 bis Mai 2011, als derjenige mit der kürzesten Amtszeit in die Annalen ein. Mit kräftigen Ellenbogen strebt Mappus zur Macht – verspielt sie jedoch durch ruppiges Regieren, den eskalierten Streit um Stuttgart 21 und vor allem durch die Kraftwerkskatastrophe im japanischen Fukushima.

Gegen die Wand | 231

Ein Höhepunkt in der kurzen Ära Mappus. Im Landtag treffen sich vier CDU-Ministerpräsidenten: Lothar Späth, Günther Oettinger, Stefan Mappus und Erwin Teufel.

wie es nur wenige gibt. Die Villa ist ja zweifellos ein historisch schwer belastetes Gebäude, aber der Wandel nach 1945 ist in meinen Augen etwas außerordentlich Positives.«

Das ändert allerdings nichts daran, dass der Kurzzeit-MP seinen ehemaligen Dienstsitz auch kritisch sieht, wobei er schmunzelt: »Rein funktional war das Haus ja nicht so geeignet. Es war wirklich in die Jahre gekommen. Man hatte es viel zu lange Zeit nicht saniert, sich damit getröstet, dass der Asbest im Bürotrakt aus den siebziger Jahren quasi eingehüllt sei, also nicht schädlich sein könne für die dort tätigen Mitarbeiter. Häufig habe ich im privaten Bereich des Ministerpräsidenten übernachtet, ein Stockwerk über dem Amtszimmer: Dort war alles etwas verstaubt, das Bad versprühte den Charme der sechziger Jahre.« Deshalb habe er seinerzeit versucht, die notwendige Sanierung anzugehen: »Wir hatten erwogen, das Projekt in Abschnitten anzugehen. Unser Ziel war es, nach der gewonnenen Landtagswahl 2011 zu starten.« Dabei habe er die aktuellen Fallstricke sehr wohl gesehen:»Anders als heute, da die Steuern sprudeln und das Land finanziell sehr gut dasteht, mussten wir damals mächtig sparen, Stellen abbauen, die Mittel kürzen. Hätte ich seinerzeit das gleiche Projekt zu verwirklichen versucht, wie es jetzt die Grünen getan haben – die mediale Kritik und die Kritik der Opposition wären sofort gekommen: Schaut her, typisch Mappus! Der gibt Millionen aus für seinen Amtssitz. Wie der Sonnenkönig!«

Jetzt, da das Projekt auf der Gänsheide fertig ist, äußert sich Stefan Mappus sachlich und fair:»Es ist gut und richtig, dass man die Sanierung und den Neubau verwirklicht hat, zu meiner Zeit wäre das eben nicht vermittelbar gewesen.« Außerdem wisse er, dass seine Idee, in Etappen zu bauen, am Ende teurer gekommen wäre als die aktuelle Modernisierung in einem Zug.

Die Eklats reißen nicht ab

Der 30. September 2010 geht als»Schwarzer Donnerstag« in die Landesgeschichte ein. Am Abend dieses Tages attackiert die Stuttgarter Polizei »rechtswidrig«, wie in einem Prozess vor dem Verwaltungsgericht im Herbst 2015 geurteilt wird, mit Wasserwerfern und Pfefferspray demonstrierende Stuttgart-21-Gegner im Schlossgarten. Der MP Mappus lässt die Verantwortlichen für Stuttgart 21 sofort in die Villa Reitzenstein rufen. Unter ihnen sind Rüdiger Grube, der Bahnchef, und Wolfgang Schuster, der OB von Stuttgart. Später wird es heißen, der Ministerpräsident habe dem Oberbürgermeister in scharfer Form die Schuld am Desaster um das Bahnprojekt und die aktuelle Demonstration in die Schuhe geschoben. Der OB schweigt, dazu eisige Stille im Raum, so berichten Anwesende später. Den kritischen Vorhalt, Mappus selbst habe im Vorfeld seiner für Anfang Oktober 2010 geplanten Regierungserklärung den Druck auf die Polizei ausgeübt, von ihr dieses harte Durchgreifen gefordert, wird von Polizeibeamten später nicht bestätigt. In einem Prozess, in dem die Vorkommnisse aufgeklärt und beurteilt werden, geben die führenden Polizeibeamten zu Protokoll, es habe keinerlei Pressionen auf sie aus der Villa Reitzenstein gegeben. Der Stuttgarter Polizeipräsident Siegfried Stumpf akzeptiert im März 2015 schließlich einen Strafbefehl, wird von vielen als ein Bauernopfer betrachtet. Das Verhältnis zwischen Mappus und Wolfgang Schuster ist zerrüttet; der Stuttgarter OB versucht über die Jahre immer wieder, seine diplomatische Politik für Stuttgart 21 auf internen Wegen zu betreiben, wird öffentlich immer wieder an den Pranger gestellt bis hin zu Morddrohungen und der Notwendigkeit, zeitweise mit Personenschutz zu leben.

Kein Zweifel, die Ära Mappus geht als hektisch, als sprunghaft und politisch vergiftet in die Landesgeschichte ein, nicht nur wegen Stuttgart 21. Am 6. Dezember 2010 erklärt der Ministerpräsident der staunenden Öffentlichkeit, er habe mit Zustimmung seines Finanzministers Willi Stächele für 4,67 Milliarden Euro ein 45,01 Prozent großes Aktienpaket gekauft, welches die Électricité de France (EdF) an der Energie Baden-Württemberg (EnBW) gehalten habe. Dieser Kauf, wegen seiner Brisanz und höchsten Eile notgedrungen am Parlament vorbei getätigt, sei nach Paragraf 81 der Landesverfassung rechtlich gedeckt, weil es sich dabei um ein »unvorhergesehenes und unabweisbares Bedürfnis« gehandelt habe.

Der Streit darüber, ob Mappus' Verhalten juristisch in Ordnung war oder nicht – er schwelt bis in unsere Tage –, kann an dieser Stelle wegen der Fülle an komplizierten Details nicht ansatzweise geschildert, geschweige denn beurteilt werden. Es stehen Aussagen gegen Aussagen, Ansichten gegen Ansichten. Mappus' Kernsatz lautet: »Ich bin davon überzeugt, dass der Rückkauf der Aktien zum Wohl des Landes war und sich dies spätestens in einigen Jahren erweisen wird!«

Stefan Mappus prozessiert gegen seine damaligen Anwälte, sieht sich von ihnen in jenen dramatischen Tagen falsch beraten, nicht klar genug auf die rechtlichen Probleme und mögliche negative Folgen aufmerksam gemacht. Die Anwälte wiederum weisen jede Schuld von sich, sie betonen, den damaligen MP sehr wohl davor gewarnt zu haben, denn sein Vorgehen im »EnBW-Deal« sei nicht durch den Paragrafen 81 der Landesverfassung gedeckt. Auch die zentrale Frage, ob der als »EnBW-Deal« titulierte Vorgang ein gutes Geschäft war für die Landeskasse – bis heute ist das umstritten. Fest steht: Der Staatsgerichtshof für Baden-Württemberg urteilt am 6. Oktober 2011, dass Finanzminister Willi Stächele (CDU) mit seiner Unterschrift gegen die Landesverfassung verstoßen habe; Stächele, zu dieser Zeit Präsident des Landtags, bleibt nur der Rücktritt.

Im Vorfeld der Landtagswahl vom 27. März 2011 der nächste Eklat: MP Mappus attackiert erneut den Stuttgarter OB, kündigt als CDU-Landesvorsitzender an, Schusters erneute Kandidatur für die Stuttgarter OB-Wahl im Herbst 2012 verhindern zu wollen, selbst nach einem besseren

Am 27. März 2011 ist Landtagswahl, am 19. März demonstrieren Zehntausende auf dem Stuttgarter Schlossplatz gegen das milliardenteure Stuttgart-21-Projekt, gegen die Kernenergie und gegen den Ministerpräsidenten Stefan Mappus. Am Wahlabend, schon kurz nach 18 Uhr, steht fest: Die baden-württembergischen Christdemokraten verlieren die politische Macht im Land – nach 58 Jahren!

Kandidaten zu suchen. Nicht nur die CDU, selbst deren politische Gegner reagieren entsetzt, schütteln den Kopf über dieses Maß an persönlicher Derbheit und Kurzsichtigkeit unmittelbar vor einer wichtigen Wahl. Der MP erscheint allen wie der Elefant im Porzellanladen. OB Schuster verzichtet Anfang 2012 auf die erneute Kandidatur.

Dieses denkwürdige Jahr 2011 hat es in sich. Am 11. März, einem Freitag, entsteht im Japanischen Meer ein heftiges Erdbeben, das wiederum einen Tsunami auslöst. Dessen gewaltige Flutwelle zerstört das Atomkraftwerk von Fukushima, in dessen Umfeld gibt es Tausende von Toten. Die verstörenden Bilder der gewaltigen Explosion gehen um die Welt. Wenige Tage später verhängt Bundeskanzlerin Angela Merkel ein

Gegen die Wand | 235

Moratorium über die Zukunft der Kernenergie in Deutschland. Später erklärt Merkel den Atomausstieg – eine der gravierendsten Kehrtwendungen in der deutschen Politik der Nachkriegszeit. Der erzkonservative Stefan Mappus, jeder im Lande weiß das, ist bis dato ein engagierter Verfechter der Atomenergie, hat sich für die Verlängerung der Laufzeiten deutscher Kraftwerke stark gemacht. Jetzt geraten er und seine erzkonservativ ausgerichtete Politik stark unter Druck – Mappus, der Getriebene, steckt in einer politischen Sackgasse.

Dann kommt der schicksalhafte 27. März, der Wahlsonntag: Die CDU verliert 5,2 Prozent, sinkt unter die für sie psychologisch so wichtige Marke von 40,0 Prozent auf 39,0 Prozent. Ihr Koalitionspartner, die Liberalen, wird praktisch halbiert, landet lediglich bei 5,3 Prozent, was einen Verlust von 5,4 Prozent bedeutet. Ein Erdrutsch, ein politisches Erdbeben, denn die Regierungsmehrheit ist weg, die Macht der schwarz-gelben Koalition dahin, Stefan Mappus hat den Karren gegen die Wand gefahren, steht vor dem Land und seinen eigenen Leuten als der große Verlierer da, übernimmt die politische Verantwortung, lächelt am Wahlabend gequält in die Kameras. Stuttgart 21 und Fukushima brechen ihm das Genick – der erste abgewählte CDU-Ministerpräsident von Baden-Württemberg, seit es dieses Bundesland gibt. Eine tiefe Schmach.

Am 12. Mai 2011 endet seine Amtszeit als Ministerpräsident, er gibt den Vorsitz der Landes-CDU ab, im August legt er sein Landtagsmandat nieder. Mappus wird wieder Privatmann, versucht bis heute, seine kurze, so dramatische Ära juristisch aufzuarbeiten. Nach einigen Prozessen, nach langen Beratungen in mehreren Untersuchungsausschüssen des Landtags zeigt sich die Ära des Ministerpräsidenten Stefan Mappus in der Rückschau als düstere, als hektische Zeit. Ein glückloser Machtmensch ist gescheitert, auch an sich selbst.

Des einen Leid

Grüne und Sozialdemokraten triumphieren am Abend dieses historischen 27. März 2011: Die Grünen steigern sich um sagenhafte 12,5 Prozent auf 24,2 Prozent, die SPD verliert 2,1 Prozent und kommt nur noch auf 23,1 Prozent – das reicht beiden Parteien zur ersten grün-roten Landesregierung in einem Bundesland. Winfried Kretschmann, umjubelt von seinen Parteifreunden, die ihre Freudentränen nicht zurückhalten können, wird der erste grüne Ministerpräsident der Republik. Die Wahlanalysen sind kurz und bündig: Die Katastrophe von Fukushima, der Streit um Stuttgart 21 und, nicht zuletzt, die hemdsärmelige Machtpolitik von Stefan Mappus haben die Wahl entschieden. Später sagen junge Christdemokraten unter der Hand: Es war an der Zeit, die Macht im Land zu verlieren, denn jetzt kann und muss sich unsere Partei erneuern, nun können neue, jüngere Kräfte nach vorne kommen. Und in fünf Jahren, im März 2016, gewinnen wir die Villa Reitzenstein für uns zurück!

Und Stefan Mappus? Es ist nicht übertrieben zu sagen, dass er ein recht einsames Mitglied seiner Partei geworden ist, das allerdings 2016 wieder beginnt, politisch Flagge zu zeigen auf den ersten eigenen Veranstaltungen. Manche sogenannte Parteifreunde haben ihn nach seiner Wahlniederlage aufgefordert, die CDU zu verlassen, was er strikt ablehnt. Wenige halten zu ihm, viele meiden ihn, tragen ihm den Machtverlust auf der Villa Reitzenstein persönlich nach. Vor Gericht agiert er mit dem Rücken zur Wand – Ausgang offen. Nur für kurze Zeit arbeitet Mappus 2011 für den Pharmakonzern Merck, seit dem Herbst 2012 ist er Berater eines IT-Unternehmens in der Nähe von München. Der Mann, der 2016 seinen 50. Geburtstag feiern kann, sieht sich von den Medien und der Politik (auch aus den eigenen CDU-Reihen) persönlich verfolgt, in seiner Existenz bedroht.

Frage zum Schluss: Gibt es für Stefan Mappus den vielzitierten Blick zurück im Zorn? Antwort:»Nein, den gibt es nicht. Es war mir nicht in die Wiege gelegt, einmal Ministerpräsident von Baden-Württemberg zu werden. Dafür empfinde ich Dankbarkeit. Im Übrigen schaue ich nach vorn, bin ja noch nicht einmal fünfzig Jahre alt.« Auf die Frage, ob er alles wieder so machen würde, antwortet er spontan:»Wenn ich damals alles das gewusst hätte, was ich heute weiß ...«

Ein grüner »Schlossherr« auf der Reitzenstein

Winfried Kretschmann und die Ironie der Geschichte

Wäre es nach seinem Vater gegangen, besäße das streng katholische Oberschwaben heute einen Pfarrer mehr – womöglich bereits einen in Pension. So aber wird aus Winfried Kretschmann, Jahrgang 1948, erst ein linker Schwärmer, dann ein Mitbegründer der Grünen, später deren Fraktionschef im Landtag, schließlich der erste Ministerpräsident der Grünen in einem Bundesland und 2016 auch noch der erste Chef einer grün-schwarzen Koalition auf Landesebene. Ein bemerkenswerter Weg. Ausgerechnet diesem Ministerpräsidenten verdankt die Villa Reitzenstein ihre geglückte Rundumerneuerung.

Wenn Besucher ins Staatsministerium kommen, zeigt man ihnen einen kurzen Film zur Einstimmung: »Mein Lieblingsplatz ist der Rosengarten«, sagt der Ministerpräsident darin und lächelt mit einem Gesicht in die Kamera, das uns signalisiert: Hoffentlich glauben mir das alle! Denn die Wahrheit ist: Im Frühjahr 2011 will der soeben neugewählte MP nix wie weg, denn er mag diesen historischen Ort auf der Gänsheide nicht sonderlich, spricht ständig von einem »Schloss«, nennt die Bauherrin Helene von Reitzenstein beharrlich »die Schlossherrin«. Derlei Gesellschaftskreise und -kasten liegen weltenweit entfernt von seinem eigenen Denken und politischen Handeln.

Die Villa Reitzenstein ein Mythos? Nicht für Winfried Kretschmann, nein, auf gar keinen Fall. Er sähe seine Staatskanzlei am liebsten in der

Das offizielle Foto des Staatsministeriums: Der neue Ministerpräsident Winfried Kretschmann von den Grünen an seinem Schreibtisch in der Villa Reitzenstein.

Stuttgarter Innenstadt, mitten unter den Bürgern. Dort sucht er seinen Platz – rein physisch sowie im übertragenen Sinne. Kretschmann kündigt seine »Politik des Gehörtwerdens« an, aber das kann für seine Begriffe nur klappen, wenn es kurze Wege gibt zwischen den Menschen und »ihrem« MP. Für Orte wie den politischen Olymp, für eine elitäre Einsamkeit in der Halbhöhenlage ist er nicht zu haben.

Volkstümlich und bodenständig, bescheiden und persönlich integer, erinnert er in seinem Habitus und seiner Rhetorik durchaus an Manfred Rommel und Theodor Heuss. »Dass ich so langsam spreche«, sagt er in einem Interview mit der »Stuttgarter Zeitung«, »ist mir erst als Ministerpräsident aufgefallen.« Sein Vertrauter Klaus-Peter Murawski, Chef der Staatskanzlei, plaudert später aus dem gemeinsamen Nähkästchen und ergänzt damit einen Mosaikstein im Charakterbild des grünen Ministerpräsidenten: »Als wir während der Bauzeit [gemeint ist die Renovierungsphase der Villa Reitzenstein zwischen 2013 und 2015] gleich nebenan in der Villa Clay saßen, meuterte der MP eines Tages: Er hätte lieber mein schönes Gartenzimmer zu ebener Erde, anstatt im ersten

Ein grüner »Schlossherr« auf der Reitzenstein | 239

Für Winfried Kretschmann, den alten und neuen Hausherrn in der Villa Reitzenstein, ist der nach historischem Vorbild wiederhergestellte Rosengarten der schönste Platz seines Amtssitzes. Von seinem Arbeitszimmer aus kann der MP in den Garten blicken.

Stock des Clay-Hauses zu residieren. Da habe ich ihm geantwortet: Nur gut, lieber Winfried, dass ein Ministerpräsident sein Büro aus Sicherheitsgründen nie im Erdgeschoss haben darf. Der MP fügte sich.«

Das Wort des Architekten Martin Sting, der die Pläne für das große Reitzenstein-Renovierungsprojekt entworfen hat, der Park und der Rosengarten der Villa Reitzenstein sei ein »Lustgarten für Beamte«, lässt keine Rückschlüsse auf Winfried Kretschmann zu. Ob er sein Amt mehr als Lust oder eher als Last empfindet, ob er gar das Talent besitzt, im Rosengarten seines Amtssitzes zu lustwandeln? Wahrscheinlich nicht. Seine Mitarbeiter könnten beim Blick aus ihren Bürofenstern allzu leicht ein falsches Bild von ihrem obersten Dienstherrn bekommen. Kretschmann, ein bürgerlicher Grüner, der christlichen Werten folgt, ist ein nachdenklicher Pflichtenmensch, der weniger auf das Regieren von oben herab setzt als vielmehr auf Vernunft und Einsicht der Menschen. In einem Interview mit der Wochenzeitung »Die Zeit« sagt er: »Das große

Missverständnis heute ist, dass die Politik die Menschen glücklich machen soll. Aber wer Glück für den Normalzustand hält, der kann vom Leben nur enttäuscht werden. Und von der Politik auch.« Diese Warnung findet sich ebenso im Repertoire von Manfred Rommel.

Die Menschlichkeit steht auf Kretschmanns Agenda ganz oben, nicht theoretisch-philosophisch, sondern ganz alltagspraktisch: Deshalb lässt er zum Baufest am 18. November 2015, der Wiedereröffnung der Villa Reitzenstein, an den Gräbern von Helene von Reitzenstein und Eugen Bolz auf dem Stuttgarter Pragfriedhof Blumen niederlegen. Deshalb heißt der neue, moderne Bürotrakt auf der Gänsheide jetzt Eugen-Bolz-Haus. Deshalb betet der MP ganz selbstverständlich mit, als dieser in einer kurzen ökumenischen Zeremonie eingeweiht wird. Deshalb steht in seinem Arbeitszimmer das Porträtfoto der jüdischen Philosophin Hannah Arendt, deren Gedanken er wägt und schätzt. Deshalb empfängt er am 7. Januar 2016 in der Biblio-

Der 31. März 2014 ist ein heiterer Tag: Ministerpräsident Kretschmann und seine Gäste legen den Grundstein für den neuen Bürotrakt. Klar, dass Kretschmann auch ein Gläschen Honig in die eiserne Kassette legt, Honig aus den Bienenstöcken, die der grüne Ministerpräsident in »seinem« Park hat aufstellen lassen.

thek einige Verletzte vom »Schwarzen Donnerstag«, also der Demonstration gegen Stuttgart 21 vom 30. September 2010: Der Ministerpräsident lädt die Kläger, die vor dem Verwaltungsgericht erfolgreich waren, zu Kaffee und Kuchen ein, entschuldigt sich im Namen der Landesregierung für den unverhältnismäßig scharfen Polizeieinsatz von damals – obgleich er persönlich keinerlei politische Verantwortung dafür trägt, was seinerzeit im Schlossgarten geschehen ist. Diese Haltung quittieren die Betroffenen mit Respekt.

Vom linken Sektierer zum MP

Winfried Kretschmanns ist die Politik nicht in die Wiege gelegt. Er kommt in Spaichingen am Fuß der Schwäbischen Alb zur Welt, am 17. Mai 1948. 1968 macht er Abitur am Gymnasium in Sigmaringen, später folgen der Grundwehrdienst sowie das Studium von Biologie, Chemie und Ethik an der Uni Stuttgart-Hohenheim. Kretschmann möchte Lehrer werden am Gymnasium, doch der sogenannte Radikalenerlass, das Verhindern von Linksextremen im öffentlichen Dienst, steht dem womöglich entgegen: Zwei Jahre lang ist er in den Siebzigern Mitglied des KBW, des Kommunistischen Bundes Westdeutschland. Später nennt er selbst den KBW »linke Sektierer«. In einem Gespräch mit der Wochenzeitung »Die Zeit« sagt er 2015: »Das geht mir bis heute nach: Wie kommt es, dass ein gebildeter Mensch auf einmal in so einer Sekte landet?« Kretschmann hat Glück, der Radikalenerlass wird nicht auf ihn angewendet, er kann nach seinen Staatsexamina Lehrer werden an verschiedenen Gymnasien – die damals CDU-geführte Landesregierung urteilt offenkundig liberaler, als der junge Studienrat das befürchtet hatte.

Mitte der siebziger Jahre beginnt für Winfried Kretschmann, betrachtet man es rückschauend, die Ironie der Geschichte, die den gläubigen Katholiken bis heute begleitet: Hans Filbinger versucht mit (fast) allen Mitteln, den Bau des Kernkraftwerkes Wyhl am Kaiserstuhl durchzudrücken. Aus dem massiven Widerstand vor Ort entsteht letztlich die neue öko-soziale Partei Die Grünen. Am 30. September 1979 gründet sich in der Stadthalle von Sindelfingen der Landesverband der Grünen, selbstverständlich ist Kretschmann dabei. Dann geht es Schlag auf Schlag: Karlsruhe erlebt im Januar 1980 die Gründung der Bundespartei. Bei der Landtagswahl am

16. März triumphiert zwar Lothar Späth, der die CDU zur absoluten Mehrheit von 53,4 Prozent führt – die eigentliche Sensation aber ist der Einzug von sechs Grünen, die mit 5,3 Prozent erstmals in den Landtag kommen. Wolf-Dieter Hasenclever ist ihre politische Galionsfigur, aber auch der Biolehrer Kretschmann aus dem Wahlkreis Nürtingen ist dabei. Als er im Parlament vereidigt werden soll, fehlt »Kretsche«, wie ihn seine Freunde bis heute nennen: Er demonstriert mal wieder gegen das geplante Endlager für Kernbrennstoffe im niedersächsischen Gorleben.

Die turbulenten, ja mitunter chaotischen Anfangsjahre der noch jungen Partei bekommt Winfried Kretschmann 1984 am eigenen Leib bitter zu spüren: Die Verantwortlichen der Grünen im Landkreis Esslingen übersehen eine wichtige Frist bei der Nominierung ihrer Kandidaten für die Landtagswahl – eine haarsträubende Panne, die bedeutet, dass in drei Wahlkreisen keine Grünen-Bewerber antreten können. Der Abgeordnete Kretschmann ist davon betroffen, kehrt nicht den Landtag zurück, geht dafür 1986/87 als Referent ins hessische Umweltministerium nach Wiesbaden, wo sein Freund Joschka Fischer mit den berühmt gewordenen Turnschuhen als erster grüner Umweltminister vereidigt worden ist.

Am 20. März 1988 kehrt Winfried Kretschmann in den baden-württembergischen Landtag und damit in die Landespolitik zurück. Die Späth'sche CDU ist mit 49 Prozent erstmals unter die 50-Prozent-Marke gerutscht, die Grünen erleiden mit 7,9 Prozent nur einen geringen Verlust. Vier Jahre später, im April 1992, gibt's eine dramatische Wende: Die von Erwin Teufel geführte CDU verliert ihre absolute Mehrheit, muss ein Minus von 9,4 Prozent hinnehmen, während sich die Grünen stabilisieren und die rechtsextremen »Republikaner« in den Landtag einziehen. Trotz politischer Schwergewichte wie Rezzo Schlauch, Fritz Kuhn, Reinhard Bütikofer und Winfried Kretschmann sind diese Grünen von der Macht im Lande noch immer himmelweit entfernt. Auch 1996 sitzt »Kretsche« wieder im Landtag, führt von 2002 an die Landtagsfraktion, wird 2005 und 2010 von seiner Partei zum Spitzenkandidaten für die Landtagswahlen im folgenden Jahr erkoren.

Der 27. März 2011 wird für »Kretsche« und seine Grünen – nicht nur in Baden-Württemberg – zu einem historischen Tag: Vor dem Hintergrund des jahrelangen erbitterten Streits über Stuttgart 21 sowie den aktuellen Schreckensbildern von der Kernkraftkatastrophe im japanischen Fukushima stürzt die von dem unpopulären Stefan Mappus geführte CDU auf 39,0 Prozent ab, während sich die Grünen auf 24,3 Prozent fast verdoppeln und als zweitstärkste Kraft in den Landtag einziehen. Die SPD mit

Ein grüner »Schlossherr« auf der Reitzenstein | 243

ihren 23,1 Prozent zählt zwar mit zu den Verlierern des Wahltages, bildet aber mit den Grünen die erste grün-rote Koalition in Baden-Württemberg. Am 12. Mai 2011 wählt der Landtag Winfried Kretschmann mit 73 von 138 Stimmen zum neuen Ministerpräsidenten. Von da an steigen seine Popularitätswerte stetig an, im Oktober 2015 kürt ihn seine Landespartei erneut zum Spitzenkandidaten für die Wahl am 13. März 2016: 97 Prozent der Stimmen gibt es für ihn von den Delegierten, ein Rekord in der Parteigeschichte von Bündnis 90/Die Grünen.

Aber es kommt noch besser – jedenfalls aus der Sicht der Partei. Der 13. März 2016 wird wieder ein historischer Tag: Nach einem Wahlkampf, der strikt auf Winfried Kretschmann abgestellt war – nie zuvor hat es so etwas bei den Grünen gegeben –, legt seine Partei 6,1 Prozent zu und landet bei 30,3 Prozent der abgegebenen Stimmen, wird zum ersten Mal stärkste Partei in einem Bundesland! Die CDU verliert unter ihrem glanzlosen Spitzenkandidaten Guido Wolf 12 Prozent, endet bei exakt 27 Prozent – eine Schmach, das schlechteste Resultat der Konservativen bei Landtagswahlen im Südwesten! Die SPD, Kretschmanns Koalitionspartner, erlebt ein Desaster, stürzt um 10,4 auf nur noch 12,7 Prozent ab. Die Grün-Roten verlieren ihre Mehrheit, ihre Koalition ist am Ende.

Blankes Entsetzen herrscht angesichts von 15,1 Prozent für die rechtslastige Protestpartei AfD (Alternative für Deutschland). Dabei ist dieses Ergebnis kein Wunder, hat doch die internationale Flüchtlingskrise diesen Wahlkampf total überlagert, kein Wunder auch, weil Winfried Kretschmann es ist, der die Flüchtlingspolitik der Bundeskanzlerin nachhaltig gutheißt und unterstützt, während weite Teile der CDU ihren Unmut darüber nicht verschweigen.

Doch Schlingerkurse mögen die Wähler nun mal nicht – der Mannheimer Wahlforscher Matthias Jung analysiert es so:»Nicht die Flüchtlingskrise und die Abwanderung von Stammwählern zur AfD sind entscheidend gewesen, sondern die Hinwendung der über 60-jährigen ehemaligen CDU-Wähler zu Kretschmanns Grünen. Als der unterlegene Guido Wolf am Wahlabend eine Koalition von CDU, SPD und FDP für möglich und sinnvoll erachtet – auf diese Weise könnte er doch noch Hausherr in der Villa Reitzenstein werden –, schütteln viele im Land den Kopf, nicht nur in seiner eigenen Partei. Prompt erinnern sich manche daran, dass Günther Oettinger es war, der 2006 gerne eine schwarz-grüne Koalition gewagt hätte. Stefan Mappus hatte dies damals kategorisch abgelehnt.

»Politik muss nicht Spaß machen – Politik muss Sinn machen!« Mit diesem Lehrsatz aus dem kleinen Einmaleins der Politik geht der Wahl-

Winfried Kretschmann und sein neuer Koalitionspartner Thomas Strobl, Landeschef der CDU. Strobl sagt: »Wir haben uns nicht gesucht – aber wir haben uns gefunden.«

sieger, den viele vor lauter Respekt jetzt nicht mehr so locker und lässig »Kretsche« nennen möchten, in die Koalitionsgespräche und -verhandlungen mit den Christdemokraten. Denn die Liberalen ziehen die Opposition vor, lehnen eine grün-rot-gelbe Ampel strikt ab, in welcher sie nur Anhängsel und Mehrheitsbeschaffer wären – der politische Spielraum der FDP ist ohnehin gering, denn sie hat bereits im Wahlkampf jegliche Zusammenarbeit mit den Grünen kategorisch ausgeschlossen. Die Sozialdemokraten liegen nach diesem Desaster ohnehin am Boden, stehen regelrecht unter Schock, sehen sich gar in der tiefsten Krise seit ihrer Gründung 1863. Eine Zusammenarbeit mit der AfD, der Alternative für Deutschland, lehnen alle anderen in den Landtag gewählten Parteien strikt ab.

So kommt es im April und Mai 2016 zur historischen Annäherung zwischen den Grünen und den Christdemokraten in Baden-Württemberg, Winfried Kretschmann und der CDU-Landesvorsitzende Thomas Strobl führen die wochenlangen Verhandlungen an, bilden Fachgruppen zu den verschiedenen Politikfeldern. Beide Seiten betonen immer wieder ihre staatspolitische Pflicht, eine Koalition der Vernunft zu schmieden und eine handlungsfähige Regierung zu bilden, um die Gefahr von Neuwahlen zu bannen. Sie alle ahnen, dass Neuwahlen der AfD noch mehr Protestwähler zutreiben würden.

An verschiedenen Orten treffen sich die Unterhändler: im Haus der Architekten, in der L-Bank am Friedrichsplatz, in der Merz-Akademie im Stuttgarter Osten – alles symbolische Orte. Zunächst meiden die Verhandlungsführer die Villa Reitzenstein, setzen quasi auf neutrale Orte, um nicht Gäste des amtierenden Ministerpräsidenten und der noch amtierenden grün-roten Landesregierung zu sein. In der heißen Phase jedoch, kurz bevor der Durchbruch erzielt ist, tagt man schließlich doch auf der Gänsheide, wo es am leichtesten ist, die mitunter so lästig neugierigen Medien etwas auf Distanz zu halten. Nicht zu vergessen: Die letzte Sitzung des alten Kabinetts und das Abschiedsdiner für die abgewählte alte Regierung – auch das sind anno 2016 historische Tage in der Villa Reitzenstein.

Thomas Strobl sagt schließlich:»Wir haben uns nicht gesucht – wir haben uns gefunden!« Der Koalitionsvertrag wird am 9. Mai unterzeichnet, die Parteibasis von CDU und Grünen hat das Verhandlungsergebnis gutgeheißen, trotz einigem Grummeln. Die erste Grün-schwarze Koalition auf Länderebene steht, was die politischen Kommentatoren zum Anlass nehmen, auf die Bundestagswahl 2017 zu verweisen, bei der es»vielleicht und eventuell« eine Chance für Schwarz und Grün geben könnte. Baden-Württemberg mal wieder als Musterländle?

Am 9. Mai wird der Koalitionsvertrag unterzeichnet, am 11. Mai konstituiert sich der neugewählte Landtag im rechtzeitig fertig gewordenen, restaurierten und modernisierten Landtagsgebäude im Oberen Schlossgarten. Am Vormittag des 12. Mai, so gegen 11.40 Uhr, wird Winfried Kretschmann gleich im ersten Wahlgang zum neuen Ministerpräsidenten gewählt: 82 Ja-Stimmen, 57 Nein-Stimmen, eine Enthaltung und zwei ungültige Stimmzettel sind sein Ergebnis. 143 Mitglieder besitzt das neue Landesparlament, eine Grünen-Abgeordnete hat sich an diesem Tag krank gemeldet. Tags zuvor hatte die neue CDU-Fraktion intern den Aufstand geprobt gegen ihren Vormann Thomas Strobl, denn einige Abgeordnete fühlten sich von ihm schmählich übergangen bei der Besetzung der Ministerposten, sahen sich jäh vor vollendete Tatsachen gestellt. Jetzt fehlen dem Ministerpräsidenten sechs Stimmen aus seiner nagelneuen Grün-schwarzen Koalition. Doch Winfried Kretschmann spricht von»Phantomschmerzen« bei der CDU, zeigt ein mildes Verständnis dafür, dass die Christdemokraten den Verlust der Macht, den Verlust ihrer Machtzentrale auf der Gänsheide seit 2011, noch immer nicht so recht

verwunden haben. Am Nachmittag dieses 12. Mai treffen sich alle, familiär und freudig erregt, auf der Gänsheide: Im berühmten Ordenssaal überreicht der MP seinen Ministern die Ernennungsurkunden, ebenso den Staatssekretären, danach gibt's bei kühlem Wetter auf der Terrasse das historische Kabinettsfoto – siehe Seite 13 – und es folgt sogleich die erste Kabinettssitzung, frei nach dem Motto: Genug geredet, jetzt lasst uns endlich Taten sehen!

Winfried Kretschmann, in diesen Stunden zufrieden und entspannt, hat seine Familie um sich, hält seinen Enkel Julius fröhlich in die Kameras, bleibt auf weitere fünf Jahre dort der Hausherr, von wo aus er fünf Jahre zuvor am liebsten weggezogen wäre. Nun kann er aus seiner Amtsstube wohlwollend auf den blühenden Rosengarten schauen, seinen Lieblingsplatz auf der damals noch so ungeliebten Gänsheide. Der alte und neue Ministerpräsident hat an diesem historischen Ort persönlich Geschichte geschrieben, sich selbst tief ins Geschichtsbuch des Landes eingetragen. Er sagt: »Wenn es meine

Noch so ein historisches Bild aus dem Kabinettsaal: Am 12. Mai 2016 tritt die erste grün-schwarze Landesregierung in der Bundesrepublik zum ersten Mal zusammen. Vorne links der Innenminister Thomas Strobl, rechts der Regierungschef Winfried Kretschmann.

Ein grüner »Schlossherr« auf der Reitzenstein | 247

Gesundheit zulässt, amtiere ich die kommenden fünf Jahre bis zur nächsten Landtagswahl 2021.«

Wichtige Rückblende: In seiner ersten Amtszeit zwischen 2011 und 2016 starten der Ministerpräsident und die Koalition mit den Sozialdemokraten mehrere Reformprojekte: die heftig umstrittene Einführung der Gemeinschaftsschule, den kaum minder strittigen Ausbau der Windkraft, die Einrichtung eines Naturschutzparkes im Nordschwarzwald, die Aufwertung der Bürgerbeteiligung in den Städten und Gemeinden sowie auf Landesebene. Die von der SPD initiierte Volksabstimmung über Stuttgart 21 bringt am 27. November 2011 ein Votum zu Gunsten des Bahnprojekts: Kretschmann wertet dies als Auftrag an seine Regierung, das Milliardenvorhaben, das er so lange leidenschaftlich bekämpft hat, demokratisch fair und korrekt in die Tat umzusetzen. Das ist, wie er selbst einräumt, die bitterste politische Niederlage dieser Amtszeit. Eine Ironie der Geschichte, ebenso die Tatsache, dass Winfried Kretschmann zwar die so geschichtsträchtige Villa Reitzenstein erobert hat – jedoch die längste Zeit seiner ersten fünfjährigen Regierungszeit mit dem Clay-Haus als Ausweichquartier vorliebnehmen muss.

Es scheint, als habe Winfried Kretschmann mit dem Wiedereinzug 2015 in seinen bemerkenswert gut restaurierten Dienstsitz doch noch seinen Frieden gemacht mit dieser Villa Reitzenstein – politische Weggefährten wie etwa der wortmächtige Rezzo Schlauch erinnern sich geradezu anrührend an ihre ersten Besuche dort:»Es war im April 1992, als die Delegation der Grünen die sanften Kurven zur Villa Reitzenstein hinaufstieg. Dabei waren Fritz Kuhn, Reinhard Bütikofer und ich, die harte Realo-Fraktion der Grünen. Bütikofer trug einen Rucksack, darin die Inhalte der grünen Verhandlungsgruppe. Am Eingang der Villa Reitzenstein nahm uns Erwin Teufel in Empfang. Gemeinsam ging man in den ersten Stock, an einem langen Tisch saßen sich die Vertreter von Grünen und CDU gegenüber.« Der landespolitisch kundige Leser ahnt bereits den Anlass: Bei der Landtagswahl am 5. April 1992 hatte Teufels CDU aufgrund einer kritischen Asyldebatte fast zehn Prozent an Stimmen verloren, also galt es zu sondieren: Große Koalition oder zum ersten Mal Schwarz-Grün? Das Ergebnis ist bekannt – Erwin Teufel (und andere CDU-Granden) verspüren keine Lust, die selbstbewussten Grünen zusätzlich aufzuwerten. Rezzo Schlauch meint in seinen 2016 erschienenen politischen Erinnerungen, mit einem Ministerpräsidenten Lothar Späth an der Spitze hätten die Christdemokraten damals mehr gewagt. Gut möglich, aber im Nachhinein nur noch ein Konjunktiv.

Die alte Dame bekommt ein neues Kleid

Nach einem Jahrhundert wird die Villa Reitzenstein renoviert

Fünf Jahre vor den Ereignissen von 2016 stellt der neue MP Winfried Kretschmann nach seinem ersten Wahlsieg im März 2011 die Weichen: Die Gänsheide möchte er am liebsten verlassen – entscheidet sich nach intensiver Suche aber doch für eine gründliche Modernisierung der Villa Reitzenstein und den Bau eines modernen Bürogebäudes. Der Berliner Architekt Martin Sting liefert die vielgelobten Pläne und Ideen.

Vier Jahre nach Kretschmanns erstem Triumph bittet Staatssekretär Klaus-Peter Murawski, Chef der Staatskanzlei, an einem sonnigen Vorfrühlingstag des Jahres 2015 hinaus auf die Terrasse des Clay-Hauses, direkt vor sein Büro, freut sich sichtlich an der grandiosen Aussicht von hier oben auf die Landeshauptstadt und sagt spontan diesen geradezu historischen Satz: »Das bleibt auch für die nächsten hundert Jahre der Sitz des Ministerpräsidenten und der Landesregierung.«

Murawski, Jahrgang 1950, von 1996 bis Frühjahr 2011 Bürgermeister im größten Rathaus Baden-Württembergs, Ressort Allgemeine Verwaltung und Krankenhäuser, macht dabei einen höchst zufriedenen Eindruck – nicht nur, weil er nach dem Wahlsieg der Grünen im Frühjahr 2011 dem Ruf seines Freundes Winfried Kretschmann gefolgt war, vom Rathaus in die Landespolitik zu wechseln – nein, auch die kurz darauf notwendige Entscheidung der beiden, die Villa Reitzenstein zu sanieren,

Ganz gleich, wer in der Villa Reitzenstein regiert, wer im Ländle politisch das Sagen hat: Die schwarzgelbe Fahne des Landes flattert im Wind. Der Amtssitz des Ministerpräsidenten hat seit 1925 schon viele kommen und gehen sehen ...

250 | Die alte Dame bekommt ein neues Kleid

zu modernisieren, den Sitz des Ministerpräsidenten hier zu belassen, betrachtet Klaus-Peter Murawski im Licht aller Fakten und Alternativen als richtig. Das bleibt als historische Tat dieser beiden Grünen-Politiker in der Wahlperiode zwischen 2011 und 2016.

Murawski erinnert sich genau:»Als ich das allererste Mal nach unserem Wahlerfolg in die Villa Reitzenstein kam, hat mich die Hausdame empfangen. Sie ist immer dabei, wenn Gäste kommen.« Als Murawski sich damals an dem ihm kaum bekannten Ort umsah, trafen ihn finstere Blicke:»Für die engsten Mitarbeiter unserer Vorgänger bedeutete der Wahlsieg von uns Grünen natürlich keine schöne Bescherung.« Als die grün-rote Landesregierung wenig später in Amt und Würden saß, kam für den Chef der Staatskanzlei die sprichwörtliche schöne Bescherung auf unverhoffte Weise:»Mein Vorgänger erklärte mir, man diskutiere intern schon seit Jahren über die dringend notwendige Renovierung der Villa. Im Bürotrakt aus den siebziger Jahren gebe es Asbest, man messe ständig, ob Fasern sich lösten, setze dagegen Isolierfarbe ein.« In einem kurzen Schriftwechsel des Jahres 1986, der sich in den Archiven des Landes erhalten hat, erscheint diese brisante Frage des Staatsministeriums an das Staatliche Hochbauamt zum ersten Mal:»Gibt es in den Bauten des Staatsministeriums gesundheitsgefährdende Baustoffe?« Die kurze Antwort damals:»Nach heutigem Kenntnisstand nicht!« Das spricht Bände.

Staatssekretär Murawski, der klare Worte schätzt und eine gestenreiche Sprache pflegt, redet im Frühjahr 2015, da sich gerade alles zum Guten wendet, heftig mit Händen und Füßen:»Ich hab damals sofort gesagt, das ist ja unverantwortlich! Wenn nur eine Faser Asbest in die Lunge gerät, kann das den Krebs bedeuten! Das können und dürfen wir nicht länger hinnehmen.« Außerdem habe sich rasch herausgestellt, dass die Villa eine wahnwitzig schlechte Energiebilanz aufwies, die Elektrizität völlig veraltet war, die Wasserversorgung ebenfalls – also bestand ein dringender Handlungsbedarf!

Weit spannender als die simple Schuldzuweisung, die konservativen Hausherren hätten auf der Gänsheide über viele Jahre an der falschen Stelle gespart, die Augen verschlossen vor dem Unausweichlichen, ist, wie Klaus-Peter Murawski und seine Mitarbeiter, wie auch die Bauverwaltung des Landes an die Lösung der Probleme herangegangen sind:»Der erste Auftrag des neuen Ministerpräsidenten an uns war klar und einfach, Winfried Kretschmann hat uns gesagt:›Die Gänsheide ist mir zu abgehoben, ich möchte als Ministerpräsident zu den Bürgern hinunter in die Stadt! Prüft zügig und genau, ob und wie das möglich ist.‹«

Die Wochen und Monate mit den Suchläufen, dem Abwägen, den ungezählten Gesprächen und Sitzungen verkürzt Klaus-Peter Murawski in der Rückschau auf wenige Fakten:»Ich bin mit dem Ministerpräsidenten durch den Planie-Flügel des Neuen Schlosses gegangen. Dort sahen wir beide mit eigenen Augen, dass es unmöglich sein würde, die engen, zumeist dunklen und verwinkelten Räumlichkeiten mit vertretbaren finanziellen Mitteln für die Zwecke der Landesregierung umzubauen. Das Neue Schloss bot uns leider keinerlei Option.«

Danach habe man verhandelt mit dem langjährigen Breuninger-Chef Willem van Agtmael, der damals in zentraler Lage am Karlsplatz das Dorotheen-Quartier plante (Fertigstellung 2017). Eine realistische Chance, das Staatsministerium dort anzusiedeln, bestand aber nicht.»Herr van Agtmael war sehr entgegenkommend, allerdings blieb er bei seiner Absicht, die Erdgeschosse des neuen Quartiers zu öffnen für Läden und Restaurants – einen repräsentativen Eingang, wie ihn die Landesregierung nun einmal benötigt, könne dort nicht angelegt werden.« Die Konsequenz für Klaus-Peter Murawski:»Also auch der Karlsplatz kam für uns nicht in Frage, denn wir suchten ja eine sichere Lösung auf lange Sicht. Repräsentative Räume einerseits, Büros und eine Kantine für rund 250 Mitarbeiter des Staatsministeriums andererseits.« Nicht zuletzt die Frage der Sicherheit, überall in der Innenstadt nicht leicht zu beantworten, habe bei den Überlegungen logischerweise eine Rolle gespielt.

Im Nachhinein ist es nicht mehr von Belang, welche und wie viele Alternativen die Planer des Landes unter ihrer neuen politischen Führung vom Frühjahr 2011 bis zum Frühjahr 2012 sonst noch prüften, erwägten und immer wieder verwarfen. Letztlich musste der Ministerpräsident sagen, wo es langgeht, und er entschied pragmatisch:»Wir bleiben, wo wir sind!« Das sei, so räumt Klaus-Peter Murawski offen ein, seinem Duzfreund Winfried nicht leicht gefallen, aber die Regierungsverantwortung bedeute eben auch, den Tatsachen ins Auge zu schauen, frei nach dem bewährten Motto: Die Politik beginnt mit der Betrachtung der Wirklichkeit.

Die aus rein historischer Sicht spannende Frage, ob man seinerzeit mit dem Gedanken gespielt habe, die Villa Reitzenstein mit allem Drumherum zu verkaufen, beantwortet Klaus-Peter Murawski sofort:»Das war für uns kein Thema! Hätte das Staatsministerium tatsächlich die Gänsheide verlassen, hätten wir als Land eine andere, angemessene Nutzung für die Villa gefunden. Ein Verkauf kam für uns grundsätzlich nicht in Betracht. Wir wussten und wir wissen, welchen historischen Stellenwert dieses Areal besitzt und ja auch ausstrahlt. Als wir uns dazu entschieden hatten, an Ort und Stelle zu investieren, haben mir die Konservativen im Landtag gleich gesagt: Ihr Grünen, die ihr neu an der Regierung seid, könnt euch die ökologische Modernisierung politisch leicht leisten, uns Konservativen hätte man sofort vorgehalten, wir würden die Millionen für unseren eigenen Glanz verschwenden.« Auch Kretschmanns Vorgänger haben, wie man oben lesen konnte, dieses Argument schon ins Feld geführt und so abwegig, wie es auf den ersten Blick scheinen mag, ist es tatsächlich nicht. Wie sagt der Volksmund so schön: Wenn zwei das Gleiche tun, ist es noch lange nicht dasselbe!

Alles beim Alten, aber alles ganz neu

Nachdem der Ministerpräsident und die Landesregierung im Herbst 2011 ihren Grundsatzbeschluss für das Bleiben auf der Gänsheide gefasst hatten, gab es kein Zurück mehr. Von da an nahmen die Dinge zügig ihren Lauf, denn das interne Ziel lag auf der Hand: Im Verlauf der Legislaturperiode, die bis ins Frühjahr 2016 dauern würde, sollten die beiden anvisierten Projekte vollendet sein: die grundlegende Sanierung der vor hundert Jahren erbauten Villa Reitzenstein, zugleich der Abriss des alten und der Bau eines neuen, modernen Bürotraktes mit Küche und Kantine für die Mitarbeiter des Staatsministeriums. Beides nach dem aktuellen Stand der Technik, versteht sich.

Dazu diese Stichworte: Im Frühjahr 2012, ein Jahr nach ihrem Wahlerfolg, schrieb die Landesregierung einen Planungswettbewerb aus. In der Fachsprache ging es dabei um ein »europaweites VOF-Verfahren«. 26 Architekturbüros aus dem In- und Ausland bewarben sich. Die offizielle Aufgabenstellung ist auch für den interessierten Laien leicht verständlich. Abgabetermin war der 17. Mai 2012:

Generalsanierung Villa Reitzenstein (Los 1): In der denkmalgeschützten Villa Reitzenstein ist das Staatsministerium mit dem Dienstsitz des amtierenden Ministerpräsidenten untergebracht. Nach temporärem Auszug des Nutzers soll die Villa generalsaniert und energetisch optimiert werden. Die Wand-/Deckenschalen und Fußböden sind, wo erforderlich, zu restaurieren, zu sanieren oder zu erneuern. Die gesamte Haustechnik und die Elektronische Datenverarbeitung ist abgängig. Ein neues Beleuchtungskonzept, die

Anforderungen des Landeskriminalamtes und des Brandschutzes sind auf die historische Bausubstanz abzustimmen. Alle Sanierungsmaßnahmen sind im Einvernehmen mit der Denkmalschutzbehörde zu planen und umzusetzen. Es wird erwartet, dass die Sanierungsmaßnahmen dem Anspruch an ein hochwertiges, repräsentatives Gebäude für das Staatsministerium mit Sitz des Ministerpräsidenten entsprechen.

Abbruch Erweiterungsgebäude und Neubau Büro- und Kantinengebäude (Los 2): Der vorhandene Erweiterungsbau des Staatsministeriums im Park der Villa Reitzenstein wurde als Pavillon für eine Büro- und Kantinennutzung errichtet. Es ist ein Neubau mit Kantine und Büroräumen zu planen. Der Neubau soll insbesondere aus energetischen und ökologischen Gesichtspunkten der Vorbildfunktion der Landesregierung gerecht werden und eine vorbildliche Gebäudeeffizienz aufweisen. Eine hohe energetische Qualität der Gebäudehülle, die dem Niveau der Passivhausbauweise entspricht, ist hierfür erforderlich. Das Gebäude hat sich in den Park der Villa Reitzenstein einzufügen und soll mit der vorhandenen Villa ein städtebaulich anspruchsvolles Ensemble bilden. Der Auftrag umfasst den Abbruch des bestehenden Gebäudes mit der Asbestentsorgung sowie die Planung und Bauleitung des Neubaus.

Aus den Bewerbern für die Planungsaufgabe des Neubaus forderte man am 28. August 2012 fünf Architekturbüros auf, eine sogenannte Projektskizze zu erarbeiten und einzureichen: Sting Architekten (Berlin), Günter Hermann Architekten (Stuttgart), Wulf Architekten (Stuttgart), Anderhalten Architekten (Berlin) sowie Max Dudler (Berlin). Am 19. September 2012 fiel die Entscheidung darüber, welches Architekturbüro den Zuschlag bekommen sollte für den schwierigen Neubau des Büro- und Kantinengebäudes; schon zuvor hatte das Land dem Berliner Architekten Martin Sting die Restaurierung der Villa Reitzenstein anvertraut. Einstimmig votierten die Verantwortlichen im September 2012 für das Büro von Martin Sting. Versammelt und stimmberechtigt waren Staatssekretär Klaus-Peter Murawski, Stuttgarts damaliger Baubürgermeister Matthias Hahn, Thomas Knödler und Kai Fischer vom Ministerium für Finanzen und Wirtschaft, Ilse Lange-Tiedje vom Stuttgarter Amt für Vermögen und Bau Baden-Württemberg sowie die beiden Stuttgarter Architekten Professor Jörg Aldinger und Professor Sebastian Zöppritz.

Gegenüberliegende Seite: Die Villa Reitzenstein am 19. September 2012: Der Berliner Architekt Martin Sting (links), Sohn einer schwäbischen Familie, gewinnt gegen 25 konkurrierende Kollegen den Wettbewerb um den Neubau des Bürotraktes. Staatssekretär Klaus-Peter Murawski, Amtschef im Staatsministerium, zeigt sich begeistert, denn das Land hat Martin Sting zuvor auch die Restaurierung der Villa anvertraut.

Als die Baumaßnahmen schon weit fortgeschritten sind, zieht Matthias Hahn, Stuttgarts Baubürgermeister von 1996 bis August 2015, Bilanz:»Das Architekturbüro Sting hat mich von Anfang an überzeugt, es hat die Gesamtsituation rund um die Villa Reitzenstein in guter und geschickter Weise gelöst. Alles ist rundum gelungen, besonders der Abstand des neuen Bürotraktes zur Villa sowie die Tatsache, dass sich der Bürotrakt an den Höhen der umliegenden Gebäude orientiert.« Und der altgediente Sozialdemokrat ergänzt:»Die Grünen mit ihrem Ministerpräsidenten Winfried Kretschmann hätten am Anfang ihrer Regierungszeit doch jeden Kredit verspielt, wenn ihre Kritiker, etwa die CDU, hätten sagen können, schaut her, als Erstes bauen die sich in der Stadt eine neue Staatskanzlei.« Deshalb habe es aus seiner Sicht keine vernünftige Alternative gegeben zu dem geglückten Projekt auf der Gänsheide.

Auch Staatssekretär Murawski urteilt im Frühjahr 2015 uneingeschränkt positiv:»Es hat nicht nur mich, sondern uns alle überzeugt, wie äußerst respektvoll der Architekt Martin Sting mit der historischen

Das preisgekrönte Siegermodell: Oben links die Villa Clay, die durch neue Wege enger an das Areal angebunden wird, darunter in hellem Holz der neue Bürotrakt, rechts davon die zwölf Säulen des Rosengartens sowie die im alten Stil von 1913/14 restaurierte Villa.

Villa Reitzenstein und ihrer unmittelbaren Umgebung umgegangen ist. Das ist großartig, so wird die neue Planung diesem denkmalgeschützten Gebäude und seinem Park vollauf gerecht.« Und überdies, so deutet Murawski vorsichtig an, führten die Pläne von Martin Sting im Inneren der Villa Reitzenstein dazu, »dass manche kleinere und größere Sünde, mancher nicht gar so geglückte Einbau und Umbau späterer Jahre jetzt auf elegante Weise wieder korrigiert wird«.

Wer ist dieser Martin Sting?

Spätestens an dieser Stelle muss der Architekt Martin Sting, Jahrgang 1963, die Bühne betreten. Der gebürtige Aachener – die Stadt, in der sein Vater Hellmuth Sting ein renommierter Professor für Architektur an der dortigen Universität war – legt im persönlichen Gespräch auf der kleinen Aussichtsterrasse an der Richard-Wagner-Straße (unterhalb der Villa Reitzenstein) an diesem Nachmittag im Frühjahr 2015 zunächst ein Bekenntnis zu Stuttgart ab: »Ich mag besonders die kulturelle Vielfalt, vor allem das Ballett im Großen Haus, aber auch die Truppe von Eric Gauthier im Theaterhaus.« Dann verrät Martin Sting, dass auch seine familiären Wurzeln im Schwäbischen liegen:»Ich gehöre zu der weitverzweigten schwäbischen Familie Sting aus Balingen auf der Alb. Mein Vater war dort geboren, ich habe als Kind in Balingen viele Ferien bei meiner Großmutter verbracht. Bei ihr gab's selbstverständlich Maultaschen und auch Kutteln.« Na bitte. Etwas weniger idyllisch, wie er selbst bekennt, verläuft sein berufliche Weg. Dass er irgendwann einmal eines der renommiertesten Büros für die Sanierung und die Modernisierung von denkmalgeschützten Gebäuden und historischen Ensembles führen würde, war ihm nicht in die Wiege gelegt:»Mein Vater wollte partout nicht, dass ich Architekt werde wie er. Also hab ich zunächst mal eine Maurerlehre angefangen bei der Bauunternehmung Peter Scheid in Aachen. Das war 1984/85. Ich durfte diese Lehre in einem Jahr abschließen, brauchte dafür keine drei Jahre, wie es normalerweise üblich ist.«

Nach dem Zivildienst kommt Martin Sting die befreiende Idee zur rechten Zeit:»1986/87 bin ich bei meinem Onkel in Atlanta/Georgia gewesen, habe dort als Maurer, Betonbauer und Zimmermann auf den verschiedensten Baustellen gearbeitet.« Auf die naheliegende Frage, ob er deshalb selbst ein Beispiel sei für den»American Dream«, also den amerikanischen Traum»vom Tellerwäscher zum Millionär«, muss Martin Sting lauthals lachen –»auf den Gedanken bin ich noch gar nicht gekommen«. Er scheint ihm aber zu gefallen. Zielstrebig und jetzt auch mit der Zustimmung seines kritischen Vaters studiert Martin Sting von 1987 bis 1993 in seiner Heimatstadt Aachen Architektur. Mitte der neunziger Jahre sehen wir ihn als freien Mitarbeiter, später als Partner des Berliner Architekten Werner Weitz; als der 2004 stirbt, erhält das Büro den Namen ELW Weitz und Sting, mittlerweile heißt das Büro Sting Architekten ELW.

Woher kommt die erfolgreiche Spezialisierung dieser Architektengruppe auf das diffizile Thema Denkmalschutz? Die Antwort folgt ebenso knapp wie überzeugend:»Mitte der neunziger Jahre war ich der Projektleiter für die Modernisierung des Jagdschlosses Hubertusstock in der Schorfheide, zu DDR-Zeiten ein Lieblingsort des SED-Generalsekretärs Erich Honecker. Das ist ein historisches Gebäudeensemble aus der Zeit von 1847 bis 1849, zu dem wir ein neues Hotel hinzugeplant haben. Seit dieser Zeit erhält unser Büro immer mehr Aufträge, bei denen es um denkmalgeschützte Häuser und Areale geht. Gerade im Osten. Das ist eine direkte Folge der Wiedervereinigung.«

Und plötzlich sprüht die Leidenschaft für seine Arbeit geradezu heraus aus Martin Sting:»Je älter die Gebäude sind, mit denen wir es zu tun

Gegenüberliegende Seite: Am 18. November 2015 lädt die Landesregierung die über Jahre von Lärm und Dreck geplagten Nachbarn der Villa Reitzenstein zum zünftigen Baufest in die restaurierte und technisch modernisierte Machtzentrale ein. Der Architekt Martin Sting strahlt übers ganze Gesicht und sagt:»Helene von Reitzensteins Investition ist bis heute ablesbar an der gediegenen handwerklichen Qualität.«

bekommen, je komplizierter die Aufgaben sind – desto lieber ist es uns!« Das gelte beispielsweise auch für die Villa Borsig auf der Halbinsel Reiherwerder im Berliner Vorort Tegel, wo man ein Ensemble von neun alten und neuen Gebäuden restauriert, modernisiert und beispielhaft zusammengefügt habe. Die Villa Borsig, der Villa Reitzenstein übrigens recht ähnlich, ist zu Beginn des 20. Jahrhunderts der Sitz der Industriellenfamilie Borsig (Maschinenbau), seit der Wende dient es als Gästehaus des deutschen Außenministers.

Mit Blick auf die Villa Reitzenstein, die bis dahin wohl kniffligste Aufgabe des Büros Sting, fasst der Architekt seine Sicht der Dinge im Frühjahr 2015, also noch während die Bauarbeiten in vollem Gange sind, so zusammen:»Wir fühlen hohen Respekt vor diesem rund hundert Jahre alten Bau. Hier wie anderswo versuchen wir, die Seele der Häuser und des gesamten Areals zu erfassen. Aus heutiger Sicht war das damals quasi der Porsche des Bauens. Was die Technik betrifft, war das anno 1910 der denkbar modernste Standard.«

Dann geht der Architekt ins Detail, für den Laien leicht verständlich und nachvollziehbar:»Die Holzverkleidungen in den Räumen, die original erhalten sind, bauen wir aus und wieder ein. Dahinter und darunter ›verstecken‹ wir die neue Technik. Die Kühlung des Gebäudes schaffen wir, indem wir die kühle Luft den Kellern und Gängen unter der Villa Reitzenstein nutzen.«

Selbstverständlich habe man sämtliche Leitungen ausgetauscht, den heutigen Vorschriften angepasst:»In manchen Büroräumen fand sich Laminat, das musste alles raus. In den Wänden hat man Kalkmörtel eingebaut, der wirkt wie Gummi, deshalb hat die Villa die Erschütterungen durch die Bomben des Zweiten Weltkriegs so unbeschadet überstanden.«

Alles in allem – Martin Sting ordnet seinen Auftrag auf der Gänsheide in aller Sachlichkeit ein:»Für uns wie für alle Handwerker, die hier arbeiten, ist die Villa Reitzenstein natürlich ein Prestigeobjekt. Gar keine Frage. Deshalb strengen sich auch alle ganz besonders an. Es macht wirklich Freude, mit den verschiedenen Handwerkern und Firmen aus Stuttgart und der gesamten Region zu arbeiten, es ist eine tolle Zusammenarbeit, wie wir sie selten erlebt haben.«

Auf die zum Zeitpunkt des damaligen Baufortschritts leicht ketzerische Frage, ob und wie er Zeitplan und Kostenrahmen einhalten könne, antwortet der Architekt gelassen: »Wir liegen im Terminplan und halten die Kosten ein!« Wie schafft man so etwas, wo es doch anderswo gewaltig aus dem Ruder läuft? Antwort: »Wir gehen gleich am Anfang unserer Projekte penibel in die Tiefe, lassen uns genügend Zeit, loten alles haargenau aus, öffnen Böden, Decken und Wände, schauen ganz genau hin – so bleiben uns später unliebsame Überraschungen erspart. Deshalb bin ich zuversichtlich, dass wir die berechneten Kosten einhalten.«

Zu den erfahrenen, ja kongenialen Partnern des Architekturbüros Sting in Berlin gehörten die Garten- und Landschaftsarchitekten Cornelia Müller und Jan Wehberg, die im Haus Lützowplatz Nummer 7 ansässig sind und daraus ihren Büronamen »Lützow 7« ableiten. Beide Büros arbeiteten von Anfang an am Projekt »Villa Reitzenstein« zusammen, bekamen gemeinsam den Zuschlag. Tim Hagenhoff, der Projektleiter bei Lützow 7, erklärt, wie die Landschaftsarchitekten in Bezug auf die Veränderungen am Park der Villa Reitzenstein vorgegangen sind: »Unsere Arbeit begann mit einer ausführlichen Recherche, dabei fanden wir neben Karten und Bildmaterial einen Lageplan von 1910, der die Basis wurde für unseren Konzeptansatz. Ähnlich sind wir auch an die Revitalisierung des Nolde-Gartens in Seebüll nahe der dänischen Grenze herangegangen. Die Auswertung des historischen Materials ist der Beginn der Spurensuche: Was war die ursprüngliche Planung, was ist von der Gestaltungsintention des Verfassers noch erhalten? Was hat sich im Laufe der Zeit verändert?« In einem Exposé von Lützow 7 heißt es:

Der Park der Villa Reitzenstein bedient sich eines reichhaltigen Repertoires der Gartenkunst, entworfen von Carl Eitel. Er spiegelt typische Elemente

Ein historisches Kleinod hoch über der Landeshauptstadt: Der Park der Villa Reitzenstein wird während der Sommermonate an einigen Samstagen für die Neugierigen geöffnet. MP Winfried Kretschmann nennt ihn »Bürgerpark«, möchte damit zeigen, wie sinnvoll man mit den Steuergeldern umgeht.

des englischen Landschaftsgartens neben barocken Elementen der französischen Gärten wider. Aufgrund der städtebaulich-architektonischen Neuordnung des Büro- und Kantinengebäudes, das konzeptionell der geometrischen Setzung des Gartens folgte, war nach dem Abbruch des alten Erweiterungsbaus die Rekonstruktion des südöstlichen Teils des Gartens in seine ursprüngliche Form möglich.

Uns geht es jedoch nie um eine historisierende Rekonstruktion der Gärten und Parks, sondern vielmehr darum, Schichtungen und Setzungen, die der Garten oder Park im Laufe seiner Geschichte erfahren hat, wieder erkennbar und lesbar zu machen. Es gilt, in die gegebenen Setzungen des Ortes den Rahmen zu schaffen, der die erforderlichen Wegbeziehungen zwischen Villa und Neubau, Fahrwegen der Limousinen, Standorten der Sicherheitszäune und Kameraüberwachungen, Außenbereichen der Kantine auf eine selbstverständliche Weise verbindet.

Mit der Verwirklichung unserer Planung wird jedoch kein Status quo geschaffen. Denn ein Garten ist nicht statisch, er wird in Wechselwirkung zu seinen Nutzern, insbesondere mit seiner gärtnerischen und nachhaltigen Pflege, diesen Ort prägen und – gewollt oder ungewollt – Veränderungen hervorrufen, allein schon durch das Wachstum der Pflanzen.

Preisend mit viel schönen Reden

Am 18. November 2015 ist es dann so weit: Zum Baufest lädt Ministerpräsident Winfried Kretschmann die lange und heftig von Lärm und Dreck geplagten Anwohner, die beteiligten Handwerker aller Zünfte auf die Gänsheide. Neugierde und Vorfreude, ein bissle Stolz und Zufriedenheit, Lächeln und Durchatmen – diese heiter-optimistische Mischung steht den Menschen an diesem Tag in ihre Gesichter geschrieben. Dicht gedrängt stehen die Gäste im Foyer der Villa Reitzenstein, die von außen größer wirkt, als sie drinnen tatsächlich ist. Viele wollen dabei sein, einen Blick werfen in diesen geschichtsträchtigen Ort, der gut hundert Jahre nach seiner Gründung restauriert, saniert und technisch modernisiert worden ist. Dieser 18. November 2015 ist ein historischer Nachmittag, freilich ohne allzu viel Protokoll und Pathos, ohne politisches Gezänk, ohne übertriebenes Schulterklopfen, ohne Pomp, Blaskapelle und roten Teppich. Ein sympathisches Bürgerfest, frei nach dem Motto: Nach drei Jahren des Planens und des Bauens dürfen wir uns ein Gläsle Wein und eine Brezel leisten, Letztere ohne Butter, versteht sich. Wir sind ja schließlich im Schwäbischen!

Der Ministerpräsident, durchaus feierlich gestimmt, schreitet zufrieden lächelnd die Treppe vom ersten Stock, wo seine Amtsstube liegt, herunter, bleibt auf halber Höhe stehen, blickt erstaunt und dann voller Genugtuung auf das überfüllte Foyer. Es scheint, als genieße Winfried Kretschmann diesen Anlass, diesen Augenblick, denn der November 2015 bietet Politikern wie ihm, Männern mit hoher Verantwortung und mitten im anschwellenden Wahlkampf, eher wenig Grund zur Freude: Die furchtbaren Terroranschläge des sogenannten Islamischen Staates in Paris liegen nur fünf Tage zurück, die Notwendigkeit, täglich Tausende von Flüchtlingen aufzunehmen und unterzubringen, fordert enorme Anstrengungen und belastet den politischen Konsens. Da tut es allen wohl,

Wo seit den siebziger Jahren der alte Bürotrakt stand, den man wegen Asbestverseuchung abreißen musste, klafft am 31. März 2014 eine tiefe Baugrube: Zwei Drittel der neuen Bürozentrale des Staatsministeriums liegen künftig unter der Erde, nur zwei Stockwerke ragen heraus, passen sich der umgebenden Bebauung an.

ein Projekt, das drei Jahre der auf fünf Jahre angelegten Legislaturperiode in Anspruch genommen hat, hier und heute positiv abzuschließen.

Wie immer fasst sich der MP kurz: *Ich begrüße Sie alle aufs Herzlichste zur Feier der erfolgreichen Generalsanierung der Villa Reitzenstein und zur Fertigstellung des Neubaus, den wir von heute an »Eugen-Bolz-Haus« nennen wollen. Ich begrüße alle, die daran mitgewirkt haben, dass unser umfangreiches Bauvorhaben so ansehnlich geworden ist, und dass es im Zeit- und Kostenrahmen geblieben ist – das ist eine ganz besondere Kunst! Ich bin sehr froh, dass alle gesund hier sind und es während des Baus zum Glück zu keinem Unfall gekommen ist.*

Die Villa Reitzenstein ist für mich die Schatztruhe der Demokratie in Baden-Württemberg. Zehn der insgesamt 13 demokratisch gewählten Staats- beziehungsweise Ministerpräsidenten hatten hier vor mir ihren Amtssitz. Unter ihnen waren kluge Köpfe, politische Originale, hervorragende Redner, fleißige Schaffer und Reformer. Ich kann nur einige wenige nennen: Zum Beispiel der volkstümliche Reinhold Maier aus dem Remstal, der erste Ministerpräsident Baden-Württembergs nach dem Zweiten Weltkrieg, der aus der Tradition des kämpferischen süddeutschen Liberalismus kam und dessen Motto lautete: »Die Freiheit ist das Brot des Geis-

tes.« Oder der bescheidene Gebhard Müller, der zu Recht der »Baumeister des Südweststaates« genannt wird, später Präsident des Bundesverfassungsgerichts wurde. Oder den umtriebigen Kunstfreund und Technikförderer Lothar Späth, der allerdings so manche wichtige Besprechung lieber in die »Traube« nach Tonbach verlegte, weil ihm die Atmosphäre in der Villa Reitzenstein doch zu düster war.

Auch Erwin Teufel hat sich als Ministerpräsident große Verdienste erworben durch Reformen und notwendige Fusionen und er hat sich vor allem für das große Thema Europa eingesetzt. Das Letzte gilt auch für Günther Oettinger, der gegenwärtig als EU-Kommissar für digitale Wirtschaft und Gesellschaft das Zukunftsthema schlechthin auf der politischen Ebene voranbringt, auf die auch unsere landespolitische Bühne dringend angewiesen ist. Ich stelle mich gerne in diese Tradition baden-württembergischer Repräsentanten, in diese bunte Reihe von Hausherren der Villa Reitzenstein.

Es ist doch beglückend zu sehen, dass Demokratie unterschiedliche Ansichten und Regierungen ermöglicht und aushält. Diese Villa ist für mich deshalb ein begehbares Zeichen für eine lebendige Demokratie!

Wirklich unterbrochen war die demokratische Tradition ja nur in der Nazizeit durch Reichsstatthalter Wilhelm Murr. Bei seinem unrühmlichen Abgang gab er noch den infamen Befehl mit dem demagogischen Namen »Schwabentreue«. Neben der Zerstörung von Verkehrs- und Versorgungsanlagen in Stuttgart sollte auch die Villa Reitzenstein nach seinem Verschwinden niedergebrannt werden, was ein Ministerialrat zum Glück verhindert hat.

Aus der Reihe meiner Vorgänger muss und will ich einen ganz besonders hervorheben: Es ist Eugen Bolz. Er war der führende katholische Zentrums-

Der Ministerpräsident beim Baufest am 18. November 2015. Diesen erfreulichen Termin nimmt Winfried Kretschmann zum Anlass, eine historische Entscheidung bekannt zu geben: »Unser neuer Bürotrakt soll von heute an offiziell ›Eugen-Bolz-Haus‹ heißen – zur Erinnerung an den 1945 von den Nationalsozialisten ermordeten ehemaligen Staatspräsidenten Eugen Bolz.«

Die alte Dame bekommt ein neues Kleid | 263

Gegenüberliegende Seite: Mit einer ökumenischen Zeremonie und einem »Vaterunser« wird das Eugen-Bolz-Haus eingeweiht – wiewohl die Handwerker noch kräftig an der Arbeit sind. Erst Ende April 2016 können seine neuen Bewohner einziehen. Im Bild von links: MP Winfried Kretschmann, der katholische Prälat Clemens Stroppel, Staatssekretär Klaus-Peter Murawski, Ministerialdirigent Rolf Sutter, der evangelische Prälat Ulrich Mack und Europaminister Peter Friedrich.

politiker im Land, war Reichstags- und Landtagsabgeordneter, Justiz- und Innenminister in Württemberg. Von 1928 bis 1933 amtierte er als Staatspräsident hier in der Villa. Sein Arbeitsplatz war in der Bibliothek des Hauses. 1933 entmachteten ihn die Nationalsozialisten, inhaftierten ihn auf dem Hohenasperg, verhafteten ihn nach dem Attentat auf Hitler am 20. Juli 1944 erneut wegen seiner Kontakte zum Goerdeler-Kreis und richteten ihn im Januar 1945 in Berlin-Plötzensee hin.

Bolz hat sich schon früh verdient gemacht dadurch, dass er eine vorbildliche Verwaltung aufbaute und dass Württemberg als einziges Land keine neuen Schulden machte. Seine historische Leistung bestand darin, als konservativer Staatspräsident die Grenze zwischen Rechtsstaat und Unrechtsstaat erkannt und die Konsequenzen daraus gezogen zu haben. Eine zentrale Aussage von ihm: »Weil das Gemeinwohl Ursache und Ziel des Staates ist, so kann dessen Zwangs- und Befehlsgewalt nur so weit reichen, als dies dem Gemeinwohl dient. Bei offensichtlichem und dauernden Missbrauch der Staatsgewalt besteht ein Notwehrrecht des Volkes.«

Wären mehr Zeitgenossen zu dieser Erkenntnis gekommen und hätten sie dann auch befolgt, hätte das Dritte Reich vielleicht verhindert werden können. Unser Grundgesetz hat dann im Artikel 20 (4) genau dieses Recht zum Widerstand gegen diejenigen aufgenommen, die es unternehmen, die verfassungsmäßige Ordnung zu beseitigen.

Eugen Bolz ist ein Vorbild des aufrechten Ganges und einer konsequenten Haltung, für die er mit dem Leben bezahlen musste. Deshalb soll das neue Bürogebäude zur Erinnerung an ihn seinen Namen tragen. Dieser Neubau wird ja so beschrieben: Nur ein Drittel der Baumasse tritt als eigentlicher Baukörper in Erscheinung, er ist zurückhaltend modern, belässt der Villa die architektonische Distanz. Es ist ein Energieplusgebäude mit intelligenter und effizienter Steuerung. Wer möchte, darf diese Attribute gerne als zutreffende Beschreibung des Arbeitsstils des Staatsministeriums und unseres Regierungsstils insgesamt betrachten. Denn dann wäre es ganz so, wie es sein soll: Es würden architektonische Form und politischer Inhalt perfekt harmonieren.

Klaus-Peter Murawski, Staatssekretär und Amtschef des Staatsministeriums, von Anfang an verantwortlich für das aufwendige und komplizierte

264 | Die alte Dame bekommt ein neues Kleid

Gesamtprojekt auf der Gänsheide, erinnert in seiner Rede zunächst an seinen früheren Dienstherrn, Stuttgarts ehemaligen Oberbürgermeister Manfred Rommel:

Von Manfred Rommel stammt der Ausspruch: »Bin ich Mitglied einer Gruppe, ist mir das Ergebnis schnuppe. Selig schlaf ich in der Nacht, weil die andern nachgedacht!« Ich weiß nicht, an welche Gruppe Manfred Rommel damals gedacht hat, aber ich weiß aus eigener und intensiver Arbeit an diesem Projekt, dass denen, die an der Generalsanierung der Villa Reitzenstein und am Bau des Eugen-Bolz-Hauses beteiligt waren, das Ergebnis alles andere als schnuppe war.

Wo immer es ging, haben wir Rücksicht genommen, beim Baulärm konnten wir dies leider nur bedingt tun. Ich danke den Anwohnerinnen und Anwohnern sehr herzlich für ihr Verständnis und ihre Geduld und freue mich, dass so viele von ihnen heute hier sind. Auch den Park haben wir mit viel Herzblut und Liebe zum Detail wieder herstellen und gestalten lassen. Und –

auch das ist neu: Er ist nun im Rahmen von Parköffnungen für alle inter-
essierten Bürgerinnen und Bürger zugänglich. Allein im Jahr 2015 kamen
fast 4000 Neugierige. Bürgernähe, Offenheit und Transparenz – das kann
und soll sich auch und gerade am Regierungssitz des Ministerpräsidenten
widerspiegeln. Denn er ist ja tatsächlich ein Zentrum der Demokratie in
Baden-Württemberg!

Im Eugen-Bolz-Haus haben wir ein Besucherzentrum eingerichtet, von
dort aus werden kundige Mitarbeiterinnen und Mitarbeiter des Staatsminis-
teriums die Besuchergruppen durch die Villa führen. Grüne Technik sorgt
übrigens dafür, dass wir deutlich weniger Energie verbrauchen, weniger
Kohlendioxid, also Treibhausgas, produzieren und dass wir diese Energie
ökologisch verträglich bereitstellen, beispielsweise durch Solarmodule. Al-
lein in der Villa rechnen wir durch die energetische Sanierung und den Ein-
satz modernster Technik mit einem um rund 50 Prozent geringeren Strom-
verbrauch. Beim Eugen-Bolz-Haus wird die Energieeinsparung im Wärmebe-
reich gegenüber dem alten Ersatzbau sogar mehr als 60 Prozent betragen.

Um es anerkennend nachzutragen: Klaus-Peter Murawski ist vor und
nach diesem historischen 18. November 2015 mit höchster Sachkunde
und Begeisterung der wohl beste Fremdenführer durch die sanierte Villa
und den Park drumherum. Sein Arbeitsplatz ist dem gebürtigen Erfurter,
der in Nürnberg Stadtrat war und Bürgermeister, seit 1996 in Stuttgart
politisch tätig ist und hier lebt, regelrecht ans Herz gewachsen.

Mit besonderem Interesse blicken die vielen Gäste an diesem Nach-
mittag auf denjenigen, der an der Spitze der Planer und Gestalter steht –
also Martin Sting, Chef des Berliner Architekturbüros Sting Architekten.
Auf die kurze Begrüßungsfrage des Autors, wie ihm sein Werk gefalle,
ob er an diesem besonderen Tag zufrieden blicke auf die Villa und den
Neubau, antwortet Martin Sting:»Ich bin sehr zufrieden! Ein erfreulicher
Tag!« Später drückt er mir fröhlich das Manuskript seiner Rede in die
Hand, worin Erhellendes zur Konzeption des Neubaus als auch zur Sanierung der Villa zum Ausdruck kommt:

Was machen gute Architekten als Erstes, bevor sie überhaupt Ideen oder ein
Konzept für ihr neues Projekt entwickeln? Sie schauen sich den Ort, dessen
Topografie und seine Umgebung an. Uns war dabei relativ schnell klar, dass
der Neubau – im Gegensatz zu seinem Vorgängerbau aus den siebziger Jah-
ren – einen respektvollen Abstand zur Villa Reitzenstein haben sollte. Durch
den Abbruch des alten Erweiterungsbaus konnten wichtige Elemente des

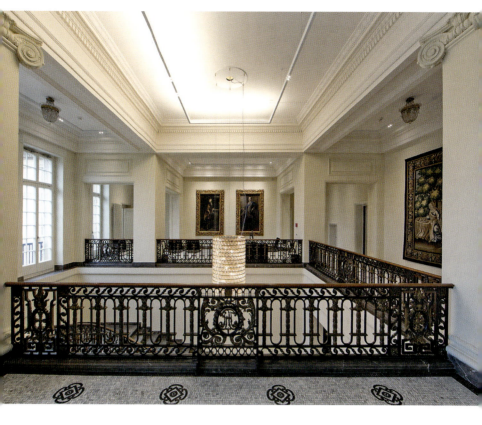

denkmalgeschützten Landschaftsparks – wie der Rosengarten und der ehemalige Nutzgarten – wiederhergestellt werden. Nur etwa ein Drittel der Baumasse des Neubaus tritt als eigentlicher Baukörper an der Südspitze des Parks an der Gröberstraße in Erscheinung und steht im Kontext zur Höhenentwicklung der umgebenden Bebauung.

Alle Räume, die kein natürliches Licht benötigen, wurden unterirdisch angeordnet. Die begrünten Dachflächen sind Teil der Parklandschaft und schaffen Übergänge zur historischen Gestaltung des Parks. Der Neubau verknüpft mehrere zum Staatsministerium gehörende Gebäude, ohne dass dafür störende Verbindungsgänge im Park notwendig waren. Besonders wichtig ist die neu geschaffene Einbindung des bisher isolierten Clay-Hauses durch die Fassade des Neubaus zum Innenhof. Die Architektursprache

Der Blick in das obere Foyer der Villa: Neue, helle Leuchten lenken die Aufmerksamkeit auf die Mosaiken aus Marmor am Boden, auf die original erhaltenen Geländer sowie auf die Porträts des Ehepaares von Reitzenstein gegenüber dem Treppenaufgang.

Neugierig drängen sich die eigens geladenen Nachbarn, die Architekten, Planer und Handwerker beim Baufest im Foyer. Künftig soll die Villa Reitzenstein noch stärker für die Öffentlichkeit zugänglich gemacht werden.

des massiv gemauerten Neubaus ist, dem Umfeld angemessen, zurückhaltend modern, belässt jedoch der Villa ihre architektonische Dominanz. Das Gebäude erfüllt hohe Anforderungen an die Energieeffizienz und ist mit modernster Gebäudetechnik ausgestattet.

Helene von Reitzenstein investierte eine für die damalige Zeit immens hohe Summe von 2,8 Millionen Goldmark in die Villa, ihre Nebengebäude und die Anlage des Parks. Diese Investition ist bis heute ablesbar an der gediegenen handwerklichen Qualität der Ausführung, den großzügigen Ausstattungen sowie den hochwertigen Boden- und Wandbelägen.

Eine wesentliche Aufgabe für uns Architekten und Fachplaner bei der Sanierung der Villa bestand darin, das Gebäude behutsam energetisch, technisch und brandschutztechnisch auf den neuesten Stand zu bringen, ohne die historische Substanz zu beeinträchtigen. Die hochwertigen, repräsentativen Salons im Erdgeschoss entsprechen jetzt den heutigen technischen und klimatischen Anforderungen an Konferenz- und Sitzungssäle, ohne dass die neue Technik in Erscheinung tritt. Im Obergeschoss können der Ministerpräsident, der Staatssekretär und die Minister dem Stand der Technik entsprechend die schwere Kunst des Regierens ausüben. Im Kabinettssaal, dem Mittelpunkt der Regierungspolitik, kann nun wieder beraten, können Gesetze auf den Weg gebracht werden – in einem historischen Ambiente mit modernen Licht- und Belüftungssystemen.

Rolf Sutter, der Chef der Abteilung Vermögen und Hochbau im Finanzministerium, gibt als Vierter im Bunde die Auskunft, dass »die Bauzeit und der Kostenrahmen von 11,2 Millionen Euro für die Villa Reitzenstein sowie 14,6 Millionen für den Neubau des Eugen-Bolz-Hauses eingehalten werden«. Wenig später stellt sich allerdings heraus, dass der neue Bürotrakt für das Staatsministerium erst Ende Juni 2016 bezogen werden kann – mögliche Kostensteigerungen nicht völlig ausgeschlossen. Bis zur Drucklegung des Buches gab es dazu noch keine konkreten Angaben.

Das Eugen-Bolz-Haus

Feierlich, fast wie eine kleine Prozession, geht es danach hinüber zum nahen Eugen-Bolz-Haus, die neu entstandene Rampe hinauf, die von Pflanzen und Lampen gesäumt wird. Rechts vom Aufgang verweist eine schmale Stele darauf, wem dieses in angenehmem Beige gehaltene Haus von heute an gewidmet sein soll. Über dem Eingang steht es in Großbuchstaben: »EUGEN-BOLZ-HAUS«. Der Generalvikar Prälat Clemens Stroppel von der Diözese Rottenburg-Stuttgart und der Prälat Ulrich Mack von der Evangelischen Landeskirche stehen bereit, das Haus in einem kurzen ökumenischen Zeremoniell zu weihen. Clemens Stroppel sagt, ehe er das Haus weiht und alle das Vaterunser beten: »Die Diözese, die Eugen-Bolz-Stiftung und die Familie Rupf-Bolz freuen sich, sehr geehrter Herr Ministerpräsident, über Ihre Entscheidung, diesen Erweiterungsbau nach Eugen Bolz zu benennen. So wird er sichtbar als herausragend führender Politiker unseres Landes erinnert, der für Rechtsstaatlichkeit steht in Zeiten staatlicher Rechtsbeugung, für menschliche Würde und

Der Berliner Architekt Martin Sting gestaltet das Innere des Eugen-Bolz-Hauses mit viel Holz und mit viel Licht von oben. Mehr als fünfzig Mitarbeiterinnen und Mitarbeiter des Staatsministeriums haben hier ihre neuen Büros.

Wenn die Bürger das modernisierte Areal der Villa Reitzenstein besuchen, werden sie zunächst im Besucherzentrum des neuen Eugen-Bolz-Hauses empfangen. Für die Mitarbeiter gibt es zu ebener Erde eine neue Kantine.

Freiheit in Zeiten nationalsozialistischer Menschenverachtung, Willkür und Entledigung durch Anfeindung, Haft und Todesurteil. ›Dass man in die Freiheit eines anderen eingreift, das eigene Glück im Zwang gegen andere anstrebt, das finde ich abscheulich‹, formulierte Eugen Bolz weitsichtig bereits 1933 gegen die NS-Ideologie und gültig bis in unsere Tage.«

Betrachtet man die Investitionen des Landes in seinem Areal auf der Gänsheide streng pragmatisch, dann reduziert sich alles auf einen einzigen Satz: Hätte es vor vierzig Jahren bereits eine Sensibilität für die Gefahren des Baustoffes Asbest gegeben, hätte man damals geahnt, dass die winzig kleinen Fasern mit der Atemluft in die Lunge gelangen und dort Krebs auslösen können – es hätte anno 2013 nicht die Notwendigkeit gegeben, den alten Bürotrakt des Staatsministeriums abzureißen und durch einen modernen Bürobau zu ersetzen. Nun trägt der Bau weithin sichtbar den Namen »Eugen-Bolz-Haus«, weist damit zurück in die dunkelste Vergangenheit der deutschen Geschichte – was die Architektur und die Technik betrifft, weist der Bau zugleich in die Zukunft, enthält das, was man »Stand der Technik« nennt.

Dieser Neubau ist als Niedrigst-Energiegebäude geplant, entspricht damit »den Zielen der von 2019 an für die öffentlichen Bauten geltenden EU-Richtlinien zur Gesamtenergieeffizienz von Gebäuden«, worauf die Architekten ausdrücklich hinweisen. Der Energiebedarf dieses Hauses, in dem rund fünfzig Mitarbeiter des Staatsministeriums Ende April 2016 ihre neuen, hochmodernen Büros bezogen haben, wird auf vielfache Weise minimiert: durch eine sehr gute Wärmedämmung, eine Lüftungsanlage mit hocheffizienter Steuerung sowie durch die Verwendung von Bürogeräten aller Art, die wenig Strom verbrauchen. Geheizt wird der neue Bürotrakt, der drei Stockwerke in die Tiefe reicht, zum überwiegenden Teil aus der Kraft-Wärme-Koppelung. Den zeitgleich erzeugten Strom nutzt man für den Eigenbedarf, der überschüssige Strom wird ins Stuttgarter Netz eingespeist und – was den umweltpolitisch konsequenten Grünen besonders wichtig war – dieser Strom, Zitat aus der Baubeschreibung, »verdrängt damit den Strom aus konventionellen Kraftwerken«. Fast unnötig noch zu betonen an dieser Stelle, dass Photovoltaik-Elemente auf dem Dach des Bolz-Hauses zusätzlich regenerativen Strom produzieren. In erster Linie dient dieser Neubau als Bürotrakt dem Staatsministerium und seinen insgesamt rund 250 Mitarbeitern. Für sie gibt es dort künftig eine Kantine, vor der man bei schönem Wetter sogar im Freien sitzen kann. Doch Vorsicht: Der Ministerpräsident, also oberster Dienstherr der Beamten und Mitarbeiterschaft, kann beim Blick aus seinem Arbeitszimmer hinüber zum Bolz-Haus mühelos erkennen, wer dort gemütlich im Freien speist. Sollte er sich dabei, sicher ist sicher, dezent hinter einem Vorhang verbergen, vermag ihn von draußen niemand zu erkennen. Mit derlei Gedanken müssen sich die Besucher der Villa Reitzenstein natürlich nicht belasten. Sie finden künftig links vom Eingang des Bolz-Hauses ein kleines Besucherzentrum, wo sie zu den Führungen offiziell begrüßt werden, wo es Informationsmaterial gibt und an das Leben und Wirken von Eugen Bolz erinnert wird; dort hängt auch das Relief, das man nach seinem gewaltsamen Tod durch die Nationalsozialisten zur Erinnerung an ihn hat anfertigen lassen.

Kleiner Rundgang durch die Villa Reitzenstein

Dann flanieren die Gäste durch den Park, hinüber zu den offenen Sälen und Salons im Erdgeschoss der Villa Reitzenstein. Der renommierte Galerist Freerk Valentien, ein Nachbar aus der Schönleinstraße, meint anerkennend:»Es gefällt mir, alles ist sehr schön geworden.« Ein anderer Gast bestätigt mit einem tiefen Seufzer die Belastung der Anwohner während der Bauzeit, zollt jedoch hier und heute den Planern und Bauleuten gerne Lob und Respekt für deren Arbeit.

Folgen wir den neugierigen Besuchern zunächst durch das repräsentative Erdgeschoss – nicht jedermann sind alle vierzig Säle, Salons und Büros des Hauses zugänglich. Gleich im Foyer fällt das raumfüllende, wunderschöne Mosaik aus italienischem Marmor, in Schwarz und Weiß gehalten, auf. Man sieht die vier antiken Gespanne, gezogen von Pferden, Hunden, Löwen und Raubkatzen. Die Teppiche auf der breiten Treppe zum ersten Stock, die aus den siebziger und achtziger Jahren stammten, sind verschwunden. Gleiches gilt für den »Runden Saal«, sozusagen das Herz des Hauses, wenn man an die hohen Staatsgäste denkt und an die hochverdiente Bürgerschaft: Ob der Dalai Lama, Mutter Teresa, Jassir Arafat, George Bush sen. oder Henry Kissinger, ob Menschen, die mit Orden und Ehrenzeichen bedacht werden – sie alle empfängt man in diesem runden Saal, der bei exaktem Messen 11,5 auf neun Meter aufweist, also eher oval ist, einer Ellipse gleicht. Auch hier ist das Originalparkett aus dem Baujahr 1914 restauriert und freigelegt, wie gesagt, kein Teppich mehr darüber. Der Idee des Architekten Martin Sting folgend, soll man sehen, was die Architekten Schlösser und Weirether vor mehr als hundert Jahren geplant haben. Und das alles, strikt wörtlich genommen, in neuem Licht: überall Helligkeit und Transparenz, vom Keller bis unters Dach, wo früher einmal manche düstere Ecke ein tristes Dasein fristen musste.

Wenden wir uns beim Eintreten in diesen zentralen Saal sogleich nach rechts, gelangen wir in den sogenannten Gobelin-Saal. An dieser Stelle ist das Prädikat »sogenannt« mehr als angebracht, denn wir müssen lernen: Die meisten der alten Wandteppiche, die wir volkstümlich gerne als Gobelins bezeichnen, sind gar keine, sondern »nur« Tapisserien. Dieser Begriff stammt vom griechischen »tapis« und bedeutet nichts anderes als Teppich. Als Gobelin bezeichnet man lediglich eine lokale Untergruppe

Der Empfangs- und Ordenssaal im Erdgeschoss mit seinem restaurierten Parkett. Hier werden die Gäste empfangen, hier erhalten verdiente Bürgerinnen und Bürger ihre Orden und Ehrenzeichen, hier wird es mitunter auch feierlich, wenn der Ministerpräsident einlädt.

der Tapisserien, nämlich die Produkte der Pariser Familie Gobelin aus ihrer königlichen Manufaktur. Dass echte Gobelins teurer und wertvoller sind als Tapisserien, liegt auf der Hand. Ausnahmen bestätigen die Regel. Drei von ihnen sehen wir also im sogenannten Gobelin-Saal: Sie stammen aus dem ehemaligen Besitz des Herzogs Eberhard Ludwig von Württemberg. Ihre Herkunft lässt sich nicht mehr präzise nachweisen. Unstrittig ist hingegen die Tatsache, dass der Architekt Martin Sting und das Landesdenkmalamt um die neue Kassettendecke dieses Saales lange gerungen haben: »Der sehr dunkle, historische Saal mit der Holzvertäfelung und den Wandteppichen, in dem nach 1945 der Länderrat tagte, sollte aufgehellt werden, um ihn besser nutzen zu können«, erläuterte Klaus-Peter Murawski bei einem früheren Rundgang für die Presse.

274 | Die alte Dame bekommt ein neues Kleid

Das ist gelungen. Nicht zu vergessen: In diesem Saal wird aufgetischt, wenn der Ministerpräsident besondere Gäste zum Essen lädt. (Vielleicht ja deshalb die bessere Beleuchtung. Man will schließlich sehen, was man auf dem Teller und im Glas hat.)

Wenden wir uns beim Eintreten in den »Runden Saal« hingegen nach links, gelangen wir über den Blauen Salon und das Eckzimmer, in denen man Gäste empfängt und kleinere Besprechungen abhält, in die Bibliothek – den mit Abstand schönsten Saal der Villa Reitzenstein, angelegt über zwei Stockwerke, komplett in Holz gehalten, mit Bücherregalen und einer schmalen Galerie, die über eine Holztreppe erreichbar ist. Die hohen Fenster öffnen den Blick in den Rosengarten, die Atmosphäre wirkt feierlich und gemütlich zugleich, quasi ein Denkmal im Denkmal. Wobei zu erwähnen wäre, dass alle kunstvoll gestalteten Kamine, die sich in den diversen Sälen finden, allesamt blinde Kamine sind – schon vor mehr als hundert Jahren wählte man in Sachen Innenarchitektur gerne so manche Kulisse, manches gut getarnte Gehölz, um erlesene Stimmung zu erzeugen. Ob die Zeitgenossen damals den kategorischen Begriff des Brandschutzes kannten, muss offenbleiben, zumindest mochte Helene von Reitzenstein kein unnützes Risiko eingehen, weshalb sie eine hochmoderne Warmwasserheizung einbauen ließ.

Beim Gang hinauf in den ersten Stock fällt auf, dass das gusseiserne Treppengeländer aus ursprünglich vergoldeter Bronze bei genauem Hinsehen die Initialen »HR« offenbart – Helene von Reitzenstein. Ehe man das obere Stockwerk erreicht, geht man auf den letzten Stufen einer Nische entgegen, wo sofort eine dunkle Büste ins Auge sticht: Eugen Bolz, den Ministerpräsident Winfried Kretschmann an diesem 18. November besonders würdigt. Oben angekommen und schnurstracks geradeaus – hier öffnet sich der Kabinettssaal, das politische Zentrum der Villa Reitzenstein: Jeden Dienstag um 9.15 Uhr tagt hier die Landesregierung unter dem Vorsitz des Ministerpräsidenten. Die Sitzordnung am großen, ovalen Holztisch ist festgelegt, die goldene Uhr in der Mitte, die vier Zifferblätter in alle Himmelsrichtungen besitzt, bedeutet allen ringsherum, was die Stunde geschlagen hat. Kurt Georg Kiesinger nannte diesen Saal die »Herzkammer der baden-württembergischen Landespolitik«.

Gleich neben dem Kabinettssaal liegt die Amtsstube des Ministerpräsidenten, im Falle von Winfried Kretschmann praktisch-spartanisch eingerichtet. Vom Vorzimmer aus führt eine steile Wendeltreppe, erst in den Siebzigern eingebaut, hinauf in einen kleinen privaten Bereich. Neben dem Vorzimmer, hinüber zum Büro des Staatssekretärs, findet sich, im original erhaltenen Ankleidezimmer der Frau Baronin von Reitzenstein, ein kleines Büro, in das die Computer längst Einzug gehalten haben. Überraschendes Kuriosum: Öffnet man die deckenhohen Wandschränke, stößt man auf antike Relikte der privatesten Art: Kleiderbügel auf langen Stöcken, die einst die Garderobe der Hausherrin getragen haben – prima erhalten über mehr als hundert Jahre! Ein Aha-Erlebnis! Am Ende dieses Tages ein ironischer Wermutstropfen für die Freunde schaurig-schöner Anekdoten. Roland Wenk, der Stuttgarter Amtsleiter

Die Villa Reitzenstein in Zahlen

17. Mai 2012	Ende der Bewerbungsfrist im Planungswettbewerb. 26 Büros bewarben sich, fünf wurden aufgefordert, Projektskizzen zu erarbeiten.
28. August 2012	Das Berliner Architekturbüro Sting ELW erhält den Zuschlag für die Generalsanierung der Villa Reitzenstein.
19. September 2012	Die Fachjury begutachtet und urteilt einstimmig für das Büro Sting Architekten ELW Berlin zum Abbruch des alten Erweiterungsbaus und zum Neubau eines Büro- und Kantinengebäudes.
Ende 2012	Das Planungsteam beginnt mit seiner Arbeit.
Frühjahr 2013	Hinter der Villa Clay entstehen Bürocontainer als Provisorium. Dazu die Sanierung des Clay-Hauses (1,3 Millionen Euro).
Mai 2013	Ministerpräsident Kretschmann, Staatssekretär Murawski und Staatsrätin Gisela Erler ziehen in die Villa Clay. Die Ausweichquartiere für die 234 Mitarbeiter des Staatsministeriums liegen auf der Gänsheide und an der Stafflenbergstraße.
Sommer 2013	Der Abriss des alten Bürotraktes aus dem Jahr 1974 beginnt.
31. März 2014	Grundsteinlegung mit dem Ministerpräsidenten für den neuen Bürotrakt neben der Villa Reitzenstein.

Vermögen und Bau Baden-Württemberg, antwortet im Interview des druckfrischen »Staatsanzeigers«, der zum Baufest im Hause ausliegt, auf die erwartungsfroh gestellte Frage zum Bauverlauf in der Villa Reitzenstein: »Gab es irgendwelche Funde? Geheimgänge, Hinterzimmer, vergessene Akten?« Seine Antwort: »Nein, wir haben keine spektakulären Entdeckungen gemacht. Keine eingemauerten Skelette, keine bislang übersehenen Tagebücher, keinen verschollenen Nibelungenhort. Wegen unserer Arbeit muss die Geschichte des Landes nicht neu geschrieben werden.« Wie tröstlich.

Frühjahr und Sommer 2015	Park der Villa Reitzenstein wird als »Bürgerpark« geöffnet, an 14 Samstagen mit Führungen, Lesungen und dem Theater »Lokstoff!«. Rund 4000 Besucher kommen in dieser Zeit.
August 2015	Der Ministerpräsident zieht von der Villa Clay zurück in die Villa Reitzenstein. Die provisorischen Bürocontainer werden abgebaut.
18. November 2015	Baufest für Anwohner, beteiligte Firmen und die Mitarbeiter des Staatsministeriums. Eröffnung der Villa Reitzenstein.
April 2016	Das Eugen-Bolz-Haus, ein Büro- und Kantinengebäude, wird bezogen.

Technische Daten

Villa Reitzenstein	Nutzfläche 2332 Quadratmeter, Bruttorauminhalt 21 038 Kubikmeter, Renovierungskosten 11,2 Millionen Euro.
Eugen-Bolz-Haus	1800 Quadratmeter, Räume für 55 Mitarbeiter, Kantine mit Außenbereich, Baukosten 14,6 Millionen Euro (+X).
Gesamtbaukosten	Knapp 26 Millionen Euro.

Was macht eigentlich das Staatsministerium?

Eine kleine hintergründige Staatsbürgerkunde

Bei unserem Parforceritt durch die Landesgeschichte lag der Schwerpunkt der Betrachtung auf der Spitze des Staates. Zum Schluss soll deshalb das Staatsministerium selbst in den Fokus rücken. Ein Apparat, der weniger als ein Ministerium ist, aber mehr als eine Behörde. Das »Stami«, so die flotte Kurzform, ist Machtzentrale, Talentschuppen und der unverzichtbare Motor im Dienst des Ministerpräsidenten. Und das schon seit 1925.

Als Wilhelm Bazille, damals noch Staatspräsident genannt, 1925 als erster Politiker in die Villa Reitzenstein einzog und damit deren Bestimmung als Domizil des Staatsministeriums begründete, scharte er wohl ein Dutzend Mitarbeiter um sich. Genaue Zahlen existieren nicht. Lediglich ein bleicher Plan hat sich aus dieser Zeit im Hauptstaatsarchiv erhalten: In die Grundrisse der ersten und der zweiten Etage der Villa Reitzenstein ordnete man Mitte der zwanziger Jahre den Räumlichkeiten mit Bleistift konkrete Namen von Beamten zu, die sich leider nicht mehr entziffern lassen. Heute beschäftigt das »Stami« in der Villa Reitzenstein und rundherum mehr als zweihundert Menschen. Was sie eint, ist der Korpsgeist.

»Das Staatsministerium unterstützt den Ministerpräsidenten bei allen seinen verfassungsmäßigen Aufgaben.« Das ist das Wesentliche in einem Satz. Dabei könnte man es bewenden lassen, aber so leicht machen wir's uns natürlich nicht. Auch der langjährige Amtschef der sechziger und siebziger Jahre, Hermann Reiff, aus dessen Erinnerungen dieser simple Satz stammt, hat es nicht bei dieser Kurzform belassen, die einer Präambel gleichkommt. Reiff schreibt: »Die bei uns übliche Bezeichnung – anderswo spricht man von ›Senatskanzlei‹ – ist eine württembergische Besonderheit, die auf den Anfang des 19. Jahrhunderts zurückgeht. Eine Zeitlang verstand man unter dem Staatsministerium die Landesregierung. Es handelt sich aber nicht um ein Ministerium, sondern um ein Amt an der Staatsspitze, das dem Ministerpräsidenten unmittelbar zugeordnet ist und sich vorwiegend mit allgemeinen, fachübergreifenden Fragen befasst.«

Werner Schempp, Urgestein des Staatsministeriums, lange Jahre Protokollchef, nun Leiter der Abteilung Europapolitik, Internationale Angelegenheiten und Protokoll. Häufig führt er Besuchergruppen durchs Haus. Er sagt: »Die Villa Reitzenstein ist kein Museum, für mich ist sie ein Mythos!«

In Hermann Reiffs aufschlussreicher Staatsbürgerkunde heißt es weiter: »Das Staatsministerium informiert den Ministerpräsidenten über das Geschehen im Lande, beobachtet die für das Land bedeutsamen Vorgänge in den anderen Bundesländern und im Bund, macht Handlungsalternativen deutlich und bemüht sich um eine fruchtbare Zusammenarbeit zwischen den Ressorts, soweit deren Selbstkoordination nicht ausreicht.« Letzteres ist eine elegante Andeutung, die auf feine Weise signalisiert: Das »Stami« ist sehr wohl die Machtzentrale! Dazu finden wir bei Hermann Reiff diesen bemerkenswerten Lehrsatz: »Parteiarbeit gehört nicht in eine Staatskanzlei.« Ob diese strikte Formel zu jeder Zeit und in allen Staatskanzleien der Republik einer kritischen Prüfung standhält? Sagen wir's mal freundlich: Die Ausnahmen sollten die Regel bestätigen.

Vor dem Hintergrund seiner profunden Kenntnis und langen Erfahrung räumt Hermann Reiff mit allerhand Missverständnissen auf: »Hunderten von Eingaben ist die Auffassung zu entnehmen, der Ministerpräsident könne von sich aus bestimmen, was in dieser oder jener Bauangelegenheit, Steuersache oder Wohnungssache zu geschehen hat.

Was macht eigentlich das Staatsministerium? | 279

Darin liegt eine Überschätzung, die gelegentlich böse Enttäuschungen nach sich zieht. Ein Ministerpräsident hat nicht die Stellung, sagen wir, eines Armeeführers, der unterstellten Verbänden Befehle gibt. Nach der Verfassung leiten die Minister ihre Geschäftsbereiche selbständig unter eigener parlamentarischer Verantwortung. Sie sind nicht die Erfüllungsgehilfen des Ministerpräsidenten.« Ob alle Ministerpräsidenten, die es in der Geschichte der Bundesrepublik seit 1949 gegeben hat, dies auch so sehen und/oder gesehen haben? Jeder Ministerpräsident besitzt Macht und Einfluss – die Frage ist, wie er damit umgeht, sparsam und gezielt oder von morgens bis abends.

Mit Leib und Seele

Als Werner Schempp 1986 in die Dienste des Landes eintritt, ist er »ein Lehrer für Deutsch, Französisch und ein bissle Latein«, wie er selbst berichtet. Der Katholik aus Oberschwaben erinnert sich noch genau an die schlaflosen Nächte und die Nervosität des Tages, an dem er sich seinerzeit auf der Gänsheide vorstellt. Er ist zum Zeitpunkt des Gesprächs Ministerialdirigent, leitet die Abteilung Europapolitik, Internationale Angelegenheiten und Protokoll. Vor allem Letzteres hat Werner Schempp weithin bekannt gemacht; eine Arbeit, die er mit Leib und Seele ausfüllt: »Ich bin noch nie auf die Idee gekommen, die Villa ohne Krawatte zu betreten. Dieser Ort prägt die Menschen, die hier arbeiten, er verkörpert für mich Geschichte, aber er ist kein Museum!« Die Mitarbeiter des Staatsministeriums, da ist sich Werner Schempp ganz sicher, »sehen sich als kollegiale Familie, fühlen einen Korpsgeist, betrachten sich durchaus als privilegiert, hier arbeiten zu dürfen«. Er selbst, so gesteht er freimütig, könne sich »keinen schöneren Arbeitsplatz vorstellen, dabei kenne ich fast alle Staatskanzleien der deutschen Bundesländer«. Und natürlich, so betont der langjährige Protokollchef des Landes, »ist das hier kein Job von neun bis fünf«. Der neugierige Gast hatte es geahnt ...

Was die praktische Arbeit betrifft, so plaudert Werner Schempp nur wenig aus der Schule: »Loyalität und Verschwiegenheit stehen für mich, für das Protokoll der Landesregierung, an oberster Stelle. Unser Ziel ist es, die Gäste des Ministerpräsidenten und der Landesregierung so gut wie nur irgend möglich zu empfangen, ihnen das Gefühl zu geben, dass sie hier willkommen sind. Natürlich muss man dabei improvisieren können, muss die Abläufe anpassen, muss geschickt agieren ›mit der Hand am Arm‹, wie der Schwabe das gerne nennt. Früher beispielsweise haben wir den berühmten ›Roten Teppich‹ bis ins Freie hinausgerollt, das machen wir heute nicht mehr.« In den knapp drei Jahrzehnten, die Werner Schempp auf der Villa Reitzenstein tätig ist, so betont er, sei »dem Land der Dienstsitz des Ministerpräsidenten immer lieb und teuer gewesen«. So erinnert er sich an den strengen Auftrag von Ministerpräsident Erwin Teufel, »dass die Gärtner der Wilhelma, die dafür zuständig sind, sich regelmäßig um unseren herrlichen Park kümmern«. Das tun drei Mitarbeiter des berühmten Stuttgarter zoologisch-botanischen Gartens bis heute.

Der Politikwissenschaftler Michael Eilfort steuert in seinem 2011 verfassten Essay »Die Villa Reitzenstein: das Staatsministerium als Entscheidungszentrum« ein aufschlussreiches Detail zum Selbstverständnis der Stami-Mitarbeiter bei. »Seit den 1970er-Jahren wird der Park mit beachtlichen Solitärbäumen, Rosengarten, Teichen und einem Amor gewidmeten Tempietto kaum genutzt. Das mag im Arbeitsalltag auch damit zusammenhängen, dass kein Mitarbeiter sich entspannt dabei fühlt, möglicherweise unter den Augen des Regierungschefs seine Mittagspause in sichtbarer Muße im Garten zu verbringen. Schließlich denkt, schreibt, konferiert und telefoniert jeder rund um die Uhr für seinen ›Em-Pee‹ – selbst wenn die elektronische Arbeitszeiterfassung per Magnetkarte nach zehn Stunden einfach zu zählen aufhört. Denn Vorschrift ist Vorschrift, und die besagt, dass man sich nicht länger für den Landesherrn aufreiben darf. So wird die Realität der Regel angepasst und der Personalrat befriedet.«

Der kulinarische Proporz

Bleiben wir bei dem anregenden Stichwort »Geselligkeit«. Seit den frühen fünfziger Jahren, seit der Gründung des Landes Baden-Württemberg durch die direkte demokratische Entscheidung seiner Bürger, achtet das Protokoll auf den »kulinarischen Proporz«. Werner Schempp erklärt: »Wir kredenzen unseren Gästen die Weine aus Baden und aus Württemberg. Das ist und bleibt die eiserne Regel. Da gibt's gar nix.« Nur eines gibt's nicht mehr: »Das Rauchen in der Villa Reitzenstein ist nicht mehr gestattet.« Früher hingegen, Schempp weiß es, als wäre es erst gestern ge-

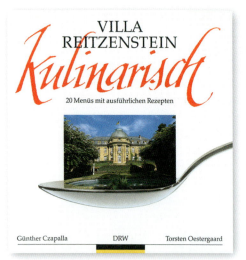

Ein schmales Kultbuch aus dem Jahr 1992: »Villa Reitzenstein kulinarisch« mit zwanzig Rezepten zum Staunen und zum Nachkochen. Damals beschäftigte der Ministerpräsident Lothar Späth einen Sternekoch an seinem Amtssitz. Auf den Menüplänen wurde der badisch-württembergische Proporz streng beachtet.

wesen, »ging man nach dem Essen mit einem silbernen Tablett herum und bot den Gästen die Rauchwaren an – Zigaretten, aber auch allerfeinste Zigarren«. Kleine Episode aus jener verrauchten Zeit: »Immer wenn der legendäre Unternehmer Hans Liebherr aus Biberach zu Lothar Späth kam, mussten wir eine bestimmte Sorte besserer Zigarren aus der Stadt besorgen. Hans Liebherr kannte das Ritual schon, er war begeistert.« Der erfahrene Protokollchef sagt: »Unsere Gäste fühlen sich in diesem Haus, diesem Ambiente wohl und willkommen. Für die meisten ist es etwas Besonderes, hier Gast zu sein. Wir sorgen dafür, dass die Gäste die Wertschätzung fühlen, die wir jedem Einzelnen von ihnen entgegenbringen.« Nach der historischen Dimension befragt, sagt Werner Schempp: »Die Villa Reitzenstein ist für mich ein Mythos, keine Frage. Sie ist eben ein Originalschauplatz, sie hat dunkle und helle Zeiten erlebt.«

Wenn wir schon beim Essen und Trinken sind, wollen wir dieses angenehme Thema sogleich vertiefen – auf hohem Niveau, versteht sich. Dazu dient uns folgender Merksatz: »Dass es sich bei einem guten Essen und einem guten Glas Wein besser redet und sich manch heikles Thema leichter verdauen lässt, wissen nicht erst die Politiker unserer Tage.« Wie wahr. Mit diesem Satz beginnen Günther Czapalla und Torsten Oestergaard, einst der Küchenchef und der Serviceleiter am Sitz des Ministerpräsidenten, ihr 1992 erschienenes Büchlein »Villa Reitzenstein kulinarisch«. Oestergaard kommt 1989 ins Staatsministerium, dient fortan dem Ministerpräsidenten persönlich, während Czapalla bereits ein Jahrzehnt lang der erste Koch ist, den man für die Villa Reitzenstein anheuert. Aus den Jahreszahlen wird für den Kenner sofort deutlich, dass es Lothar Späth ist, der dem segensreichen Einfluss von Essen und Trinken hohe Priorität für seine Politik einräumt – frei nach dem Motto: Gutes Essen schafft gute Atmosphäre!

In den schier unergründlichen Tiefen eines Antiquariats findet sich ein gut erhaltenes Exemplar jenes gutbürgerlichen Kochbuches, in welchem auf exakt einhundert Seiten »20 Menüs zum Nachkochen für jedermann« vorgestellt werden, bis ins Detail hinein. Zugleich erfährt der neugierige Leser, was bei Hofe, pardon, an der Tafel des Ministerpräsidenten so alles geboten wird: badischer Stangenspargel, Kalbsnierle in Dijonsenf, Rote Grütze, dazu 1988er Riesling von der Stuttgarter Mönchhalde oder Affentaler Spätburgunder Kabinett vom Jahrgang 1986. Gerne auch Kessler Hochgewächs, Sondercuvée – wem's beliebt. Man findet aber auch Schwäbisches Landkalb auf dem Teller, dazu einen Stettener Häder oder einen Durbacher Kochberg im Glase. Je nach der Saison serviert man auf der Gänsheide Wild und Fisch, Gänseleber und allerhand Brühe und Essenz, die schwäbischen Maultaschen kommen (leider) nur als Täschle in Tomatenessenz vor, zum Nachtisch gibt es, wie sinnig, Schneebälle mit Namen »Helene von Reitzenstein«; das ist Eiweiß, geschlagen mit Vanillinzucker, dazu Vanillesoße. Man gönnt sich ja sonst nix! Vegetarisch oder gar vegan – derlei Begriffe kommen anno 1992 in dem schmalen Menübüchlein mit seinen bürgerlichen Rezepten nicht vor.

Dafür wird die lukullische Balance zwischen Baden und Württemberg, Werner Schempp hat es verraten, peinlich genau eingehalten. Niemand soll sagen, schon gar kein Badener oder Württemberger, die Köche auf der Villa Reitzenstein machten unter der Hand (oder »hählinge«, wie man auf Schwäbisch sagt, also heimlich) Werbung für den einen oder anderen Landesteil. Jedes Menü wird den Gästen, festlich gedruckt und mit einer Kordel in den Landesfarben Schwarz und Gelb gebunden, am Platz annonciert, sodass sie ihren Beleg für das Dabeigewesensein heiteren Sinnes mit nach Hause nehmen können. Es sei denn, der eine oder andere vergäße das erhabene Souvenir vor lauter Alteration (schwäbisch: Aufregung!). Schließlich noch etwas Lateinisches, mit dem Czapalla und Oestergaard ihr Büchlein schließen: »Zu Recht gilt die Villa Reitzenstein als ›umbilicus Sueviae‹«, was schlicht und einfach »der Nabel Schwabens« heißt. Beim Tennis würde man jetzt sagen: Vorteil Württemberg!

Und heute, 2016? Im neuen Bürotrakt, garantiert ohne Asbest, finden die rund 230 Mitarbeiterinnen und Mitarbeiter des »Stami« eine Kantine im modernsten Standard der Küchentechnik. Für den MP und die Chefetage der Villa Reitzenstein kocht heute ein versiertes Team in den Räumen, in denen schon Helene von Reitzenstein kochen ließ; die Einbauten und Böden aus ihrer Zeit gibt es immer noch. In einem bleibt man auf der runderneuerten Gänsheide der Tradition verbunden, ja strengstens verpflichtet: Der alte Weinkeller, den einst Helene von Reitzenstein tief unten einbauen ließ, verliert seine Bestimmung nicht, im Gegenteil.

Es scheint, als seien die jungen Frauen, die sich um den Amtssitz des ersten Mannes im Land Baden-Württemberg kümmern, besonders stolz auf einen wohltemperierten Weinkeller, der weit und breit seinesgleichen sucht.

Ein Hoffotograf und die politische »Jesuitenschule«

Am Beginn der sechziger Jahre des vorigen Jahrhunderts verschlägt es den jungen Essener Burghard Hüdig, Jahrgang 1933, nach Stuttgart. Er volontiert beim »Volksblatt«, nimmt auch die Kamera zur Hand, lernt einen Herrn Vögele kennen, der Pressechef gewesen war unter Eugen Bolz. Der geschickte junge Mann aus dem Ruhrpott erweist sich als fleißig und ehrgeizig. In der Rückschau auf seine ungewöhnliche Laufbahn sagt er im Herbst 2015 stolz: »Ich war gerne der Hoffotograf der Landesregierung, habe für die Ministerpräsidenten Gebhard Müller, Kurt Georg Kiesinger, Hans Filbinger, Lothar Späth und Erwin Teufel gearbeitet.« Tausende und Abertausende von Bildern hütet Hüdig in seinem Haus am Untertürkheimer Gögelbach, spontan erinnert er sich an ungezählte Termine auf der Villa Reitzenstein, im Landtag und im Neuen Schloss, am liebsten aber an die Reisen in alle Welt, namentlich mit Lothar Späth, dem das Ehepaar Hüdig seit den gemeinsamen Jahren nahestand.

»Ich bin in diesen vier Jahrzehnten im Stami ein- und ausgegangen«, sagt Hüdig, der in der Landeshauptstadt und in der Landespolitik so bekannt war wie der sprichwörtliche bunte Hund. »Von der Villa Reitzenstein aus hat man den schönsten Blick auf Stuttgart.« Doch er betrachtet die Dinge im Nachhinein sachlich und nüchtern: »Natürlich hat es im Laufe der Jahre die eine oder andere Kabinettsitzung im Freien gegeben, aber die Ministerpräsidenten hatten, so wie ich das sehe, keine besondere Beziehung zu diesem Haus oder seinem Park. Es war halt für sie alle ihr Arbeitsplatz auf Zeit.« Daran liegt es wohl auch, dass sich Burghard Hüdig vor allem voller Freude und Beredsamkeit daran erinnert, wie er mit Lothar Späth in Moskau war, in Peking oder zu DDR-Zeiten in Ostberlin – die Villa auf der Gänseheide hat der einstige Hoffotograf lange nicht mehr besucht; zur Jahrhundertwende hat Hüdig die Kamera weggelegt,

284 | Was macht eigentlich das Staatsministerium?

widmet sich seither als viel beachteter freier Künstler dem unendlichen Spiel der Farben und Formen.

Auf die naheliegende Frage, weshalb er sich denn nicht habe fest anstellen lassen beim Staatsministerium, antwortet Burghard Hüdig so: »Tja, das hätte ich tun sollen, aber auf die Idee bin ich nicht gekommen. Und irgendwann war es zu spät.« Womit wir beim eigentlichen Thema wären: Denn ganz anders hielten es da die Ministerpräsidenten Kiesinger und Filbinger. Kurt Georg Kiesinger, davon ist in dem ihm gewidmeten Kapitel genauer die Rede, macht das »Stami« zur Kaderschmiede des talentierten, der CDU nahestehenden Beamtenapparates. Hans Filbinger, sein Nachfolger, baut es intensiv aus, erweist sich als zielstrebig und geschickt im Aufspüren und Fördern von Talenten. »Meine Buben« nennt Filbinger diese »Truppe«, die Chronisten jener Zeit sprechen von einer »politischen Jesuitenschule«. Viele, die dort gelernt und gearbeitet

Burghard Hüdig (rechts) ist über vier Jahrzehnte lang der »Hoffotograf« in der Villa Reitzenstein. Bis zuletzt verbindet ihn eine enge Freundschaft mit dem im März 2016 verstorbenen Lothar Späth.

Was macht eigentlich das Staatsministerium? | 285

haben, sind uns heute ein Begriff, machen nach ihrer »Lehrzeit« an der Richard-Wagner-Straße auf vielfache Weise Karriere:

Da ist, allen voran, Manfred Rommel (1928–2013), der spätere Oberbürgermeister von Stuttgart, Präsident des Deutschen Städtetages und Buchautor. Sodann der 2015 verstorbene Gerhard Mayer-Vorfelder, Jahrgang 1933, der nicht nur als Fußballfunktionär und VfB-Präsident, sondern auch als Kultusminister sowie als Finanzminister häufig für Furore sorgte. Unvergessen bleibt auch Manfred Bulling (1930–2015), der im »Stami« von 1969 bis 1977 arbeitete, dabei die Verwaltungsreform der frühen siebziger Jahre vorbereitete und die Abteilung Landespolitik leitete; später machte er als Regierungspräsident von Stuttgart bundesweite Schlagzeilen als unbequemer Querdenker, der im sogenannten Birkel-Skandal völlig falsch lag. In die versöhnliche Landesgeschichte geht Manfred Bulling ein als Erfinder einer schwäbisch-lebensklugen Spätzlesmaschine.

Zu den politischen Exponenten, die zwar kurze, aber prägende Lehrjahre auf der Villa Reitzenstein verlebt haben, zählt der spätere Oberbürgermeister von Schwäbisch Gmünd und Stuttgart, Wolfgang Schuster: »Im Auftrag von Hans Filbinger musste ein leitender Beamter gezielt die begabten jungen Männer suchen: Wer an den Universitäten die besten Examina gemacht hatte, der wurde angesprochen und aufgefordert, sich beim Staatsministerium zu bewerben – das ging auch mir so. Klaus Lang, später der Stadtkämmerer der Ära Manfred Rommel in Stuttgart, wurde 1978 Bürgermeister, ich wurde sein Nachfolger im ›Stami‹. Dahinter steckte Filbingers bewusste Personalpolitik. Wir pflegten einen gewissen Korpsgeist und galten als ›die langen Kerls‹ des Ministerpräsidenten. Wir fühlten uns wie auf dem Olymp. Die Villa Reitzenstein war und ist für mich bis heute ein außergewöhnlicher Ort mit besonderem Ambiente.«

Wolfgang Schuster, nach seiner Zeit als Oberbürgermeister in Stuttgart unter anderem Vorstandsvorsitzender der international agierenden Telekom-Stiftung mit Sitz in Bonn, erinnert sich, dass bereits sieben Monate, nachdem er seinen Posten im »Stami« angetreten hatte, sich die Ära Filbinger jäh ihrem Ende zuneigte: »Uns Mitarbeitern in der Grundsatzabteilung waren die Hände gebunden, weil der Ministerpräsident von Anfang an seine Beteiligung an den Todesurteilen als Marinerichter in Norwegen kategorisch zurückwies und abstritt. Ich erinnere mich noch, wie Gerhard Mayer-Vorfelder ihn eines Tages in einer Besprechung fragte, ob noch etwas Kritisches aus seiner Vergangenheit zu erwarten sei. Doch Hans Filbinger, damals von seiner Frau nicht gut beraten, verneinte erneut. Als weitere Anschuldigungen aufkamen, die er nicht widerlegen konnte, musste er zurücktreten.«

Der damals 32-jährige Wolfgang Schuster zog daraus die Konsequenzen:»Lothar Späth und Matthias Kleinert, seine rechte Hand, hegten von Anfang an allerlei Misstrauen gegen das Staatsministerium und die Filbinger'sche Talentschmiede. Die Grundsatzabteilung wurde rasch aufgelöst, ich selbst nahm 1980 das Angebot von Manfred Rommel gerne an, sein persönlicher Referent im Stuttgarter Rathaus zu werden.« Immerhin, Wolfgang Schuster verweist in der Rückschau mit gewissem Stolz darauf, an der Gründungsidee für die Führungsakademie des Landes in Karlsruhe aktiv mitgewirkt zu haben.

Spontane Frage an ihn:»Ist die Villa Reitzenstein für Sie ein Mythos, wie dies manch andere sagen?« Seine klare Antwort:»Also ein Mythos – das halte ich für übertrieben. Wir sollten die Vergangenheit nicht überhöhen.«

Hubert Wicker, von 2007 bis 2011 Chef in der Staatskanzlei, antwortet auf die Frage nach dem Mythos Villa Reitzenstein – ja oder nein, eher stärker oder schwächer:»Ich schließe mich gerne dem Urteil von Wolfgang Schuster an, das mit dem Mythos sollten wir nicht übertreiben. Es war für mich eine hochspannende Zeit, nachdem mich Günther Oettinger in die Villa Reitzenstein geholt hatte, aber für mich stand eindeutig die Tagesarbeit im Vordergrund. Für diese Arbeit, ich sage es ganz offen, wären kürzere Wege in der Stadt und praktischere Büros gewiss besser gewesen.« Gleichwohl will Hubert Wicker, Jahrgang 1948 und seit 1968 CDU-Mitglied, nicht als historischer Banause erscheinen:»Günther Oettinger hat mich im Sommer 2007 auf die Gänsheide berufen. Natürlich kenne ich die Geschichte dieser Villa und des Anwesens, schätze das schöne Ambiente, aber viel wichtiger war für mich, dass das ›Stami‹ gut arbeitet, eine richtige Mannschaft ist, eine Auslese der besten Beamten und Angestellten, die sich weit und breit finden lässt.«

Sodann verrät Hubert Wicker, was nach der denkwürdigen Landtagswahl vom März 2011 kaum bekannt geworden ist:»Wir wussten, dass die Villa dringend saniert und modernisiert werden muss, das Staatliche Hochbauamt hatte über Jahre darauf gedrängt, auf die maroden Leitungen und andere technische Probleme hingewiesen. Stefan Mappus, damals der Ministerpräsident, war der Ansicht, die Modernisierung der Villa ließe sich unter laufendem Betrieb bewerkstelligen. Uns war klar, dass man den mit Asbest belasteten Bürotrakt aus den siebziger Jahren würde abreißen und erneuern müssen. Wir hätten dieses Projekt nach

Hubert Wicker, von 2007 Chef der Staatskanzlei, danach Landtagsdirektor und heute Amtschef im Wirtschaftsministerium, sieht in der Villa Reitzenstein keinen Mythos.

der Landtagswahl von 2011 in Angriff genommen – wenn wir die Wahl gewonnen hätten ...«

Dass es anders kam und Hubert Wicker sein Büro als Amtschef räumen musste, nimmt er sportlich, verweist auf das politische Geschäft: »Lothar Späth hat zu Anfang die Leute seines Vertrauens um sich geschart, Erwin Teufel und Günther Oettinger ebenfalls. Natürlich haben die Grünen auch Mitarbeiter ihres Vertrauens ins Staatsministerium geholt – mehr noch, als wenn die CDU weiterhin den Ministerpräsidenten gestellt und nicht ihre Macht nach 58 Jahren verloren hätte.« Im Mai 2011 wurde Wicker zum Direktor des Landtags berufen, leitete die im Herbst 2013 begonnene, grundlegende Sanierung des 1961 erbauten Landtagsgebäudes im Oberen Schlossgarten, ein Projekt für rund 52 Millionen Euro, das wie geplant nach der Landtagswahl vom 13. März 2016 fertiggestellt wurde.

Ein anderer, Lorenz Menz, Jahrgang 1935, gerät im Dezember 2015 im Gespräch mit dem Autor über Villa und Staatsministerium geradezu ins Schwärmen:»Staatssekretär Klaus-Peter Murawski hat kürzlich einige der Ehemaligen in die Villa eingeladen, um uns zu zeigen, wie alles geworden ist. Ich finde es sehr sympathisch, dass man die Bibliothek in ihrem Stil erhalten hat. Für mich ist sie das Herzstück der Villa Reitzenstein – ein großartiger Raum, in dem ich übrigens nie ein lautes Wort gehört habe.«

Lorenz Menz kann das beurteilen wie kaum ein anderer, denn er ist quasi ein Rekordhalter: Von 1984 bis 2000, also 16 Jahre lang, steht er an der Spitze des Staatsministeriums – so lange wie kein anderer:»1979, als ich als junger Beamter zum ›Stami‹ gekommen war, war ich tief beeindruckt vom damaligen Amtschef Hermann Reiff, einem noblen, stattlichen Mann, ja einer fast aristokratischen Gestalt. Ich fühlte Ehrfurcht in dieser Villa mit ihrem besonderen Mobiliar, ihrer Aura und Atmosphäre. Für mich ist sie bis heute in Architektur und Stein gegossene Geschichte.«

Doch Lorenz Menz sieht die Entwicklung jener Jahre in der Rückschau auch distanziert:»Als ich zunächst für Lothar Späth, danach für Erwin Teufel gearbeitet habe, änderten sich die Dinge: Unsere Tagesarbeit verlief eher nüchtern und geschäftsmäßig, nur wenn Staatsgäste empfangen wurden, haben wir mit dem Pfund gewuchert, waren alle stolz auf ›unsere‹ Staatskanzlei – die schönste in der ganzen Republik.«

Und Lorenz Menz erinnert sich:»Während der Verhandlungen über die Große Koalition zwischen CDU und SPD im Jahr 1992 sehe ich noch die Sozialdemokraten Dieter Spöri und Ulrich Maurer durch unseren Park flanieren – in den wichtigen Beratungspausen ging man gruppenweise um die Villa herum, um sich untereinander abzustimmen.« Nein, für Lorenz Menz gibt's da keinen Zweifel:»Die Villa Reitzenstein verkörpert für mich das Auf und Ab der Geschichte unseres Landes, mit diesem Haus, seiner idyllischen, ja heiteren Lage, lässt sich Staat machen – sie liegt etwas fern von der Welt, hält eine noble Distanz zur Stadt.«

Selbstredend betont auch Lorenz Menz den Korpsgeist, der im ›Stami‹ herrscht, sieht die hier arbeitende Beamtenschaft als ›Anwälte des Sachverstandes‹ gegenüber der Politik. Und wenn er spontan zurückdenkt an die Ära des Ministerpräsidenten Lothar Späth, dann sagt er:»Damals herrschte Aufbruchsstimmung, es war eine lebendige, ja höchst kreative Zeit. Späth liebte die neuen, schlüssigen Ideen – die Bedenkenträger konnte er nicht ausstehen, schickte sie sofort zurück in ihre Büros.« Schließlich noch dies:»Lothar Späth und Matthias Kleinert mochten das Skatspiel bis in den späten Abend – Gott sei Dank kann ich nicht Skat spielen!« So habe er sich manchen Feierabend gerettet.

Ein denkwürdiges Foto vom Juni 1992: Lorenz Menz (rechts), damals der Amtschef des Staatsministeriums, empfängt eine Delegation aus St. Petersburg, angeführt vom stellvertretenden Bürgermeister der russischen Metropole: Wladimir Putin. Die Welt wird diesen ehrgeizigen Politiker noch kennenlernen ...

Rundweg alle zu nennen, die jemals auf der Gänsheide gearbeitet haben, ob als »Jungspunde« oder als gestandene Chefs – es würde den Rahmen sprengen. Deshalb seien einige Persönlichkeiten hervorgehoben, die beispielhaft stehen für die Jahrzehnte seit 1945.

Der spätere Intendant des Südwestrundfunks, Peter Boudgoust, arbeitet von 1986 bis 1995 im Staatsministerium, kümmert sich um das wichtige Feld des Haushalts, der Finanzen und des Personals. Benno Bueble, in der Öffentlichkeit etwas weniger bekannt, profiliert sich unter anderem als Sprecher der Landesregierung, ebenso Hans-Georg Koch, Sprecher während der Ära Erwin Teufel. Ebenfalls in der Ära Teufel gibt Guido Wolf, Jahrgang 1961, seine Visitenkarte im »Stami« ab: vom Januar 1995 bis zum Oktober 1996 als Referatsleiter in der Grundsatzabteilung. Zwanzig Jahre später greift Guido Wolf im Landtagswahlkampf als Spitzenkandidat der CDU nach dem höchsten Amt, das man auf der Villa Reitzenstein bekommen kann. Nicht zu vergessen: Zum großen Kreis der Ehemaligen zählt auch Gerhard Goll, von 1978 bis 1980 in Filbingers Talentschmiede, später der Vorstandsvorsitzende der Energie Baden-Württemberg (EnBW).

Nachsatz

Als Gründungszeit des Staatsministeriums gelten die zwanziger Jahre. Wie viele Frauen und Männer während dieser rund einhundert Jahre dort gearbeitet haben, hat niemand gezählt – ein lückenloses Archiv, das darüber Auskunft geben könnte, besteht leider nicht; wichtige Dokumente dürften im Zweiten Weltkrieg verloren gegangen sein. Vergessen wir nicht: Jede neue Landesregierung, jeder neue Ministerpräsident besitzt das Recht, Mitarbeiter ihrer Wahl und ihres Vertrauens um sich zu scharen. So ergeben sich über die Jahre mancherlei steile Karrieren, die jäh enden. Wer glaubt, sein Parteibuch allein sichere das eigene Auskommen, den lukrativen Aufstieg – der verlässt manches Mal die Gänsheide Knall auf Fall und blickt zurück im Zorn. Für die fachliche Kontinuität wiederum sorgt der Beamtenapparat, unterstützt von vielen guten Geistern – bis hin zu Fahrern, Fachpersonal in Küche und Keller, Hausmeistern und Sicherheitsleuten, Gärtnern und Reinigungskräften.

Heute wie zu seinen Anfängen sind die Aufgaben des Staatsministeriums klar umrissen: Es ist die Behörde des Ministerpräsidenten, durchaus ein Zentrum der Macht. Die aktuelle Zahl der Mitarbeiter wird mit 230 angegeben; in vergangenen Zeiten waren es bis zu 250. Die wenigsten von ihnen arbeiten direkt in der Villa Reitzenstein, rund fünfzig sind 2016 in den neuen Bürotrakt neben der Villa eingezogen, andere arbeiten verteilt auf mehr als ein halbes Dutzend Gebäude, die das Land seit den siebziger Jahren in der unmittelbaren Umgebung angekauft hat. Schaut man auf den Organisationsplan der Behörde, findet man dort unter der grün-roten Landesregierung sechs Abteilungen und 28 Referate, nicht mitgerechnet sind die Vertretungen des Landes in Berlin und Brüssel sowie die Führungsakademie des Landes in Karlsruhe und die Landeszentrale für politische Bildung. Unter Grün-Schwarz ändert sich die Organisation geringfügig.

Zum Schluss dieses Kapitels sei betont, dass es jeder neuen Landesregierung überlassen bleibt, wie sie das Staatsministerium personell zusammenstellt. Die altgedienten Kämpen weisen gerne darauf hin, dass es ja Sache des jeweiligen Ministerpräsidenten sei, das »Stami« nach seinen Wünschen und Ideen neu auszurichten. Kommt es zum Regierungswechsel, müssen sich stets einige Mitarbeiter nach einem neuen Job umschauen – andere dürfen auf Karriere hoffen. Da gilt nun mal die alte politische Weisheit: Wahltag ist Zahltag und der Weg ist das Ziel!

Service

Das Interesse ist groß, der Andrang ist stark – viele Bürgerinnen und Bürger aus Stuttgart und seiner Region, aber auch aus dem ganzen Land möchten die Villa Reitzenstein kennenlernen, den modernisierten Sitz des Ministerpräsidenten sowie den ihn umgebenden historischen Park und das neue Eugen-Bolz-Haus.

Was muss man tun? Ganz einfach: Genaue Informationen gibt es im Internet unter *www.stm.baden-württemberg.de/de/ministerium/villa-reitzenstein-und-park*

Wichtig zu wissen: Die Villa Reitzenstein und der Park können in der Regel nur getrennt voneinander besucht werden. Der Bürgerpark, wie

Die interessierte Bürgerschaft kann nach gut zwei Jahren des Bauens und des Restaurierens wieder Besitz ergreifen vom historischen Park an der Villa Reitzenstein. Im September 2015 liest der Autor Thomas Borgmann zum ersten Mal aus seinem Manuskript für dieses Buch.

ihn die grün-rote Landesregierung genannt und für das breite Publikum geöffnet hat, ist auch 2016 wieder an ausgewählten Samstagen während des Sommers zugänglich. Zu verschiedenen Terminen gibt es Führungen zu besonderen Themen und kulturelle Veranstaltungen. Bei diesen samstäglichen Gelegenheiten ist die Villa Reitzenstein allerdings nicht geöffnet.

Weitere Informationen zur Geschichte des Landes Baden-Württemberg, zur Landesregierung und zum Landtag gibt es im Internet unter:

Landtag: *www.landtag-bw.de*
Haus der Geschichte: *www.hdgbw.de*
Landeszentrale für politische Bildung: *www.lpb-bw.de*

Danksagung

Zwei Jahre Recherche und Arbeit an diesem Buch konnten nicht alleine geleistet werden. Deshalb soll hier herzlich gedankt werden für vielerlei wertvolle, unverzichtbare Hilfe, für wichtige Hinweise und Anregungen.

Mein erster Dank geht an Dr. Margot Goeller von der Abteilung Marketing des Staatsministeriums für ihre ungezählten Hilfen und Handreichungen. Sodann danke ich Dr. Albrecht Ernst vom Hauptstaatsarchiv an der Stuttgarter Kulturmeile, der mir kundig die Tiefen »seines« Archivs erschlossen hat, ebenso seinen stets hilfsbereiten Kolleginnen und Kollegen im Lesesaal.

Für Hinweise und Hilfen der unterschiedlichsten Art und Weise danke ich dem Christdemokraten Christoph Palmer, dem Architekturhistoriker Marc Hirschfell, dem Buchautor Hans Haug, dem Künstler und Antiquar Edgar Harwardt, auch Heike Wahlers vom Büro Sting Architekten ELW in Berlin, Tim Hagenhoff vom Planungsbüro Lützow 7 in Berlin, Gisela Rau vom Amt Stuttgart der Vermögen und Bau Baden-Württemberg, Roland Müller und seinem Lesesaal-Team vom Stuttgarter Stadtarchiv am Bellingweg in Bad Cannstatt, Karen Jasper vom Institut für Geophysik der Universität Stuttgart, Sandra Ballweg vom Landesverband des Deutschen Roten Kreuzes, Cornelia Semper-Serafin vom Landesmedienzentrum, Matthias Greiner und den Damen vom Archiv der »Stuttgarter Zeitung«, Cornelia Enderle vom Marketing-Team der Sparda-Bank, Katja Siegmann vom Zoologisch-Botanischen Garten Wilhelma in Stuttgart sowie Maurus Baldermann vom Garten- und Friedhofsamt der Stadt Stuttgart.

Mein besonderer Dank gilt den beiden Lektoren des Silberburg-Verlags, Martin Klaus und Torsten Schöll, für ihre kreative Gelassenheit im Umgang mit dem Autor. Last but not least danke ich meiner Frau Bärbel Meixner für ihre Geduld und ihre liebevolle Unterstützung.

Thomas Borgmann

Literaturhinweise

Hermann G. Abmayr (Hrsg.): Stuttgarter NS-Täter. Vom Mitläufer bis zum Massenmörder. Stuttgart 2009.

Udo Achten: Der wahre Jacob. Ein halbes Jahrhundert in Faksimiles. Bonn 1994.

John H. Backer: Die deutschen Jahre des Generals Clay. Der Weg zur Bundesrepublik 1945–1949. München 1983.

Heinz Bardua: Stuttgart im Luftkrieg. Stuttgart 1985.

Siegfried Bassler (Hrsg.): Mit uns für die Freiheit. 100 Jahre SPD in Stuttgart. Stuttgart 1987.

Wilhelm Blos: Von der Monarchie zum Volksstaat. Zur Geschichte der Revolution in Deutschland, insbesondere in Württemberg. Stuttgart 1922.

Willi A. Boelke: Millionäre in Württemberg. Herkunft, Aufstieg, Traditionen. Stuttgart 1997.

Helmut Böttiger: Thomas Mann in Stuttgart. Katalog zur Ausstellung im Literaturhaus. Stuttgart 2010.

Christine Breig: Der Villen- und Landschaftsbau in Stuttgart 1830–1930. Veröffentlichungen des Stadtarchivs Stuttgart, Band 84. Stuttgart 2000.

Günther Czapalla, Torsten Oestergaard: Villa Reitzenstein kulinarisch. Leinfelden-Echterdingen 1992.

Hansmartin Decker-Hauff: Die Frauen im Hause Württemberg, Leinfelden-Echterdingen 1997.

Otto Dix: Briefe. Köln 2013.

Thomas Durchdenwald, Michael Ohnewald: Erwin Teufel. Stuttgart 2004.

Hans Eugen: Monrepos – Baugeschichte eines Lustschlosses. Stuttgart 1933.

Paul Faerber: Nikolaus Friedrich von Thouret. Ein Baumeister des Klassizismus. Stuttgart 1949.

Werner Filmer, Heribert Schwan: Lothar Späth. Düsseldorf 1987.

Philipp Gassert: Kurt Georg Kiesinger 1904–1988. Kanzler zwischen den Zeiten. München 2006.

Kurt Gayer, Heinz Krämer: Die Villa Reitzenstein und ihre Herren. Die Geschichte des baden-württembergischen Regierungssitzes. Stuttgart 1988.

Heike Gfrereis (Hrsg.): Die Seele. Marbacher Katalog 68 zur neuen Dauerausstellung im Literaturmuseum der Moderne. Marbach am Neckar 2015.

Friedrich Wilhelm Hackländer. Ausstellungskatalog. Marbacher Magazin Nr. 81. Marbach 1998.

Sebastian Haffner: Im Schatten der Geschichte. Historisch-politische Variationen. Stuttgart 1985.

Hans Haug: Königin Charlotte von Württemberg. Tübingen 2015.

Peter Henkel, Johanna Henkel-Waidhofer: Winfried Kretschmann. Das Porträt. Freiburg 2011.

Kurt Georg Kiesinger. Rechtslehrer, Ministerpräsident, Bundeskanzler. Katalog zur Wanderausstellung des Hauptstaatsarchivs. Stuttgart 2004.

Michael Kißener, Joachim Scholtyseck (Hrsg.): Die Führer der Provinz. NS-Biographien aus Baden und Württemberg. Konstanz 1997.

Karl Klöpping: Historische Friedhöfe Alt-Stuttgarts. Band 2: Der Central-Friedhof auf der Prag. Stuttgart 1996.

Gerhard Konzelmann: Villa Reitzenstein, Geschichte des Regierungssitzes von Baden-Württemberg, Stuttgart 2004.

Landeszentrale für politische Bildung (Hrsg.): Von der Ständeversammlung zum demokratischen Parlament. Zum 30-jährigen Bestehen Baden-Württembergs. Die Geschichte der Volksvertretungen in Baden-Württemberg. Stuttgart 1982.

Edgar Lesch, Heinz Poker, Paul Sauer (Hrsg.): Stuttgart in den ersten Nachkriegsjahren. Stuttgart 1995.

Sönke Lorenz, Dieter Mertens, Volker Press (Hrsg.): Das Haus Württemberg. Ein biographisches Lexikon. Stuttgart 1997.

Reinhold Maier – 1889 bis 1971. Ausstellungskatalog zum 100. Geburtstag im Rathaus Schorndorf. Stuttgart 1989.

Reinhold Maier: Ende und Wende. Briefe und Tagebuchaufzeichnungen 1944–1946. Neuausgabe Wuppertal 2004.

Max Miller: Eugen Bolz, Staatsmann und Bekenner. Stuttgart 1951.

Gebhard Müller. Christ, Jurist, Politiker. Katalog zur Wanderausstellung des Hauptstaatsarchivs. Stuttgart 2000.

Bernd Ottnad, Fred L. Sepaintner (Hrsg.): Baden-Württembergische Biographien, Band III. Stuttgart 2002.

Hermann Reiff: Erlebtes Baden-Württemberg. Erinnerungen eines Ministerialbeamten. Stuttgart 1985.

Manfred Rommel: Das Land und die Welt. Streifzüge durch Politik, Wirtschaft und Kultur. Stuttgart 2003.

Paul Sauer: Baden-Württemberg. Bundesland mit parlamentarischen

Traditionen. Dokumentation zur Ausstellung des Landtags aus Anlass des 30-jährigen Bestehens des Landes. Stuttgart 1982.

Paul Sauer: Das Werden einer Großstadt. Stuttgart zwischen Reichsgründung und Erstem Weltkrieg 1871 bis 1914. Stuttgart 1988.

Paul Sauer: Wilhelm Murr – Hitlers Statthalter in Württemberg. Tübingen 1998.

Paul Sauer: Württemberg im Kaiserreich. Bürgerliches Freiheitsstreben und monarchischer Obrigkeitsstaat. Tübingen 2011.

Paul Sauer: Württembergs letzter König. Das Leben Wilhelms II. Stuttgart 1994.

Rezzo Schlauch, Reinhold Weber: Keine Angst vor der Macht. Die Grünen in Baden-Württemberg. Köln 2015.

Reinhard Schmoeckel, Bruno Kaiser: Die vergessene Regierung. Die Große Koalition 1966–1969 und ihre langfristigen Wirkungen. Bonn 1991.

60 Jahre Stuttgarter Straßenbahnen – 1868–1928. Stuttgart 1928.

Gerhard Taddey (Hrsg.): Gebhard Müller. Ein Leben für das Recht und die Politik. Symposium zum 100. Geburtstag. Stuttgart 2000.

Robert Uhland (Hrsg.): Lebensbilder aus Schwaben und Franken. Band 8. Stuttgart 1977.

Robert Uhland (Hrsg.): Lebensbilder aus Schwaben und Franken, 15. Band. Stuttgart 1983.

Hermann Vietzen: Chronik der Stadt Stuttgart 1945–1948. Stuttgart 1972.

Westdeutschlands Weg zur Bundesrepublik 1945–1949. Beiträge von Mitarbeitern des Instituts für Zeitgeschichte. München 1976.

Manfred Zach: Monrepos oder die Kälte der Macht. Tübingen 1996.

Bildnachweise

Archiv Deutsche Verlagsanstalt:
Seite 16, 18.

Archiv Hans Haug: Seite 15, 25, 26.

Archiv Burghard Hüdig: Seite 285.

Archiv Stuttgarter Zeitung:
Seite 120, 121, 279.

DRW-Verlag: Seite 282.

Geophysikalisches Institut der
Universität Stuttgart: Seite 118.

Jacques Grießmeyer: Seite 230.

Hauptstaatsarchiv Stuttgart:
Seite 29, 48, 63, 84, 86, 90, 94, 131,
142, 147, 158, 164, 172, 185, 198,
199, 232.

Romans Hauser: Seite 34.

Burghard Hüdig: Seite 190, 191, 205,
213, 214, 219.

Konrad-Adenauer-Stiftung/KAS/ACDP
10-001:1300 CC-BY-SA 3.0 DE:
Seite 175.

Landesmedienzentrum Baden-Württemberg: Seite 66, 73, 98, 99, 129, 130,
132, 155, 170.

Lützow 7, Landschaftsarchitekten,
Berlin: Seite 49.

Wilhelm Mierendorf, Stuttgart:
Umschlagvorderseite, Seite 8, 10,
11, 13, 35, 50, 52, 54, 55, 56, 57,
59, 60, 61, 69, 101, 105, 106, 108,
115, 125, 126, 135, 137, 144, 151,
221, 227, 240, 245, 247, 250, 259,
260, 263, 265, 267, 268, 270, 271,
274, 288.

Muskelprotz: Seite 235.

Privat: Seite 23, 30, 117, 186, 302.

Hugo Schlösser/Johann Weirether:
Seite 42, 43.

Staatsministerium Baden-Württemberg:
Seite 21, 75, 83, 93, 136, 149, 161,
166, 169, 181, 194, 201, 203, 209,
216, 217, 224, 239, 241, 254, 256,
262, 290, 292/293.

Stadt Stuttgart, Garten- und Friedhofsamt: Seite 70.

Stadt Stuttgart, Baurechtsamt/Wilhelm
Mierendorf: Seite 36, 38, 39, 41.

Stiftung Fritz von Graevenitz: Seite 133.

Register

Achten, Udo 76
Ackermann, Max 145
Adenauer, Konrad 156, 166f, 174–177
Agtmael, Willem van 252
Albrecht, Ernst 206
Aldinger, Jörg 255
Anderhalten, Claus 255
Anhalt, Bathildis von 22
Arafat, Jassir 216, 273
Arendt, Hannah 241
Auer, Ignaz 74, 77

Baden, Max von 72
Baer, C. H. 40
Bardua, Heinz 139
Barbie, Klaus 178
Barrier, Georg Friedrich 16
Barzel, Rainer 174
Bauer, Theresia 13
Baumann, Julius 72
Baumeister, Willy 145
Bausch, Hans 160
Bautzenberger, Friederike 19
Bazille, Helmut 88, 167
Bazille, Peter Franz 94
Bazille, Wilhelm 92–97, 100–107,
    109–115, 131
Bebel, August 31, 74
Bendix, Ralf 186f
Beyerle, Josef 89, 96, 99
Bismarck, Sibylle von 27
Blessing, Elmar 119
Blos, Wilhelm 72–81, 84, 115, 215
Bock, Lorenz 163
Böll, Heinrich 178
Bolz, Eugen 11, 85, 89, 98f, 113–116,
    121–128, 133, 148, 150, 153, 156,
    163, 176, 215, 217f, 222, 241,
    262–266, 269, 271f, 275, 284
Bolz, Josef 113

Bolz, Marie, geb. Hoeneß 114f, 125
Bonatz, Paul 31
Bosch, Robert 22, 31, 53, 165
Boudgoust, Peter 290
Brandt, Willy 175, 177f
Breig, Christine 31, 46, 48, 144f
Brönnle, Karl 107
Brünner, Friedrich 190
Bueble, Benno 290
Bütikofer, Reinhard 243, 248
Bulling, Manfred 203, 286
Bush, George sen. 273

Carl Eugen, Herzog von Württemberg
    37–39, 44, 191
Casanova, Giacomo 37
Charlotte, Königin von Württemberg
    22–26, 62f, 65
Charlotte Mathilde, Königin von
    Württemberg 45
Clay, Lucius D. 145–47, 151–154, 276
Conradi, Peter 189
Cotta, Johann Friedrich 16, 19
Cragun, Richard 199
Crispien, Arthur 73
Czapalla, Günther 282f

Daimler, Gottlieb 22
Dalai Lama 217, 273
Dannecker, Johann Heinrich 39, 45, 131
Dawson, William W. 152
Decker-Hauff, Hansmartin 14, 25f
Dehlinger, Alfred 96
Dietz, Johann Heinrich 76
Dix, Otto 168, 169
Doberauer, Anke 221, 227f
Dönitz, Karl 143
Döring, Walter 219
Dräger, Heinrich 196
Dudler, Max 255

Eberhard Ludwig, Herzog von
    Württemberg 37, 274
Eberle, Josef 168f
Ebert, Friedrich 72, 87
Eduard VIII., König von England, später
    Herzog von Windsor 136
Eichborn, Heinrich von 20
Eilfort, Michael 281
Einstein, Albert 162
Eisenhower, Dwight D. 146, 149, 150
Eisenlohr, Ludwig 144
Eisenmann, Susanne 13
Eitel, Albert 31, 144
Eitel, Carl 48, 58, 259
Elfgang, Alfons 58
Elizabeth II., Königin von England 172f
Elsas, Fritz 95
Engels, Friedrich 74
Ensinger, Lina 95
Ensinger, Oskar 28
Erhard, Ludwig 173-175
Erler, Gisela 13

Fahrner, David 125
Falkenstein, Elsa von 26, 67f
Farny, Oskar 169
Filbinger, Hans Karl 12, 158, 170, 173,
    180-184, 189-197, 203-205, 208,
    212, 215, 226, 228, 242, 284-286
Filmer, Werner 200f
Fischer, Joschka 243
Fischer, Kai 255
Franz Ferdinand, Erzherzog von Öster-
    reich 63
Freisler, Roland 125
Friedrich, Peter 264
Friedrich I., König von Württemberg,
    früher Friedrich II., Herzog von
    Württemberg 44f
Friedrich II., Großherzog von Baden 65
Früh, Jakob 31
Furtwängler, Wilhelm 164
Fühner, Friedrich Georg Wilhelm
    143

Ganzenmüller, Erich 195
Gassert, Philipp 178f
Gaulle, Charles de 148, 173
Gauß, Heinrich von 95
Gauthier, Eric 256
Gayer, Kurt 62, 135
Geiler, Karl 152
Geißler, Heiner 206
Gemmingen-Hornberg, Dora von 31, 58
Gerok, Eduard 88
Gerstenmaier, Eugen 174
Geyer, Hermann 146
Gleichauf, Robert 190, 205
Gnauth, Adolf 31
Goebbels, Joseph 130, 132
Göring, Hermann 130, 135
Gönner, Tanja 231
Goerdeler, Carl 125
Goethe, Johann Wolfgang von 15
Goll, Gerhard 290
Gorbatschow, Michael 199
Graevenitz, Fritz von 115, 126, 132f
Grass, Günter 178
Gröger, Walter 182
Grube, Rüdiger 233
Guêpière, Philippe de la 38

Hackländer, Friedrich Wilhelm 27
Hackländer, Wilhelm 17, 27
Haffner, Sebastian 85
Hagenhoff, Tim 259
Hahn, Matthias 255
Hahn, Wilhelm 180, 190
Halberg, Hans 14
Hallberger, Achilles 14
Hallberger, David 9, 14
Hallberger, Eduard 17-20, 22, 68, 104
Hallberger, Gabriele 19f, 22, 26
Hallberger, Louis 15-17, 68
Hallstein, Walter 165, 174
Harwardt, Edgar 119
Hasenclever, Wolf-Dieter 243
Hauff, Wilhelm 15
Haug, Hans 66f, 68
Hauk, Peter 13, 231

Haußmann, Wolfgang 78, 173
Haux, Friedrich 176
Haydée, Marcia 199
Hegel, Georg Friedrich Wilhelm 15
Heim, Carl 31
Heinemann, Gustav 178
Heino (Heinz Georg Kramm) 186
Heppel, Ruth 167
Hermann, Günter 255
Hermann, Winfried 13
Heuss, Theodor 10, 124, 150, 156, 164f, 239
Heymann, Berthold 73, 77
Hieber, Johannes von 72, 82-89, 92, 109f, 115, 150, 188, 278
Hildebrandt, Dieter 173
Hiller, Wilhelm 116-118, 120
Hirrlinger, Walter 190
Hitler, Adolf 77, 85, 92, 123-132, 136-139, 143, 148, 163f, 176f, 211, 264
Hochhuth, Rolf 180, 183
Hoegner, Wilhelm 152
Hölderlin, Friedrich 15, 179
Hölzel, Adolf 62, 145
Hoffmann, Julius 40
Hoffmeister-Kraut, Nicole 13
Honecker, Erich 257
Hrdlicka, Alfred 126, 218
Hugenberg, Alfred 113
Huthsteiner, Rudolf 21
Hüdig, Burghard 284f

Itten, Johannes 62, 145

Jünger, Ernst 168, 169
Jung, Matthias 244

Kaisen, Wilhelm 152
Kaiser, Bruno 174f
Karajan, Herbert von 199
Kaulbach, Friedrich von 18
Keil, Birgit 199
Keil, Wilhelm 86, 91
Keller, Ferdinand 21
Keller, Maximilian 93
Kerkovius, Ida 145

Kerner, Justinus 15
Kiene, Johann Baptist von 73
Kiesinger, Kurt Georg 160, 166-176, 179-181, 197, 205, 215, 222, 228, 275, 284f
Kiess, Emil 209
Kissinger, Henry 273
Klarsfeld, Beate 178
Klarsfeld, Serge 178
Kleinert, Matthias 193-196, 198, 200-207, 289
Klett, Arnulf 141-143, 148, 155f, 165, 168f
Knödler, Thomas 255
Koch, Hans-Georg 290
Köhler, August 148
Körner, Theodor 91
Kohl, Helmut 206, 222
Konzelmann, Gerhard 86, 167, 196
Kuhn, Fritz 200, 243, 248
Kuhn, Richard 169
Krämer, Heinz 64
Krause, Walter 184f, 190f
Kretschmann, Winfried 10f, 13, 61, 126, 147, 184, 200, 207, 219, 227f, 236, 238-249, 251-255, 261-265, 275f
Kröner, Adolf 33
Kröner, Robert 33
Kumpf, Ute 223

Lancet-Reinhardt, Marie 32
Landberg, Carlo von 20
Lang, Klaus 286
Lange-Tiedje, Ilse 255
Lattre de Tassigny, Jean de 148
Leitner, Ferdinand 169
Lenbach, Franz von 138
Leutrum, Franziska von 37
Levi, Max 33
Liebherr, Hans 282
Liebknecht, Karl 74
Liesching, Theodor 73, 109
Lindemann, Hugo 72
Littmann, Max 32, 33
Lucha, Manfred 13

Mack, Karl 116
Mack, Ulrich 264, 269
Maier, Gerta, geb. Goldschmidt 150
Maier, Reinhold 72, 78, 86, 147–155,
    157–160, 163, 222, 262
Mann, Thomas 164
Mappus, Stefan 12, 219, 288–237, 243f,
    287
Marx, Karl 74
Matthes, Johannes 28
Maurer, Ulrich 289
Mayer-Vorfelder, Gerhard 184, 203, 286
Memminger, Johann Daniel Georg 45
Menz, Lorenz 288–290
Mercadier, Raoul 142
Mergenthaler, Christian 129, 130, 135,
    139
Merkel, Angela 192, 220, 224–226, 235
Mörike, Eduard 15
Müller, Cornelia 259
Müller, Gebhard 12, 130, 156–165, 168,
    170f, 176, 181, 184, 188, 205, 210,
    222, 263, 284
Müller, Hans Peter 92, 95
Müller, Johannes 162
Müller, Marianne, geb. Lutz 163
Murawski, Klaus-Peter 229f, 239, 249,
    251–256, 264, 266, 275f, 289
Murr, Lina 140
Murr, Wilfried 138
Murr, Wilhelm 11, 114, 119, 121,
    127–141, 152, 263
Mutter, Anne-Sophie 199
Mutter Teresa 200, 210, 216, 273
Naumann, Friedrich 84
Niefer, Werner 202

Obier, Oskar 74
Oestergaard, Torsten 282f
Oettinger, Günther 192, 209, 218,
    221–232, 244, 263, 287f

Palmer, Christoph 214f, 223f
Peterschmitt, Elie 119
Pfeiffer, Joachim 223
Pfennig, Oskar 144

Philip, Prinz, Herzog von Edinburgh 172
Pückler-Muskau, Hermann Fürst von 17
Putin, Wladimir 290

Raberg, Frank 89
Raff, Gerhard 20
Rau, Edmund 89–91, 231
Rau, Karl Gottlieb 91
Reiff, Hermann 139, 191, 279, 289
Reinhardt, Robert von 32
Reißing, Karl 134
Reitzenstein, Carl Bernhard von 64
Reitzenstein, Helene von 9f, 15–37,
    44–49, 51–58, 62–71, 72, 76, 78,
    104–105, 137, 150, 205, 238, 249,
    258, 268, 275f, 283f
Reitzenstein-Zoppaten, Carl Sigmund
    Felix, Freiherr von 9, 20f, 49
Reuter, Edzard 202
Reutter, Hermann 168f
Rommel, Manfred 20, 171, 173, 184, 197,
    210, 223, 239, 241, 265, 286f
Ruoff, Karl Richard 146
Rupprecht, Wilhelm 131

Sauer, Paul 72, 128, 139, 156
Schäfer, Walter Erich 168f
Schall, Wilhelm 87
Schaller-Härlin, Käthe 83
Schaumburg-Lippe, Wilhelm von 22
Schavan, Annette 224
Scheel, Walter 175
Scheffauer, Philipp Jakob 45
Scheid, Peter 257
Scheidemann, Philipp 64
Schelling, Friedrich von 15
Schempp, Werner 279, 280f
Scheufelen, Klaus 174
Schieler, Rudolf 190
Schiess, Karl 212
Schiller, Friedrich 15, 39
Schiller, Johann Caspar 39
Schlauch, Rezzo 200, 243, 248
Schlemmer, Oskar 145
Schlösser, Hugo 31–35, 43f, 49, 53,
    144, 273

Register | 301

Schmid, Jonathan 139
Schmoeckel, Reinhard 174f
Schneider, Götz 117, 119
Schober, Peter Jakob 161, 181
Schoettle, Erwin 165
Schoettle, Helene 165
Schreiner, Albert 73
Schröder, Gerhard (CDU) 174
Schröder, Gerhard (Bundeskanzler) 207
Schuster, Wolfgang 223, 233–235,
    286f
Schwan, Heribert 200, 201
Schwartz, Jacques 141
Schwarz, Hans-Otto 190
Seifriz, Adalbert 190
Siegle, Gustav von 31
Simpson, Wallis 136
Sitzmann, Edith 13
Späth, Lothar 12, 185f, 193–210, 212f,
    225, 228, 232, 243, 248, 263, 282,
    284f, 288f
Spahn, Martin 176
Spöri, Dieter 289
Stächele, Willi 234
Stapleaux, Michael 16
Steigleder, Eugen 31, 48
Stenner, Hermann 145
Sterling, James 199
Sting, Hellmuth 256
Sting, Martin 240, 249, 254–259, 266,
    273f, 276
Stoiber, Edmund 207
Stradivari, Antonio 199
Stresemann, Gustav 87
Strobl, Thomas 13, 245–247
Ströhle, Karl 139, 144
Strölin, Karl 129, 135f, 141
Stroppel, Clemens 264f, 269
Stumpf, Siegfried 233
Süßmuth, Rita 206
Sutter, Rolf 264, 269

Teufel, Erwin 107, 126, 203, 207–219,
    223f, 228, 230, 232, 243, 248, 263,
    284, 288–290

Teufel, Josef 211
Thouret, Nikolaus von 17, 34, 39, 44f
Tripp, Jan Peter 195
Troje, Hilde 213

Uexküll, Max von 27
Uexküll, Ulla von 27
Uhland, Ludwig 109, 179
Untersteller, Franz 13

Valentien, Freerk 32, 273

Waldeck, Marie von 25
Ward, William E. 147
Wehberg, Jan 259
Wehner, Herbert 177
Weigele, Eugen 28
Weirether, Johann 31–33, 43f, 49, 53,
    144, 273
Weitbrecht, Frieder 119
Weitz, Werner 257
Weizsäcker, Richard von 165
Wenk, Roland 276
Werner, Hermann 139
Wicker, Hubert 287f
Wied, Prinzessin Pauline zu 97
Wieland, Christoph Martin 15
Wilhelm I., König von Württemberg 45

Wilhelm II., Kaiser 72, 82
Wilhelm II., König von Württemberg 19f,
    22, 24, 26, 28, 63f, 67, 74, 76, 100
Willikens, Ben 227
Wittwer, Konrad 78

Wohleb, Leo 156f, 159
Wolf, Guido 13, 244, 290
Wolf, Michaela 195
Wulf, Tobias 255
Württemberg, Carl Herzog von 205

Zach, Manfred 202–205
Zarges, Emil Albert 144f, 147
Zöppritz, Sebastian 255
Zumsteeg, Johann Rudolf 39

Der Autor

Thomas Borgmann, Jahrgang 1948, in Stuttgart geboren und aufgewachsen, hat nach Volksschule und Gymnasium zunächst eine Ausbildung zum Pferdewirt absolviert. Anfang der siebziger Jahre folgte das Redaktionsvolontariat bei der damals noch selbständigen »Filder-Zeitung« in Stuttgart-Vaihingen. Von 1972 bis 1977 war er Jungredakteur beim Nachrichtenamt der Stadt Stuttgart. Von 1977 bis Ende 2011 hat Thomas Borgmann als Lokalredakteur bei der Stuttgarter Zeitung gearbeitet, seit 1991 als stellvertretender Leiter der Lokalredaktion sowie als Leitender Redakteur für Kommunalpolitik. Überdies hat er sich als Fachjournalist für den Pferdesport einen Namen gemacht. Thomas Borgmann lebt als freier Journalist und Autor in Stuttgart.

Ein Jahrhundert wird besichtigt

In Ihrer Buchhandlung

Von Annegret Kotzurek
und Rainer Redies

Stuttgart von Tag zu Tag 1900 –1949
Eine Chronik

Monarchie, Revolution, Weimarer Republik, Drittes Reich, französische und amerikanische Besatzungszeit, schließlich der demokratische Neubeginn. Diese Chronik der Jahre 1900 bis 1949 berichtet in kurzen Textabschnitten nicht nur über die »große Politik«, sondern auch über die Lebensumstände der Stuttgarter, ihre Nöte und Freuden.

208 Seiten, 204 teilweise farbige Abbildungen, fester Einband. ISBN 978-3-87407-842-9

Stuttgart von Tag zu Tag 1950 –1999
Eine Chronik

Wiederaufbau, Wirtschaftswunder, der RAF-Terror, Anti-Atomkraft- und Friedensbewegung, Wiedervereinigung – alles, was die Bundesrepublik in den letzten 50 Jahren des zweiten Jahrtausends bewegte, bewegte auch die Stuttgarter. Die Mehrzahl der Umbrüche und epochalen Ereignisse waren in dieser Zeit jedoch »hausgemacht« wie der Kampf um den Erhalt des Neuen Schlosses oder die Schaffung eines

leistungsfähigen U- und S-Bahn-Systems. Mit diesem Band liegt die Stuttgart-Chronik des 20. Jahrhunderts nun komplett vor. Beide Bände sind spannende Zeitreisen, unterhaltsame Lesebücher und fundierte Nachschlagewerke.

252 Seiten, 253 teils farbige Abbildungen, fester Einband. ISBN 978-3-8425-1140-8

www.silberburg.de